畜牧业的发展与创新研究

唐豪 何元萍 周静 著

吉林科学技术出版社

图书在版编目（CIP）数据

畜牧业的发展与创新研究 / 唐豪，何元萍，周静著
. -- 长春：吉林科学技术出版社，2023.5
ISBN 978-7-5744-0393-2

Ⅰ. ①畜… Ⅱ. ①唐… ②何… ③周… Ⅲ. ①畜牧业经济－研究－中国 Ⅳ. ①F326.3

中国国家版本馆 CIP 数据核字(2023)第 092822 号

畜牧业的发展与创新研究

著	唐 豪 何元萍 周 静
出 版 人	宛 霞
责任编辑	乌 兰
封面设计	南昌德昭文化传媒有限公司
制 版	南昌德昭文化传媒有限公司
幅面尺寸	185mm×260mm
开 本	16
字 数	280 千字
印 张	12.75
印 数	1-1500 册
版 次	2023 年 5 月第 1 版
印 次	2024 年 1 月第 1 次印刷

出 版	吉林科学技术出版社
发 行	吉林科学技术出版社
地 址	长春市南关区福祉大路 5788 号出版大厦 A 座
邮 编	130118
发行部电话/传真	0431—81629529　81629530　81629531
	81629532　81629533　81629534
储运部电话	0431-86059116
编辑部电话	0431-81629510
印 刷	廊坊市印艺阁数字科技有限公司

书 号	ISBN 978-7-5744-0393-2
定 价	90.00 元

版权所有　翻印必究　举报电话：0431—81629508

《畜牧业的发展与创新研究》编审会

唐　豪	何元萍	周　静	马艳圆	郝兴民
赵群峰	李纪刚	胡　斌	张艳娜	张　莉
张维魁	法燕梅	吴秀存	王　丽	张洪安
冯存丽	李国平	蒋　欢	强玉宁	李绍仙
罗　智	田永明	路军伟	魏玉峰	康海燕
李　明	高明航	严洪涛	阿绿林	梁　杜
柳毅强	张小敏	何新节	赵　宇	王瑞丽
黄　源	王术欢	甘雪廷	李卫华	蔺汇涛
杨　慧	程海鹏	陈　菲	赵宝成	张　宁
王志军	许永滨	张志安	秦帅卫	毛晶丹
李　超	杨　明	韩小丹	王　升	高洪山
王立伟	韩鹏辉	杨生栋	王晓忠	代西永藏
张　哲	王　睿	郎克清	郭文凯	尤海洋
李　伟	马平焕	张榆敏	张绍云	贺希格满都夫
惠文波	孟庆占	栗卫东	王红红	司志卿
吴玉琴	李明轩	黄润南	杨利宁	王永军
李光辉	秦　红	赵新刚	高　雁	麦尼沙姑丽·艾山
辛丽红				

前 言

畜牧业是国民经济的一个重要组成部分，畜牧业在农业中的比重和人民对畜产品的占有量，被看作一个国家的发达程度和衡量人民生活水平的重要标志之一。多年来，随着我国国民经济进一步崛起和我国城镇化建设的加快，畜牧经济随时代要求不断充实新的内涵，支撑畜牧经济发展的关键技术如畜禽遗传育种与繁殖技术、营养平衡与饲料调制技术、集约化高效饲养管理技术、环境调控与粪污等废弃物无害化处理技术，疫病防控技术、畜产品深加工技术及高新生物工程技术，在全新的研发手段支持下得到空前的发展。

我国是畜牧业大国，畜牧业作为农业的支柱产业，近年来得到迅猛发展，但随着畜牧业的规模化、集约化发展，畜禽养殖业带来的环境污染、生态破坏和畜禽产品质量下降等问题越来越突出，严重制约了畜牧业的可持续发展。为此，本书在借鉴国内外先进经验基础上，有针对性地提出了畜牧业发展面临的威胁，因地制宜地提出了构建适合畜牧业可持续发展的生态化循环发展对策。

本书是畜牧业方向的著作，主要研究畜牧业的发展与创新，本书从畜牧业概述入手，针对畜牧业产业布局与宏观调控进行了分析研究；另外对绿色生态养殖模式及其项目选择、生态循环养殖及其模式设计、畜牧业生态工程与集约化畜牧业、生态循环养殖技术创新做了一定的介绍；还对畜牧业信息化发展创新、畜牧业专家系统及其应用、畜牧业智能精细化养殖技术创新做了阐述；旨在摸索出一条适合畜牧工作创新的科学道路，帮助其工作者在应用中少走弯路，运用科学方法，提高效率。

目 录

第一章 畜牧业概述 ·· 1
  第一节 畜牧业简述及其发展模式 ··· 1
  第二节 普及现代畜牧业高效科学养殖技术的意义 ···················· 5

第二章 畜牧业产业布局与宏观调控 ··· 9
  第一节 畜牧业产业结构与布局 ·· 9
  第二节 畜牧业宏观调控 ··· 23
  第三节 畜牧业可持续发展 ·· 32

第三章 绿色生态养殖模式及其项目选择 ·································· 39
  第一节 绿色生态养殖模式简述 ·· 39
  第二节 乡村绿色生态养殖项目的分析与选择 ·························· 46
  第三节 绿色生态养殖的环境因素及影响 ································ 50
  第四节 养殖场的选址与建场 ··· 58

第四章 生态循环养殖及其模式设计 ··· 67
  第一节 生态循环养殖概念 ·· 67
  第二节 生态循环养殖设计原理 ·· 69
  第三节 生态循环养殖设计方法 ·· 72
  第四节 区域生态循环农业模式与设计 ··································· 82

第五章 畜牧业生态工程与集约化畜牧业 ·································· 96
  第一节 畜牧业生态工程及其设计 ··· 96
  第二节 集约化畜牧业与资源循环利用 ··································· 111

第六章 生态循环养殖技术创新 ·· 118
  第一节 生态循环养畜 ·· 118
  第二节 草牧沼鱼综合养牛 ·· 128
  第三节 生态循环养禽 ·· 132
  第四节 林下养鸡 ··· 133

第七章 畜牧业信息化发展创新 ·········· 137
第一节 畜牧业信息化概述 ·········· 137
第二节 畜牧业信息技术 ·········· 141
第三节 智慧畜牧业发展创新 ·········· 146

第八章 畜牧业专家系统及其应用 ·········· 153
第一节 畜牧业专家系统概述 ·········· 153
第二节 畜牧业专家系统相关技术 ·········· 160
第三节 畜牧业专家系统的应用 ·········· 168

第九章 畜牧业智能精细化养殖技术 ·········· 181
第一节 精细化养殖概述 ·········· 181
第二节 精细化养殖关键技术 ·········· 183
第三节 畜牧业智能结细化养殖系统 ·········· 187
第四节 精细化养殖中的饲喂系统 ·········· 190

参考文献 ·········· 194

第一章 畜牧业概述

第一节 畜牧业简述及其发展模式

一、现代畜牧业的概念

现代畜牧业作为一个历史性的概念,包括两方面含义。

第一是指现代畜牧业是现代农业的重要组成部分。它是在畜牧业生产力发展到一定历史阶段才出现的,就是说它是在现代科学和现代工业技术应用于畜牧业之后才出现的;二是指现代畜牧业不是静止的,而是在不断发展变化的,随着科学技术的进步和生产力的发展,其内容和标准将会发生一定的变化。随着时间的推移和社会的进步,现代畜牧业的内涵也会不断地扩大。

现代畜牧业是在传统畜牧业基础上发展起来的,是现代畜牧兽医科学技术和装备及经营理念武装,基础设施完善,营销体系健全,管理科学,资源节约,环境友好,质量安全,高产高效的产业。

农业部领导对现代畜牧业有这样的描述:现代畜牧业是高产、优质、高效、生态、安全的畜牧业;现代畜牧业是专业化、规模化、集约化程度高,可控性强的畜牧业;现代畜牧业是技术密集,工程化程度高,科技含量高的畜牧业;现代畜牧业是实行饲料、养殖、加工、销售一体化经营的完整产业体系,商品化程度高,产品竞争力强的畜牧业。

二、现代畜牧业的特点

现代畜牧业以布局区域化、管理科学化、养殖规模化、品种良种化、生产标准化、经营产业化、商品市场化、服务社会化为特征，主要特点有：

（一）从生产到销售是一条龙

这为现代畜牧业生产提供了可靠的保障。

（二）高投入高回报

前期的场地建设、购入的大量优质饲草料、现代化设备及良种等虽然要投入大量的资金，但回报的是高效益。

（三）运用了现代管理技术

主要是现代管理模式及现代信息技术的应用，如全自动给料、饮水系统，电子耳标，疫病预警系统等。

（四）引入了循环经济和绿色经济概念

如利用畜禽粪便进行沼气发电、用沼气做饭等，生产绿色能源，变废为宝，既降低了污染，又产生一定的经济效益。

三、现代畜牧业的发展方向

以生态学、生态经济学、系统学、可持续发展理论为指导，以畜牧生态系统为研究对象，应用现代生物技术、信息技术、生物化学和生理学的研究方法与手段，开展集约化条件下的畜牧业生产体系中经济与生态良性循环以及对环境的影响研究，全面而又系统地进行畜牧业生产活动，使畜牧业生产向着高产、优质、高效和稳定的方向协调发展。

四、我国现代畜牧业发展的主要模式

我国各地畜牧业生产条件和发展水平有很大差异，现代畜牧业发展模式和实现形式也必须根据不同地域采取不同的形式。

（一）农区现代畜牧业建设模式

农区是我国重要的商品粮生产基地，农作物副产品及秸秆资源非常丰富，为发展畜牧业提高了丰富的饲料资源，饲养畜禽种类繁多且数量巨大，是我国现代畜牧业建设的主体。由于我国农区面积很大，不同饲养方式并存，中、东、西部地区间畜牧业发展极不平衡，各地现代畜牧业建设模式也有所区别。

1. 东部"外向型"现代化畜牧业

东部地区地理位置优越，畜牧业生产组织化、规模化、标准化程度比较高，一直是我国主要的畜产品出口基地，但劳动力和土地资源相对紧张，饲料资源相对缺乏，应大力发展外向型畜牧业，充分利用地区优势，努力提高畜产品质量，扩大出口规模，率先在全国实现畜牧业现代化。

大力发展外向型畜牧业，一. 要继续加快无规定动物疫病区建设，完善无规定疫病区管理规定及技术规范，尽快完成对无规定疫病示范区国家评估，争取国际认证，引导和带动其他有条件的东部地区按照标准建立无规定疫病区。二要加强对兽药、饲料添加剂等投入品的管理，尽快完善畜产品兽药及有害化学物质残留检测方法，建立与国际标准接轨的畜产品生产标准体系，加大标准的推广应用力度，提高生产者的质量标准意识和应用能力。三要大力推行畜产品全程质量控制生产模式，积极建立质量可追溯制度，提高畜产品质量，大幅度提高无公害、绿色和有机畜产品认证率，饲料生产、畜产品加工和畜禽水产养殖企业要尽快通过 HACCP、ISO 等质量管理体系认证，并积极开展饲料作物种植生产过程的 GAP 认证。四要充分发挥龙头企业、农民合作组织与行业协会的作用，提高组织化水平和政府、企业、生产者及行业协会之间的协调能力，政府职能部门要通过积极为出口企业提供信息和咨询等相关服务，建立畜产品出口"绿色通道"。

2. 中部"农牧有机结合型"现代畜牧业

中部地区是我国粮食的主产区，同时还有大量的草山和草坡，饲料资源比较丰富，是我国重要的畜产品生产和加工基地，是满足国内畜产品需求的主力军，但在转变备牧业生产方式和提高产业化发展水平等方面还亟待提高，应大力发展"农牧有机结合型"畜牧业，充分发挥资源禀赋优势，逐步实现畜牧业现代化。发展"农牧有机结合型"现代畜牧业，一要充分利用丰富的农作物秸秆和饲草资源，积极推动从以生猪饲养为主的耗粮型传统畜牧业向猪、禽、牛、羊并重的节粮型畜牧业的转变，同时大力发展以秸秆养畜、畜禽粪便资源化利用为核心的循环经济，推动农民生活和畜牧业生产方式的转变。二要结合社会主义新农村建设，加大对散养农户养殖设施的改造以及饲养小区和大型规模化养殖场的污染治理力度，重点散养农户的改圈、改厕工作。大力扶持和规范养殖小区发展，妥善处理畜禽粪便和污水，积极发展沼气，净化养殖环境。三是重点抓好农户散养中疫病防疫问题，强化基层动物防疫基础设施和队伍建设，大力提高基层兽医从业人员的专业能力和水平，加强重大动物疫病的强制免疫和定期检测工作，提高免疫密度，降低畜禽死亡率。四是针对我国中部农区畜禽养殖以农户分散为主体的实际情况，大力扶持农民合作经济组织，推广"龙头企业 + 农户"等产业化模式，充分发挥龙头企业的带动作用，提高畜牧业生产的组织化、产业化水平。

3. 西部"特色型"现代畜牧业

西部农区地域辽阔，资源丰富，但畜牧业发展相对落后，随着我国西部大开发战略的实施，畜牧业发展环境得到很大改善，特色畜牧业发展态势逐步显现。

西部农区"特色型"现代畜牧发展，一要积极利用地区资源，充分发挥地区优势，加快畜种改良，实施舍饲圈养和集中育肥，大力发展奶牛、肉牛和肉羊养殖。二要加强优质牧草育种，尽快筛选适宜大面积推广的优良品种，满足生产需求；充分利用丰富的自然条件，开展人工种植优质牧草；推广"公司 + 合作组织 + 农户"等产业化经营模式，探索草业产业化发展模式，满足畜牧业发展对饲料资源的需求。三要积极开展西部特色畜产品的无公害、有机、绿色认证，同时借鉴国际先进管理经验，建立特色畜产品原产地保护制度，保证质量和特色，提高附加值。四要积极开展倡导特色畜产品的生产基地建设，抓好基地标准化示范和技术推广，以标准化推动优质化、规模化、产业化、市场化。

（二）城郊现代畜牧业建设模式

城郊畜牧业指在城市郊区和大型工矿区周围地区，主要满足城市和工矿区居民对肉、蛋、奶等畜产品需要而发展起来的畜牧业，城郊畜牧业生产条件较优越，饲料来源广且丰富，劳动力充足，科学技术力量雄厚，以肉、禽、蛋、乳等商品性生产为主，集约化、专门化经营程度比较高，商品量大，商品率高，但饲料和人力成本较高，随着城市郊区的开发，城郊畜牧业提出较高的环保要求，土地成本和环保费用大幅提高，所以应稳步推进优质鲜活畜产品生产的现代化，大力发展资本技术密集型的畜牧业，同时结合城市化推进，积极发展景观畜牧业。

1. 优质鲜活型现代畜牧业

发展优质鲜活型城郊现代畜牧业，主要是为了充分满足城市居民日益增长的对某些鲜活畜产品需求的一种高投入、高产出、高效益环保型畜牧业。发展优质鲜活型城郊现代畜牧业，一要根据城市功能分区和城市居民对鲜活畜产品的需求，制定严格的畜产品区域布局规划，突出发展节粮型优质高产奶业的发展，适度发展猪禽牛羊养殖，尽量满足城市居民对于肉类、禽蛋、鲜奶等畜产品的需求。二要大力发展绿色和有机畜产品生产，加强饲养管理和疫病监测，加强屠宰管理和冷链体系建设，确保为城市居民提供丰富的优质安全畜产品。三要大力加强养殖场环境治理工作，实行畜禽粪污的无害化处理。

2. 高科技现代畜牧业

各城市郊区要充分发挥城市资金和科技的优势，积极发展畜禽良种繁育、新型兽药、饲料添加剂和畜牧生产加工设备，对全国现代畜牧业发展起支撑、引领作用。

3. 都市型现代畜牧业

发展都市型畜牧业，主要是为城市居民提供休闲旅游的场所，为中小学生提供教育基地，满足城市居民的精神文化需要。发展都市畜牧业，一要突出特色，明确都市型畜牧业在都市农业中的功能定位和发展方向；二要因地制宜，充分发挥各地的自然资源良好、文化独特、特色畜牧业发达等优势，与城市化进程相结合，开展各具特色的景观观光旅游；三要以丰富的畜牧业科研、教育和技术推广资源为依托，积极展示国内外优质畜禽品种和现代畜牧业科技。

（三）牧区现代畜牧业建设模式

我国牧区多为海拔 1000-5000 米之间的高原和山地，一般冬春枯草期长，夏秋青草期短，冬春牧草缺乏，造成牲畜冬瘦春死亡，严重影响牧业的稳定发展，草场产草量和载畜能力也存在着地区差异，且丰年和歉年变化很大，同时我国牧区多地处偏远，经济文化发展落后，交通运输、水电等基础设施薄弱，畜牧业产业化发展也受到极大限制。由于牧民超载过牧和环境恶化，草原"三化"日益严重，而我国牧区的地理位置非常重要，多处于大江大河的源头，如果继续恶化，将影响我国的生态安全，为此各地必须大力发展生态型草原，适度发展经营型草地畜牧业。

1. 生态型草原畜牧业

对于草地生态环境严重恶化的牧区，其草地畜牧业必须要尽快从由经济功能型向生态功能型转变。所谓生态型畜牧业主要是指生态效益优先型畜牧业，其主要特点是以加强草原保护和合理使用草原为目标，以实施以草定畜、舍饲圈养等手段，以追求生态效益为主、经济效益为辅的畜牧业。建设生态型草地畜牧业，一要树立草原生态效益优先意识，加大退牧还草等生态工程建设，积极探索生态效益补偿机制，大力提高牧民从草原生态保护和建设中所获收入的份额；二要积极落实草原保护制度、草畜平衡制度和禁休牧制度，实施减畜、以草定畜制度；三要实施品种选育和良种引进繁育，推广舍饲半舍饲养殖，减少家畜饲养年限，加快出栏；四是对居住在海拔高、环境恶劣的草原牧民要实施生态移民工程，对定居点要合理规划，健全社会化服务体系，解除牧民的后顾之忧。

2. 经营型草原畜牧业

在草原保护和建设有一定基础，草地资源比较丰富，生态环境相对较好的地区，则要适度发展经营型草原畜牧业。经营型草原畜牧业是指龙头企业以畜产品加工产业链为纽带，向牧民提供资金、技术和营销等服务，进而带动草地畜牧业生产，尽快实现由粗放经营向集约经营转变，由数量型牧业向质量效益型牧业转变的一种发展模式。

发展经营型草原畜牧业，一要加强草原基础设施建设，大力发展饲草料基地、草场围栏封育、家畜越冬棚圈建设；二要大力发展高效舍饲畜牧业，建立无公害畜产品生产基地；三要大力发展以农畜产品精深加工为重点的龙头企业，带动草原畜牧业组织化、产业化发展；四要加快建立肉食、皮毛、畜禽等系列加工体系，搞好畜产品的延伸加工，全方位推进产业化发展。

第二节 普及现代畜牧业高效科学养殖技术的意义

近些年来，我国畜牧业取得了巨大成就，已经从家庭副业发展为农业和农村经济的支柱产业，成为农民增收致富的重要渠道。我国畜牧业在保障市场有效供给、增加农民收入、带动相关产业发展等方面发挥着重要作用。因此，需要加快转变畜牧业增长方式，快速推动现代畜牧业建设的进程。那么，宣传普及现代畜牧业高效科学养殖技术具有重要的现实意义。

一、我国畜牧业发展现状

近十多年来，我国畜牧业生产继续呈现稳步、健康发展的态势，主要畜产品持续增长，生产结构进一步优化，畜牧业继续由数量型向质量效益型转变，畜牧业产值占农业生产总产值的比重已经超过50%，畜牧业已经成为我国农业和农村经济中最有活力的增长点和最主要的支柱产业。畜牧业产业收入已经成为农民家庭经营收入的重要来源。

以下是联合国粮农组织2019年公布的我国畜牧养殖产业统计资料：生猪存栏5.23亿头，占世界存栏总数的50.9%，居世界第一位；绵羊2.19亿只，占世界存栏总数的18.72%，居世界第一位；山羊2.46亿只，占世界存栏总数的25.14%，居世界第一位；牛1.89亿头，占世界存栏总数的9.2%，居世界第三位。肉类总产量达10845万吨，禽蛋（不含鸡蛋）843.6万吨，鸡蛋3578.6万吨，奶类3785万吨，其中肉类产量占世界总产量的30%，禽蛋产量占80%，鸡蛋产量占40%，奶类产量占5%。截至目前，我国人均肉类占有量已经超过了世界的平均水平，禽蛋占有量达到发达国家平均水平，而奶类人均占有量仅为世界平均水平的8%。从以上数据可以看出我国畜牧业在改革开放的三十年间取得了飞速的发展。

二、我国畜牧养殖业发展中存在的问题

（一）农村养殖户缺乏技术指导

长期以来中国农村生产模式还是以传统的农业生产为主，小规模生产、自然经济仍占据一定的主导地位。在养殖业方面则体现为以散养为主，处于家庭生产的副业地位。这种散养模式与科学化、规模化、集约化生产的现代养殖业相比相距甚远。散户养殖生产设施、生产技术等的生产条件相对落后，尤其在思想意识方面不能适应现代化养殖业的需要。大部分散养殖户仍旧把农业养殖当作家庭收入的一个补充形式，加之这些养殖户文化水平相对较低，接受现代化的专业养殖技能比较困难，科学养殖相关知识普及率还不高，这也成为在农村大规模发展养殖业的一个瓶颈。

（二）环境污染严重

畜牧养殖业所产生的大量粪便如果处理不好，则会对当地环境直接造成污染和破坏。目前，无论是大规模的现代化养殖场还是小规模的家庭散户养殖，对畜禽的粪便处理还缺乏相应的环保措施和废物处理系统，粪便未经无害处理直接大量堆放于露天或直接排入河流，对家畜和环境造成污染，同时这些大量放置的粪便也导致了一些人畜疫病的发生。现有的解决方法一般为水冲式和沼气利用。采用水冲式清粪则要产生大量的处理污水，这些污水如能经过分离后排入农田的话可以达到利用效果，如直接或间接排入河道，对地表水会造成严重污染。另外，畜禽粪便发酵后产生大量的二氧化碳、氨气、

硫化氢等有害气体，如果直接排放到大气中，则会造成空气污染，危害人类健康。但若将其收集利用加工成沼气的话，将变害为宝，实现再利用。

（三）饲料资源短缺

长期以来，我国畜牧养殖业的发展主要依靠粮食生产。虽然我国粮食总产量有一定程度增长，但增幅不大。同时我国人口也在增长，加之畜牧养殖用地因各种原因逐年减少、我国粮食产量相对下降的现实，畜牧养殖业的发展实际上已经受到粮食不能足量供给因素的制约。畜牧业飞速发展导致饲料用粮大幅上升，人畜争粮的矛盾日益突出，这种饲粮短缺的情况严重制约了畜牧业的可持续发展。

（四）畜产品药物残留量依然居高不下

随着抗生素、化学合成药物和饲料添加剂等在畜牧业中的广泛应用，在实现降低动物死亡率、缩短动物饲养周期、促进动物产品产量增长目标的同时，由于操作和使用不当以及少数养殖户在利益驱使下违规违法使用，造成畜产品中的兽药及一些重金属、抗生素等危害人体健康的物质残留增加，"三致（致畸、致癌、致突变）"现象时有发生，使畜产品的安全问题引起社会的广泛关注。

（五）科学养殖技术成果转化与推广力度不足

我国传统的畜牧养殖技术已经跟不上现代化的畜牧养殖要求，虽然我国在畜牧养殖方面的科技研究工作一直很受重视，研究成果也不少，但这些科技成果的转化率不高，科技成果转化推广机构和科研单位的有效联系与合作还不够密切，存在严重脱节现象，一些地方政府对科研成果的转化工作没有足够的认识和重视，推广^经费有一定缺口，许多"安全、高产、优质、高效"的现代畜牧业生产技术的利用只停留在口头上，没有得到有效利用。此外，我国从事畜牧业生产的人员素质普遍偏低，使畜牧业养殖技术推广"困难，阻碍了畜牧业可持续发展的进程，亟待对他们进行培训以提高其业务能力和水平。

三、推进我国畜牧养殖业快速健康发展的对策

（一）加强对养殖户养殖技术的认识和传授工作

科学技术是第一生产力。在各地散养殖户占相当大比重的前提下，提高养殖户的养殖技术水平非常重要。一定要脚踏实地地学好、用好养殖技术知识。养殖实用技术的普及应从两个方面进行努力，一方面是政府主管部门要重视养殖技术的推广和普及工作，有计划地组织各种不同层面的养殖实用技术传授，举办各种培训和学习班。另一方面要转变养殖户的观念，只有转变养殖户传统的养殖观念，学习专业的养殖知识和技能，才能实现整个畜牧养殖业的科学化、规模化、集约化的产业结构转变。

（二）大力推进规模化养殖

根据各地畜牧业的发展状况，建设规范化的养殖小区或养殖场，政府部门制定畜牧业发展的扶持政策并认真执行，推进标准化规模养殖场的建设，支持规模和生态养殖模式发展。加快优势畜产品的区域布局，着重利用各地的有利畜养资源，发展有竞争力的畜产品品牌。实现产量规模化、效益化并具有市场竞争力。

（三）推进养殖业科学化、标准化生产

提高畜产品的质量水平，就需要建立健全我国农副产品安全质量标准体系，搞好各类标准化示范养殖区和标准化养殖基地的建设，从源头上实现养殖生产水平的提高，使产品与国际市场接轨，具有竞争力。在原材料采购、生产设备、产品加工、检测等各个环节入手，建立一套科学严密的食品安全保障体系，这也是实现畜牧业持续、快速、健康发展的重要基础。实践证明，无论农产品还是畜产品，只要质量优、有品牌优势，就会提高市场竞争力。

（四）加强良种体系建设

制定并推进牲畜群体遗传和畜牧品种改良计划，充分利用我国畜禽繁育项目的科研成果，重点扶持规模大、运行良好的种畜禽场的建设和改造，造就一批龙头企业，加快繁育推广优良品种；加快生产性能测定站、种站等基础设施建设；规范种畜禽场审批；建立健全种畜禽管理数据库，开展优良种畜登记工作；加强畜禽遗传资源保护与开发利用，尽快发布省级畜禽资源保护名录，严格畜禽遗传资源进出口审批。同时，应加大畜禽良种的保护工作。

（五）加强科学管理

大规模的养殖企业需要科学规范的管理，我国农业企业管理水平参差不齐。畜牧养殖生产需要科学严谨规范的方法和态度，现代化的养殖企业首先要树立科学管理的理念，建立起一整套规范有效的科学管理、标准化生产经营和疫病防控管理体系，是推进现代畜牧业规模化健康养殖的关键所在。通过建立现代企业管理机制，实现现代化的畜禽养殖。因此，要实现现代畜牧养殖业安全、高效、优质、高产的发展目标，既要提高现代畜牧业的科技水平，扩大生产规模，又不影响国家粮食安全，就要以政策为导向，以科学技术保驾护航。这就要加大对现代畜牧业高效养殖技术及成果的培训、宣传力度，使现代科学管理方法、理念及技术深入人心，很好地应用到畜牧养殖业生产实践中，达到提高养殖业生产水平和效益、促进养殖业可持续健康发展之目的。

第二章 畜牧业产业布局与宏观调控

第一节 畜牧业产业结构与布局

一、畜牧业产业结构

（一）畜牧业产业结构的概念与影响因素

1. 产业结构与畜牧业产业结构的概念

（1）产业结构

产业结构亦称国民经济的部门结构，是指一定时空中国民经济各产业部门之间以及各产业部门内部的构成。产业结构由国民经济不同部门间质的联系和量的比例得以呈现。质的联系是产业之间发生经济联系的方式、途径以及它们之间相互影响的方向和内容。从质的联系看，产业结构可分为生产资料和生活资料两大部类之间的关系，还可分为农业、轻工业、重工业、建筑业、商业服务业等部门之间的关系，以及各产业部门的内部关系。以质的联系为核心，产生了不同部类和部门间的比例关系，这就是量的比例。量的比例是质的联系的数量体现，即各部门在社会总资源分配中和社会总产品供给中所占的比例。国际通用的产业结构分类方法是将社会生产活动划分为三次产业：产品直接取自自然界的部门称为第一产业，对初级产品进行再加工的部门称为第二产业，为生产和消费提供各种服务的部门称为第三产业。据此，产业结构指一个国家、一个地区或一个企业的各产业部门和各产业部门内部的组成及其相互之间的比例关系。

（2）农业产业结构

农业属于第一产业，农业产业结构指一个国家、一个地区或一个企业的农业产业各部门和各部门内部的组成及其相互之间的比例关系。在广义的农业产业结构中，农（种植业）、林、牧、渔等属于农业产业的一级结构。在各业内部又包含着产品性质和生产特点不同的各种产业类别，例如种植业内部包括粮食作物、经济作物、油料作物和饲料作物等，林业内部包括用材林、经济林、防护林等；畜牧业内部包括养猪、养牛、养禽等，渔业内部包括养殖、捕捞等。这些产业的比例关系与结合形式，构成了农业产业的二级结构；随着产业分工的发展和产业的不断细化，又出现了农业产业的三级、四级结构。

（3）畜牧业产业结构

畜牧业产业结构通常称为畜牧业生产结构，但由于畜牧业各生产部门正在迅速转变为产业部门，故此采用产业结构的概念。畜牧业产业结构指一个国家、一个地区或一个企业的各种畜禽和各种畜禽内部的组成及其相互之间的比例关系。畜牧业产业结构可从不同角度，按不同标准进行分类，因而有多种不同层次的畜牧业产业结构，并且各有其特定的意义和作用。比较常见的畜牧业产业结构是依据畜禽的类别、用途、品种及其畜群进行分类，并分成4个层次的畜牧业产业结构。

第一层次称为畜类结构。依据畜禽成员形态上的相似性和种群繁殖的可延续性，可从生物学的角度将畜禽划分为不同的生物分类单元。在各个分类单元中，所有成员的形态极为相似，可认为是一些变异非常小的相同有机体，是生物繁殖的基本单元。这一分类单元中的各个成员可以通过正常的繁殖行为，繁育出有生殖能力的后代，维系种群生生不息的繁衍过程，保持种群的存在。这实质上是生物学分类中物种的概念。与人类的生产活动和生活资料需求相联系，长期以来的畜类结构的主要组成单元，如猪、牛、羊、马、驴、骡、鸡、鸭、鹅、兔、蜂、驼等。随着畜牧业经济的发展，可能有更多野生动物驯化为畜禽而增添新的畜类，从而改变畜牧业的畜类结构。由于每一种畜禽各有其在食性、产品及饲养要求等方面的经济特点，因而畜类结构成为决定畜牧业经济的重要因素。畜牧业受制于生物特点，新畜类的增加主要来自原有野生动物的驯化，并且较难上升为主要畜类，使得畜类结构变动非常有限。但在某一特定地区的畜类结构在短期内则可能发生较大的变动。

第二层次称为畜种结构。畜种结构是依据畜禽主产品的不同，在同一种畜类内部所做的进一步划分。例如，牛可再细分为肉牛、奶牛、肉奶兼用牛等；鸡可进一步划分为肉鸡、蛋鸡、肉蛋兼用鸡等。同一畜类可用于生产不同的产品，特别是不同的主产品，因而畜种结构是决定畜产品结构的重要环节。随着社会生产力水平不断提高，机械替代畜力成为现代化进程的主要特征，一些原来主要作为生产工具的畜种不再有用，如役肉兼用家畜；随着人口增长和生活水平的不断提高，对动物蛋白的需求量和质都要求一些原来兼用型的品种向专用型发展。专用型品种的生产力高于兼用型品种。因此，兼用畜种向专用化方向发展是很多发展中国家改进畜牧业产业结构的重要内容，也是提高畜牧业生产力水平的重要措施。

第三层次称为品种结构。品种结构是同一畜种内品质特征显著区别于其他群体的独特畜禽群体。同一品种有以下几点特点：共同稳定的遗传特征、共有的一致性状、具有较高的经济价值、足够的数量。简言之，品种是具有相同品质的畜禽群体，是同一畜种中的亚畜种。一个畜种也是一个基因库。例如，猪可进一步划分为长白、大白、约克夏、杜洛克、汉普夏等，肉牛可进一步划分为荷斯坦、西门塔尔、夏洛来、利木赞等。同一畜种包含多个品种，各品种之间在产品率、产品品质、产品规格及环境适应性、饲养要求等方面均存在差异，因而对畜牧业经济效益有重要影响。通常畜类、畜种的增加是有限的，但品种的增加是无限的，因为人工选育促进着有特质的品种迅速产生。所以畜产品的种类虽然基本固定，而畜产品的质量、品质、规格却可以适应人们不断变化的需求。这说明品种结构是畜牧业产业结构中人力最能发挥作用的环节。

第四层次称为畜群结构。畜群结构是依据畜禽的性别、年龄、生产性能和差异化饲养管理的要求等所做的划分，如基础母畜、公畜、仔畜、青年畜、育肥畜等。畜群结构决定了一个畜产品生产经营企业的畜产品产量及其对饲料、畜舍、人力等方面的需要，因而控制畜群结构是畜牧业企业经营管理的重要内容。

除此之外，畜牧业产业结构还可依据产品种类将畜禽分为肉用、奶用、蛋用、毛用等，依据食草与否分成食草畜禽与非食草畜禽，依据对谷物饲料转化率分为节粮型和耗粮型，依据食用饲料的种类分为肉食、草食和杂食等，依据饲养周期分为速效型、中效型和迟效型等各种不同的产业结构类型。

2. 畜牧业产业结构的影响因素

畜牧业产业结构不是一成不变的。随着条件的改变，畜牧业产业结构将处在不断变化之中。影响畜牧业产业结构变化的因素很多，包括自然资源条件（耕地、草地等）、社会经济发展水平、人口的变化、交通运输及通信等基础设施、饲料、加工、防疫等相关产业的发展、历史上已经形成的产业结构及其特点、科学技术的发展和应用情况以及企业的经营策略和政府的产业和贸易政策等。上述各项因素的变化，都会在不同程度上引起对畜牧业产业结构调整的要求，并且这些要求将综合地通过市场供求状况反映出来。因此，影响畜牧业产业结构变化的因素基本可以归纳为畜产品需求和畜牧业生产条件两个主要方面。

（1）畜产品需求

畜产品需求变化是促进畜牧业发展与畜牧业产业结构变化的重要因素。畜产品需求变化不仅会影响畜类结构而且会影响畜种结构，乃至品种结构和畜群结构的变化。例如，中国奶牛业、肉牛业和肉鸡业的产生和发展就主要是由于人们对牛奶、牛肉和鸡肉需求的推动。中国虽然养牛很多，历史也较久，但商品奶牛直到19世纪由于外国侨民需求的推动才产生，并随着需求的增加而不断发展，尤其是20世纪90年代以来，由于国内需求的迅速增长而快速发展；中国肉牛业的真正产生和发展也是从20世纪80年代（尤其是 90 年代）后随着需求的推动而迅速发展起来；20 世纪 80 年代后迅速发展起来的中国肉鸡业更是需求推动的结果。因此，畜产品需求的变化，促进中国畜牧业的畜类结构由以猪为主向以猪、鸡和牛为主的方向发展，而且鸡和牛的内部畜种结构也发生了较大变化。毛纺产品需求的增长和变化不仅促进了毛用畜种的发展，而且推动了品种结构的变化；随着人们生活水平提高，对肉类产品消费从喜肥厌瘦转向喜瘦厌肥，使猪的品种结构从脂肪型向脂肉兼顾型、以至于进一步向瘦肉型转化；乳猪、仔鸡等消费需求的增加，促使母畜比重增大，从而改变了畜群结构。

导致畜产品需求变化的主要原因是人口增长与购买力或消费水平的提高。通常人口增长只是影响畜产品产量增长的重要原因之一，而购买力或消费水平的提高则是影响畜牧业产业结构变化的重要因素。但购买力或消费水平提高对畜牧业产业结构的影响与经济发展水平密切相关。当经济发展处于较低水平时，随着人们购买力或消费水平的提高，将主要影响畜产品需求总量的变化，导致畜产品总量的增长，而对畜牧业产业结构影响不大；当经济发展处于较高水平时，随着人们购买力或消费水平的提高，不仅会导致畜产品需求总量的增加，而且因为对不同种类、不同品种和不同质量畜产品需求增长的幅度不同，甚至有的是负增长，从而影响畜牧业产业结构的变化；当经济发展处于更高水平，并且人们的购买力或消费水平达到一定高度之后，畜产品需求总量因受生理限制而不再继续增长，但对畜产品质量安全方面的要求会不断提高，选择性增强，因而将主要影响畜牧业产业结构，并使之不断趋于多样化。因此，经济发展水平较低时，需求变化对畜产品数量增长的影响较大，而对畜牧业产业结构变化的影响较小；而当经济发展水平较高时，需求变化对畜产品数量增长的影响较小，对畜牧业产业结构变化的影响较大。此外，影响畜产品需求变化的因素还包括畜产品替代品的变化、文化教育水平的提高、消费时尚的改变和进出口状况的改变等。所有这些因素的变化都可能导致畜产品需求结构的变化，从而引起畜牧业产业结构的变化。

（2）畜牧业生产条件

畜牧业生产条件的改变将对各种畜类、畜种以及畜产品产生不同的影响，从而引发畜牧业产业结构的变化。

影响畜牧业的重要生产条件之一是饲草料，尤其是谷物饲料。特别是像中国这样人多地少、粮食供求关系一直比较紧张的发展中国家，粮食增产、有效供给增加是促使畜牧业产业结构发生变化的重要条件。当然粮食以外饲草料资源的开发和利用也是改变畜牧业产业结构的条件，但其作用与粮食增产有所不同。因此，畜牧业产业结构的变化不仅受饲草料数量变化的影响，而且受饲草料结构变化的影响。

影响畜牧业的另一重要生产条件是生产技术发展及其应用情况。畜牧业生产技术发展的作用将集中体现为畜产品成本和比较效益的变化。由于各种畜禽生产技术的发展是不平衡的，这使得生产技术发展较快的畜禽在畜牧业产业结构中的比重趋向增大。世界范围的养鸡业之所以快速发展，主要是因为近代畜牧科学技术在养鸡业发展较快，如多元杂交技术在提高鸡的生产性能方面取得的成效最为显著，产生了很多高产杂交组合，现代化的工厂化养殖技术大幅度提高了养鸡业的劳动生产率，配合饲料也以提高鸡的饲料转化率的作用最为突出。广泛应用人工授精技术使得公畜群大量减少，也是技术影响畜牧业产业结构的表现。技术发展还可能使原来不能饲养或饲养不利的野生动物和外地畜禽转变为适宜饲养，从而改变畜类结构。

（3）各种畜禽间的关系

一种畜禽的发展不仅直接引起畜牧业产业结构的变化，而且因为可能对另一种畜禽的产品需求或生产条件产生影响，从而又间接带动畜牧业产业结构的变化。例如，奶牛的发展对畜牧业产业结构的间接影响表现在可以促进肉牛的发展，因为奶牛所产牛犊的一半是公犊，还有一定数量的淘汰母牛犊，产奶牛也要被淘汰一部分，这些都是肉牛的重要来源。与奶牛和肉牛之间关系相似，发展奶羊、绒毛羊可以促进肉羊的发展，蛋鸡的发展可以增产肉用成年鸡。

畜禽之间的关系对畜牧业产业结构的影响，还表现在一种畜禽可以向另一种畜禽提供饲料，从而可促进另一种畜禽的发展。例如用羊奶喂公牛犊的经验表明，奶羊可以为发展肉牛业提供饲料条件，有助于实现奶羊、奶牛促进肉牛的作用。用羊奶喂猪使奶羊具有促进养猪发展的作用，利用鸡粪喂猪使养鸡产生了带动养猪的作用。

不同畜禽的产品有的是相似的，甚至是完全可以替代的，这就产生了互相竞争的关系。因而在畜产品需求总量不变的情况下，一种畜禽数量的变化可能导致另一种可替代畜禽数量的反方向变化。牛奶和羊奶在很大程度上是可以互相替代的，在奶源不足的情况下两者互相补充。但随着奶产量的增多，竞争关系就会出现。多种可食用畜产品之间可以说都有一定的替代关系，只是程度不同而已，随着畜产品从供不应求转向供给丰富都将逐渐表现出来。

（二）中国畜牧业产业结构的演变

1. 农牧业结构

新中国成立前，由于生产力水平落后，加之人口众多，中国形成了以种植业为主，畜牧业比较落后的局面。新中国成立后，种植业和畜牧业生产发展都较快，但农牧业结构变化很小。20世纪80年代后畜牧业生产发展速度开始大大快于种植业，使农牧业结构发生了较大变化。但由于种种复杂原因历史上遗留下来的种植业比重较大、畜牧业比重较小的状况仍未得到根本改变。

2. 畜种结构

新中国成立前长期落后的经济条件，加之多年战乱，形成了以大牲畜占首位的特定的畜种结构。新中国成立后，随着经济发展和需求变化，以及生产关系变革的影响，使各畜种的发展速度不同，尤其是20世纪80年代后各畜种的发展速度差异更大，使畜种结构发生很大变化。具体来说，中国牲畜存栏增长缓慢，使其占畜禽存栏总量的比例不断下降，从20世纪60年代的30%多下降到20世纪末的16%。在牲畜内部是各种大牲畜存栏量增长缓慢，并且役畜所占的比例在逐渐下降；猪的存栏量在牲畜中不仅最大而且在20世纪70年代快速增长，使其占牲畜存栏总量的比例上升至50%以上。禽类内部结构变化不大，总体上看是鸡的存栏占绝对多数，鸭存栏所占比例也较大，鹅存栏比例相对较小，火鸡存栏所占比例更小。总体来讲，我国畜种结构变化特征可概括为：养猪业发展迅速，养牛业和养羊业发展缓慢。随着养禽业的发展，猪在牲畜中所占比重逐渐下降，但仍是我国最主要的牲畜种类。

3. 畜产品结构

畜产品结构是指各种不同畜产品在畜产品总量中的构成情况，它是畜种结构、畜群结构、品种结构的最终表现。中国畜产品主要包括肉、蛋、奶、毛、皮、蚕茧和蜂蜜等，其中产量较多的主要有肉、蛋、奶等。改革开放以来，我国肉、蛋、奶、绒等主要畜产品产量都有大幅度的增长。但总体来看，奶类比重较低，肉类比重较大。从肉类产业结构来看，20世纪80年代以来，猪肉占肉类产品的比重总体呈下降趋势，由1985年的85.9%下降到2014年的65.1%；同期牛、羊、禽肉的比重则由2.4%、3.1%、8.3%上升为7.9%、4.9%、20.1%。禽肉的70%左右是鸡肉，其余30%是鸭肉和鹅肉，并且鸭肉的比重逐渐下降，鹅肉的比重逐渐上升，但20世纪90年代后逐渐趋于稳定。猪肉、牛肉、羊肉和禽肉以外的肉类产品主要是马肉、驴肉和兔肉；禽蛋的80%以上是鸡蛋，并逐渐呈上升趋势，其他禽蛋的比重逐渐下降；奶产量主要由全脂鲜奶、水牛奶和绵羊奶构成，全脂鲜奶的比重不断上升，水牛奶和绵羊奶的比重不断下降。皮的产量主要是牛皮和羊皮，其中牛皮的比重不断上升，羊皮和水牛皮的比重都呈下降趋势。

（三）畜牧业产业结构优化的原则和目标

1. 畜牧业产业结构优化的原则

畜牧业产业结构是否合理是一个相对的、发展的概念，并不存在一个普遍适用和一成不变的标准。任何一个国家（地区）的畜牧业产业结构是否合理，都需要根据其具体的自然条件、社会经济条件和技术条件的特点来判断。在市场经济条件下，结构是否合理则主要根据市场供求情况来判断。因此，在某一个国家（地区），畜牧业产业结构是合理的，在另一个国家（地区）就不一定是合理的。就同一个国家（地区）而言，某一时期畜牧业产业结构是合理的，在另一时期就不一定是合理的。此外，畜牧业产业结构在全国是合理的，在其中某些地区就不一定合理的。因此，建立合理的畜牧业产业结构，应该从各个国家、各个地区的具体情况出发，因地、因时制宜。所以准确地说，畜牧业产业结构的调整就是一个不断优化结构的过程。

畜牧业产业结构既然没有永久的合理标准，优化的任务就在于要根据变化了的条件，寻找优化结构的方案，使畜牧业产业结构不断优化。通常认为畜牧业产业结构优化调整应遵循以下原则。

（1）统筹兼顾

畜牧业产业结构调整不仅应放在整个国民经济结构调整的大框架中给予考虑和规划，而且应该对畜牧业生产的各个环节进行统筹考虑，与实施畜牧业产业化经营相结合。

此外还要与小城镇建设和城市化发展相适应。

（2）市场导向

在整个宏观经济不太景气的形势下，主要畜产品会受到需求不足的影响，但同时要注意造成需求不足的另一个重要原因就是原有的畜产品结构越来越不适应需求的新变化，并且造成价格持续下跌，产品大量积压。因此，在需求不断变化情况下调整畜牧业产业结构，应特别重视增加优质产品和稀缺产品的产量来最大限度满足不同层次的需求。

（3）依靠科技进步

畜牧业产业结构的调整和优化就是要发展优质、高产和高效畜牧业，而实现优质、高产和高效的目标应该依靠科技进步。要充分发挥科学研究和技术推广部门的潜力，加强畜牧业科学研究和实用技术推广工作，尤其应重视优良品种、节本增效和畜产品加工与储藏技术的研究和推广。

（4）发挥地区比较优势

发挥地区比较优势是市场经济条件下配置畜牧业资源的一项基本原则。无论全国还是国内各地区，畜牧业产业结构的调整都要坚持因地制宜，充分发挥全国和各个地区的自然资源和经济、社会、技术、市场、区位等方面的地区比较优势，发展具有地区优势的畜产品，逐步形成主导产品和支柱产业，提高畜产品在国内外市场的竞争能力，以获得较多的比较利益。

（5）坚持可持续发展战略

畜牧业产业结构调整应该坚持把调整结构与改善生态环境、实现畜牧业可持续发展结合起来，处理好畜牧业生产与改善生态环境的关系，努力实现经济、社会和生态效益的统一。

2. 畜牧业产业结构调整的目标

（1）提高质量

畜产品质量方面存在的问题对经济、社会和生态方面都造成了巨大的负面影响，例如低劣质量的畜产品将严重影响消费者的利益，造成资源浪费和环境污染，增加社会成本，从而将严重影响农牧民的利益。

（2）提高效益

提高畜牧业效益除了通过提高科技水平、实行专业化生产、扩大生产规模等措施以降低成本，以及政府提供直接支持以提高收益外，调整结构也是一个重要方面。严格地讲，所谓结构就是各种因素之间的比例关系。通过调整结构，会产生一种"结构效应"，即不需要增加任何要素的投入，而只是调整其配置的方向，就会产生比原来更多的产出。

（3）提高收入

虽然随着农村非农产业的发展和农牧民外出打工机会的增多，农牧民经营性收入中非农产业收入和劳务报酬不断增加，但到目前为止畜牧业收入仍然是农牧民收入的重要来源之一。调整畜牧业产业结构就是要充分发挥各地区的比较优势，选择对每种畜产品最适宜生产区优先发展，这样就势必有一些非适宜区的生产要被调减，因而应该建立相应的补偿机制，特别是这些地区在开始调整到重新确立新的比较优势的过渡期内。

（4）提升国际竞争力

加入WTO后，我国应该调整畜牧业发展的思路，提高经济效益。随着农业的对外开放，我国畜牧业如果能在更大的范围内配置资源，就可以使我国畜牧业的比较优势更好地发挥出来。提高我国畜牧业国际竞争力的策略，一是出口竞争，二是进口替代。但在我国，畜产品在分级、包装、促销以及深加工等方面比较落后，影响了产品的国际竞争力，应加以改进。

二、畜牧业合理布局

（一）畜牧业合理布局的概念和原则

1. 畜牧业合理布局的概念和意义

（1）高牧业合理布局的概念

畜牧业布局是指畜牧业生产的地域分布，亦称畜牧业生产配置。实质上是指畜牧业生产在一个国家或地区范围内的空间分布与组合。畜牧业布局的内容包括两方面：一方面是指畜牧业各部门在地域之间的分工关系，即生产格局的安排；另一方面是指畜牧业各部门在一定地区内部的比例关系、协调状况和分布特点，即结构的安排。生产格局安排和结构的安排两者相互联系、互为因果。

畜牧业布局或者是根据一定的自然经济条件在长期历史过程中综合作用而自发形成，或者是人们遵循自然经济规律有计划地自觉加以配置的。也就是说，畜牧业布局既不是凝固和一成不变的，也不可能一蹴而就，它将随着生产力发展、科学技术进步以及人类社会需要的变化而不断改变、调整和发展。显然，畜牧业布局是历史的范畴，在不同的历史时期、不同的生产条件下，具有不同的特点和规律性。

合理的畜牧业布局，应该符合各个不同地区的自然规律和经济规律，合理利用各地区的自然资源和经济资源，保持各种自然资源的协调和生态平衡，保证自然资源的不断更新和永续利用。同时，合理的畜牧业布局，能够充分利用各地区特有的自然条件、社会经济条件和技术条件，尽可能多地发展对本地区最有力的部门，并各自做到扬长避短、因地制宜地充分发挥其生产潜力，用最少的人力、物力、财力获得最大的经济效果。因此，所谓畜牧业合理布局是指合理利用各地区的自然资源和经济资源，使不同地区根据经济发展的要求和本地区的特点，重点发展某些畜禽，生产某几种畜产品，实现地区的专业化和综合发展相结合，从而使整个社会的畜牧业生产获得最好的经济效果。

（2）畜牧业合理布局的意义

实现畜牧业合理布局是充分合理利用各地区特有的自然条件、经济条件和技术条件，保护和改善地区生态平衡的前提；是发掘生产潜力，发挥生产优势，从而以较少的人力、物力和财力取得较大经济效果的手段；可以使各地区因地制宜地建立起各具特点又密切联系、相互协调的畜牧业产业结构，并促使畜牧业逐步向区域化和专业化方向发展；可以促进以畜产品为原料的轻工业以及商业、交通运输业的合理布局，使有关部门避免计划工作和投资的盲目性。

2. 畜牧业合理布局的依据和原则

（1）畜牧业合理布局的依据

畜牧业所从事的动物产品的生产经营过程，是自然再生产和经济再生产相互交织、相互作用的过程，必将受到自然条件、社会经济条件和技术条件的作用和影响。因此，有必要分析和评价各种条件的作用和影响，并以此为依据，进行畜牧业的合理布局。

①自然条件。自然条件与畜牧业关系极为密切，其对畜牧业生产的影响主要表现在：一方面，限制牲畜品种的地理分布。不同的畜禽品种对自然条件的适应能力不同，使得不同品种的牲畜在地理分布上各有其特定的区域。例如，水牛不适于干燥、寒冷的自然环境，牦牛则是栖息于海拔3000～6000米的高山草甸地带的主要畜种。另一方面，决定并影响天然草场类型的形成与分布，从而影响畜牧业布局。由于气候和海拔高度等的影响，不同地区呈现出不同的草场类型，因其牧草成分、营养价值和产草量等不同，适宜的牲畜品种各不相同，并且会随着气候的季节性变化而发生改变。热带和亚热带地区的草场四季常青，终年可以放牧；而温带地区四季分明，草场也随之有枯有荣。

②社会经济条件。社会经济条件包括畜产品的市场供求与价格、贸易和加工条件、交通和运输条件、经济地理位置、消费市场的容量和趋势、已有生产基础和水平等。在一定的生产方式下，这些条件综合作用于畜牧业生产和布局，其影响力往往大大超过自然条件的作用。例如，交通运输条件的发展和改善，不论是开辟新的交通运输网络，改善原有交通运输线路的分布，还是采用新的运输工具，都会增加运输量、缩短运输时间，从而扩大畜产品的商品产地范围，加速畜牧业专业化的发展，使畜牧业布局更加合理。

③技术条件。技术条件包括畜牧业生产过程中使用的生产工具、饲养技术、生产技能及其技术熟练程度等，技术条件对畜牧业布局的影响有其独特的特点，它主要通过技术条件的变化，来加强或者减弱自然条件和社会经济条件对畜牧业布局的影响，从而改变畜牧业布局。

（2）畜牧业合理布局应遵循的主要原则

依据生产布局的一般原则，结合畜牧业特点，畜牧业合理布局应遵循以下主要原则。

充分合理利用各地的自然资源，发挥地区自然优势，注意维护生态平衡。这是因为，一方面畜禽对自然条件和自然环境有依赖性和选择性，畜牧业布局应该符合生态适宜性；另一方面中国的自然条件和自然资源复杂多样，同种畜禽在不同地区饲养经济效果差别很大，应该充分利用各地区有利的自然资源，扬长避短，将畜禽安排在最适宜饲养的地区，以发挥本地优势。又因为自然条件是可以改造的，所以在安排畜牧业合理布局时，一方面要适应自然环境，充分合理地利用各地的自然条件；另一方面也要考虑科学技术发展，人们控制与改造自然能力的增强，有可能对局部自然条件进行改造，或培育出新品种，使其适合人们的需要。但要注意无论是利用、适应还是改造，都要建立在维护生态平衡，保障可持续发展的基础之上。

充分考虑并适当安排各地区的社会经济条件。充分考虑并适当安排各地区的社会经济条件，是指在安排畜牧业布局时，要充分考虑各地区的劳动力状况、历史生产经验和传统习惯、生产技术状况、交通运输等基础设施情况，以及需求和价格等因素。充分考虑并适当安排各地区的社会经济条件的主要目的，在于保证那些投资效率高、见效快的地区或畜牧业基地优先发展，从而带动全国畜牧业的发展；同时根据自然经济条件，有计划地扶持经济不发达的山区、牧区建立新的畜牧业基地，使地区间的布局逐步趋向合理。

因地制宜，适当集中，实行地区专业化与综合发展相结合。所谓地区专业化就是充分利用各地区的自然资源优势和社会经济条件的特长，优先建立投资效果好、见效快的各种畜产品商品基地。专业化的好处是，有利于提高生产技术水平和产品质量，有利于加强国家的宏观调控和支持措施，有利于提高劳动生产率，增加畜产品产量，提高畜产品的商品率，也有利于组织物质供应和畜产品销售。所谓综合发展就是要在实行地区专业化的同时，实行多种经营综合发展，防止过分集中而造成的片面专业化。因为每个地区发展畜牧业的资源都是多种多样的，单一地发展某种畜禽，不能充分合理利用各种资源，市场风险也相对较大，而且往往一种畜禽的发展需要其他一些畜禽的配合，才能更好地发展。例如一些适宜发展绵羊的牧区，往往需要配合适当数量的牛，这样牛群先采食较高的牧草后，仍不影响羊群利用，并且可以利用牛奶给羔羊补喂。畜牧业生产本身不能孤立存在，需要农林牧结合以及牧工商综合发展。综合经营不仅有利于资源综合利用，而且可以调节季节供求差异，提高市场应变能力，减少经营风险；此外也有利于满足本地区多种多样的生产和生活需要。

合理组织和管理畜牧业生产，使生产前与生产后的全过程密切结合。遵循便于畜牧业生产全过程合理组织与管理的原则，不仅要使畜牧业布局与工业化和城市发展等的需要相适应，而且要注意使其他相关产业（饲料和屠宰加工等）布局适应畜牧业布局的要求。例如，发展奶牛和肉牛饲养，不仅要考虑奶牛和肉牛的生产环节，也要考虑产前各种饲草料的生产与加工，以及产后鲜奶收购、肉牛屠宰、加工、储藏、运输等环节的配套。

（二）中国畜牧业布局概况

中国地域辽阔，各地自然条件、经济条件、民族习惯和历史发展存在显著的差异，使得各地畜牧业的畜种分布、畜种类型、畜牧产品数量、质量及其畜产品生产水平都表现出极大的不平衡性，从而形成了牧区畜牧业、农区畜牧业、半农半牧区畜牧业和城市郊区畜牧业等不同类型地区。在各个地区还形成了许多优良畜禽的传统分布区域。

1. 牧区畜牧业

中国有12个省、区的119个县（旗）是牧业地区，其中面积较大的有：内蒙古、新疆、青海、西藏、四川5个省区。中国牧区面积约占国土面积的37%，以上5个省区的天然草场面积占中国草场面积的75%以上。中国大部分牧区地处边疆，多数是少数民族聚居地区。牧区经营的牲畜以绵山羊、牛（包括黄牛、牦牛）、马和骆驼为主。依据牧区畜禽生态环境与畜牧业生产条件和布局等特点可进一步划分为以下类型。

蒙新高原干旱牧区位于中国西部和北部边境，包括内蒙古北部、南部和新疆的全部以及甘肃的部分地区。该区为蒙古族、哈萨克族等民族聚集区，牧业历史悠久，形成了以放牧为主要形式的畜牧业经济。主要放牧绵羊、山羊、牛、马、骆驼等，在全国具有举足轻重的地位。全区土地辽阔，地形多样，以开阔的高原和巨大的内陆盆地所占面积最大。全区绝大部分处于温带，半干旱、干旱的大陆性气候显著——气候寒冷，干旱少雨，温差大，日照充足，蒸发强。与此相适应，草场呈多种多样类型，对牧业发展较为有利，但由于气候干旱，天然草场中荒漠和半荒漠草场占有较大比重，大大限制草场载畜量；同时中国所有的著名的大戈壁、大沙漠几乎都集中在此，风沙危害较普遍，对牧业发展影响很大。因此，应从本区实际出发，考虑自然条件差异大的特点，因地制宜地合理布局畜牧业。

青藏高原高寒牧区位于中国西南边境，包括西藏自治区全部、青海大部分和四川西部甘孜、阿坝、云南西北部的迪庆以及甘肃南部的甘南等藏族自治州。全区气温偏低，降水稀少，空气稀薄，日照充足，辐射强烈，无绝对无霜期，各类作物难以成熟。草场类型多样，利用高山草场放牧是高原土地利用的主要形式。其畜种主要有适应高寒能力较强的牦牛、藏绵羊、藏山羊等。该区天然草场资源丰富，人口稀少，目前畜牧业经营比较粗放，生产水平低，潜力较大；但因该区气候寒冷，牧草生长缓慢，一旦破坏引起退化，难以恢复。因此，应该高度重视天然草场的合理利用、有效保护和建设。

2. 农区畜牧业

农区是指中国牧区、半农半牧区以外的以农作物栽培为主的地区，拥有全国95%以上的农业人口和90%以上的耕地，尤其以东北、华北、长江中下游平原、四川盆地和珠江三角洲最为集中。主要畜禽种类有猪、牛、羊和各种家禽，以舍饲为主，是中国畜产品的主要来源地。以秦岭、淮河为界，农区畜牧业又可分为南北两类。

（1）北方农区畜牧业

北方农区位于秦岭、淮河以北，大致包括东北三省、山东、山西的全部、河北、陕西、甘肃、河南的大部分、内蒙古的河套平原、江苏、安徽两省淮河以北地区。属于温带、寒温带，湿润、半湿润气候，种植业以旱作为主，可为畜牧业提供大量饲料，同时区内还有部分天然草场。畜种以猪、牛、羊和家禽较多。

（2）南方农区畜牧业

南方农区位于秦岭、淮河以南和青藏高寒牧区以东，包括湖南、湖北、广东、广西、江西、浙江、福建、贵州、台湾的全部、安徽、江苏、云南、四川的大部分以及河南、陕西南部的一部分地区。全区地处亚热带和热带，尤其以亚热带的分布范围最广。农作物种类较多，生长季节长，一年可两熟或三熟，饲料来源丰富且充足，区内河湖水网密布，有利于水生饲料植物繁殖和水禽放养。畜禽种类较多，但也以猪、牛、羊和家禽为主。

3. 半农半牧区畜牧业

半农半牧区介于农区和牧区之间，自然形成一个农区和牧区的过渡地带，它从大兴安岭斜向蒙古高原的南侧，连接黄土高原，再斜向康藏高原的东侧。包括内蒙古的呼伦贝尔盟南部、赤峰北部和东南部、锡林郭勒盟南部、乌兰察布市阴山北麓和鄂尔多斯市、河北坝上地区、陕北长城沿线的风沙滩地区以及宁夏盐池、同心等县。区内地貌形态多样，年降雨量多在 300～450 毫米，发展牧业的条件较北方牧区优越，草场条件较南方农区好。这一地区兼有农区和牧区的某些特点，既有一定的天然草场，又有相当数量的耕地；既放牧较多的牛、羊等牲畜，又饲养一定数量的猪、禽；在收入上种植业和畜牧业都占有相当比重；是汉族和少数民族杂居的地区。

4. 城市郊区畜牧业

城市郊区畜牧业，是伴随城市经济发展，从农区畜牧业分化出来，而集约化程度较高的畜牧业。城市郊区畜牧业主要是为城市提供新鲜的乳、蛋、肉等畜产品。根据这类地区的经济特点和饲料供应，以及城市居民的消费需求，一般以饲养奶牛、养鸡或养猪为主。城市郊区畜牧业具有靠近消费者市场、运输方便和科学技术力量雄厚等有利条件。

上述划分虽然具有很强的科学性，但由于已有统计资料只以省（而不是县）为基础公布，并且县和省级数据收集采用了不同的统计内容，特别是县级公布的统计资料不全面，而且比省级资料种类少，使得上述划分在实践中较难运用。因此，研究中不得不以省界线划分，通常将甘肃、宁夏、内蒙古、新疆、青海和西藏划为放牧区，其余的省区市划为农业区。

（三）中国畜牧业布局优化

1. 中国畜牧业布局优化总体思路

中国畜牧业布局的优化应充分发挥区域比较优势，在各地形成各具特色的畜产品集中生产区，加速全国畜牧业区域化进程。因此，各地畜牧业发展应确立因地制宜的发展道路，尽量避免畜牧业产业结构的趋同性。所谓因地制宜就是要根据各地自然条件和经济条件的特点以及畜牧业发展对自然条件和经济条件的不同要求，把动植物配置在最适宜生长发育的地区，充分合理地利用各地区的自然资源和经济资源，用较少的消耗取得更好的经济效果。发展畜牧业生产之所以要因地制宜，不仅因为畜禽对自然条件和生态环境有较大的依赖性和选择性，而且因为中国不同地区自然条件差异很大，只有坚持因地制宜，才能合理布局畜牧业生产，充分发挥各地自然资源优势，促进畜牧业的合理发展。

根据区域资源特点，建立不同类型的畜牧业专业化生产区。东部发达地区和大城市郊区，应突出发展集约化程度高的现代化养殖，重点发展产品科技含量高、品质好、市场竞争力强的外向型和进口替代型畜牧业；中西部欠发达的传统农区，应重点发展饲料工业和开发非粮食饲料资源，在发挥传统养殖优势的同时，积极采用现代先进科学技术，实现饲养品种和养殖方式的突破，建成中国畜产品的生产基地和主要产区；中西部欠发达的牧区及半农半牧区，应大力改良草场和改革落后的养殖方式，全面提高草地生产力，重点发展特色优势畜产品和生态型畜牧业。

大力发展畜牧业的后向和前向。产业后向产业重点是要调整饲料工业布局，促进饲料基地与养殖基地的协调布局；优化饲料产业结构，合理开发利用各种饲料资源。前向产业要针对畜产品加工业发展滞后的突出问题，加快畜产品加工业的发展，推进畜牧业的产业化经营，实现畜产品的多次转化增值，提高畜牧业的综合效益。

合理规划主要畜禽品种的区域发展。生猪生产要稳定东部，发展中西部，重点放在东北等玉米主产省区。集约化程度较高的肉鸡生产要逐步从发达地区向粮食主产区转移，提高粮食就地转化的能力。以中原肉牛带为中心向东北和华南地区扩展，扩大肉牛生产规模。加快改良肉羊品种，大力发展优质细毛羊生产。稳定绒山羊数量，改进羊绒品质。在长江流域及其以南地区发展水禽生产。在黄河流域及其以北地区大力发展蛋鸡生产，减少大城市郊区的饲养量，农村应积极发展适度规模养殖。大力发展东北以及华北地区的奶牛业，稳定城市郊区奶类生产。

综合实施配套措施促进畜牧业合理布局。制定能够宏观指导中国畜牧业发展的规划和产业政策；充分发挥区域比较优势，形成合理的畜牧业生产布局；积极借鉴国际检验和制定质量安全标准体系，加强对畜产品质量安全的控制；加强良种繁育、饲料安全、疫病防治等基础设施建设和草原建设，重点抓好疫病防治和畜禽良种工程；大力推进畜牧业科技进步，充分发挥科技在畜牧业发展中的作用，促进畜牧业经济增长方式的根本转变；发展畜牧业的产业化经营，提高畜牧业的综合效益；加快畜牧业法制建设，保障畜牧业依法健康发展；加快畜产品市场和信息体系建设，促进畜产品流通；积极发展生态型畜牧业，把草地资源保护和合理利用结合起来。

2. 中国不同区域畜牧业布局优化思路

（1）农区畜牧业

农区畜牧业的发展方向应是：在稳定和提高生猪生产水平的同时，大力发展饲料转化率高的肉鸡生产和以生产乳、肉为主的草食畜禽。也就是说，要重点发展养猪、养禽和节粮型草食畜禽。适应农区畜牧业发展的要求，目前应重点做好以下工作。

继续调整和优化农区的畜种结构。即在不断稳定和提高生猪生产水平的基础上，大力发展饲料转化率比较高的禽类和牛、羊、兔、鹅等草食畜禽。这是减少饲料消耗，提高饲料转化率，合理利用农区的作物秸秆、各种木本植物的枝叶、水生植物、草山、草坡等各种资源，从而增加畜产品供给的一个重要途径。

合理调整农区的农牧用地结构和畜禽的地区分布。虽然中国人多地少，保障粮食安全供给非常重要，但随着农业的发展，必将使越来越多的种植业产品要用于满足养殖业的饲料需求。因此，农区应改革种植制度，改善农区饲料资源的利用状况，解决农牧争地的矛盾。这就要求农区应尽快把饲料作为一项重要的独立产业加以发展，建立起粮食作物、经济作物和饲料作物相结合、农牧业相促进的三元种植结构，并不断优化饲料作物种植结构。此外，农区还应该尽快解决畜禽地区分布与饲料资源分布不协调的矛盾，使畜牧业与种植业同步发展。

调整结构，种草养畜，合理开发利用草山草坡。根据南北方不同的自然条件，确定不同的工作重点。南方草山草坡水热条件较好，牧草丰茂，产草量高，但由于成片分布区人烟比较稀少，加之草质较差，目前开发利用尚不充分，因此南方草山草坡保护和建设的重点应是加大天然草原改良的力度，合理开发利用。北方的草山草坡地区气候比较干旱，无霜期短，牧草生长较差，退化比较严重，要重点实施好退耕还草工程，加大人工种草力度，推广舍饲为主的养畜方式，加强对天然草原保护，搞好天然草原的恢复和建设工作。

（2）牧区畜牧业

牧区畜牧业生产发展方向应是：继续以牧为主，农、林、牧结合，发展多种经营，加强畜牧业基本建设，稳定优质高产地发展畜牧业，使之成为中国高商品率畜产品的生产基地。但是，牧区畜牧业的发展要不断改善草地生态环境，并实施以增草带动增畜的可持续发展道路。适应牧区畜牧业发展要求，当前的工作重心应当是加强草原建设，增强发展后劲。牧区草原建设的工作重点应利用法制和行政的手段，强化管理，在全面保护的基础上抓好重点建设。

针对开垦及破坏严重，保护不力，建设速度赶不上退化速度，以及草原基础设施薄弱，监测手段落后等实际问题，在全面完成草原家庭承包经营责任制的基础上，集中抓好已垦草地的恢复和牧区综合配套建设，从根本上改变牧区长期沿袭的逐水草而居、靠天养畜的落后生产生活方式，实现定居放牧。

通过草地围栏、人工种草、天然草地改良、牧草收储、灭鼠治虫和以草定畜等综合配套措施，达到缓解草畜矛盾，增强抗灾能力的目的，在保护草原生态的同时，推动牧区畜牧业经济的可持续发展。

根据实际情况因地制宜地采取限牧、休牧、禁牧和生态移民等措施，促进草原生态环境尽快恢复。在自然条件极其恶劣、草原生态极度脆弱的牧区草原，重点是采取禁牧和生态移民等措施，搞好天然草原的保护。

（3）半农半牧区

畜牧业半农半牧区畜牧业发展的方向应是以牧为主，农牧结合。为此，种植业生产要推行草粮轮作制。这样既能提供粮食和饲料，又能充分合理地利用和保护土地资源，做到以农养牧、以牧促农。当前退耕还草，是半农半牧区工作的重点。半农半牧区是遏制荒漠化、沙化东移和南下的最后一道绿色生态屏障。过去由于片面强调粮食生产，把大面积草原开垦成农田，造成农牧比例严重失调，加上其他的人为破坏，半农半牧区已成为草原退化和面积减少最快的地区。

应把退耕还草和引草入田作为半农半牧区工作的关键措施和恢复草原生态的突破口。因此，要认真贯彻落实国家对退耕还草的有关政策措施，坚持宜乔则乔、宜灌则灌、宜草则草的原则，以科学态度确定林、灌、草的比例、范围和面积，充分发挥草原在生态治理中的作用。

应把退耕还草与建设高产优质人工草地紧密结合起来，并坚持高标准、高起点，建设商品草生产和加工基地，不断提高草地的产出水平和生态保护功能。在建设优质人工草地的同时，还应推广舍饲半舍饲和易地育肥。这不仅可以大大减轻超载过牧对草原的压力，促进草原植被的恢复，还能加快传统畜牧业生产方式的转变。

重点抓好退耕还草的同时，在半农半牧区还要做好群众思想工作，组织他们积极稳妥地实施休牧禁牧、舍饲圈养、草田轮作、异地育肥等，大力提倡种植业的"三元结构"，提高秸秆资源的利用率，努力减轻草原压力。

（4）城市郊区畜牧业

改革开放后，随着东南沿海地区和大中城市经济发展和人们生活水平提高以及对畜产品需求的日益增长，使得畜禽养殖场不断向规模化方向发展。规模化畜禽场也大多分布于大中城市和人口稠密地区。但是，规模化畜禽场的发展在解决了畜产品供给和带动农村经济发展的同时也带来了日益严重的环境污染问题。主要原因在于畜牧业的大规模集约化养殖及畜禽养殖区的城市化，使农牧脱节，畜禽粪便不能及时为农业利用，也难以进行有效处理；加之农业由传统使用有机肥转向大量使用化学肥料，使畜禽粪便造成的环境污染问题日益严峻。

目前东南沿海地区和大、中城市郊区畜禽粪便造成的环境污染，已经成为农村环境污染的主要原因，并且养殖场在污染周围环境的同时，也污染了自身发展的环境，严重地影响了畜禽养殖业的自身发展。这使得在发展城市郊区畜牧业满足人们对畜产品需求的同时，防止环境污染成为人们普遍关注的问题，并成为政府干预畜牧业发展的重要内容之一。因此，城市郊区畜牧业发展过程中应该注意以下问题。

合理规划畜禽饲养场地。即选择畜禽饲养场地时，不仅要求不能污染周围环境，也要防止受周围环境的污染。在交通便利、用水条件良好的情况下，不仅要尽可能将畜禽饲养场建在远离城市、远离工矿区和远离人口密集的地方，还应远离江河及地下水源，并要充分考虑畜禽饲养场的规模数量、粪尿和污水排放以及循环利用等问题。

建立生态型畜禽饲养场。即根据生态学和生态经济学原理组织畜禽饲养场生产，充分利用当地的自然资源和动物、植物、微生物之间的相互依存关系，采用现代技术对动物废弃物进行无害化处理。

第二节　畜牧业宏观调控

一、畜牧业宏观调控的理论依据与基本原则

（一）畜牧业宏观调控的理论依据

宏观调控是现代市场经济中的普遍现象，是现代市场经济的一个显著特征。所谓宏观调控是指政府遵循自然规律和经济规律，运用经济、法律和必要的行政手段，从系统、综合和全局的角度对经济运行状况和发展趋势进行总体指导和调节，以保持经济总量的平衡，促进经济结构的优化，提高宏观经济效益，实现可持续发展，推动社会全面进步。

农业宏观调控是一般意义上的宏观调控在农业部门和领域中的特殊体现，它是以政

府为主体,着眼于经济运行的全局,运用经济、法律和必要的行政手段对农业资源的配置从宏观层次上进行调节和控制,以促进农业经济总量的均衡、结构优化、要素合理流动,保证农业的持续、稳定、协调发展。

由于畜牧业本身所具有的特征导致市场在某些方面失灵,依靠市场机制不能有效地解决这些问题,同样需要政府在市场配置资源的基础上,采取各种手段加以宏观调控。导致市场在畜牧业中失灵的主要原因在于畜牧业的外部性、弱质性、波动性和畜牧业发展所需要的公共物品或服务。

1. 畜牧业的外部性

所谓外部性,是指某一经济组织或个人的活动能使他人得到附带的利益(或受到损害),而受益者(或受害者)无须付出相应的代价(或无法得到赔偿)的现象。畜牧业既具有正的外部性又具有负的外部性。正的外部性主要表现为有助于提高农业资源的利用效率、促进农牧业的有机结合、保持文化的多样性和历史传承、保持物种的多样性和生态环境的稳定等;而负的外部性主要表现为超载过牧所带来的生态环境破坏、废弃物处理不当所带来的环境污染、重大疫病控制不当给动物和人类所带来的危害。负的外部性是畜牧业发展过程中的主要问题。解决这些负外部性问题需要通过政府来界定产权,政府制定一系列法律法规和技术标准甚至补贴来解决废弃物可能造成的环境污染,通过社会公共防疫体系对动物的重大疫病进行防控等。

2. 畜牧业的弱质性

畜牧业具有弱质性是由于以下几个方面的原因:①畜牧业是建立种植业的基础之上,种植业的弱质性当然会波及畜牧业,只有种植业特别是饲草料的生产发展到一定程度,现代畜牧业的发展才具备了基础。②草原的生态环境更为脆弱,草原更容易遭受旱灾、雪灾、风灾、虫灾等自然灾害,因此草原畜牧业更容易受到自然灾害的影响。③相对于种植业来讲,从事畜牧业需要养殖者具备更高的素质,但由于从事畜牧业需要每天辛苦地工作,并且从事畜牧业的比较利益低下,因而高素质的劳动力往往转移到非农产业当中去。④畜牧业生产需要育种繁殖、饲养营养、疫病防控、经营管理等多项技术,但由于受到畜牧业比较利益低下的影响,相关技术的市场供给不足,政府的公共服务缺乏,养殖者对相关技术的有效需求也不足。⑤随着畜牧业养殖规模的扩大,养殖废弃物不断增加,政府和社会对环境问题越来越关注,养殖规模的扩大受到耕地和草原承载力的限制,养殖者处理废弃物可能会增加生产成本、降低经营收入。⑥随着人们收入水平的提高和健康保健意识的增强,人们越来越关注畜产品的质量安全,然而生产高质量的畜产品需要更多的成本投入,但高投入不一定带来高收益。⑦畜牧业更容易遭受重大动物疫病的影响,动物感染重大疫病可能使养殖者甚至整个产业遭受灭顶之灾。

3. 畜牧业的不稳定性

畜牧业的不稳定性主要是以下几个方面的原因造成的。①畜牧业生产容易遭受诸如洪水、干旱、酷热、严寒等自然灾害的影响,使畜禽生产经营者遭受损失,并且由于受到动物(如牛、羊)自身繁殖率低和生产周期较长的影响,数量的恢复非常缓慢。②畜牧业生产非常容易遭受重大动物疫病的侵害，不仅要增加防疫成本，而且可能要强行捕杀，使经济遭受巨大损失，并且在短期内不敢恢复生产。③在农产品国际贸易自由化的背景下，国内市场容易遭受国际质优价廉畜产品的冲击，使得国内的畜牧业生产由于缺乏竞争力而难以恢复，或者国际畜产品价格和产量的波动也会传导到国内市场。④畜产品具有鲜活性，不宜长期冷冻储藏。畜产品消费达到较高水平以后，消费量不再增长甚至下降，消费者对价格变动的反应不敏感，这就造成价格对供给的反应非常敏感，造成畜产品市场价格的大幅度波动。⑤畜牧业生产的分散性与畜产品加工、销售的垄断性，使得畜牧业生产者缺乏畜产品价格的决定权，而大型特别是连锁加工经销商的地区和较大范围的垄断却使他们具有压低收购价格和抬高销售价格的能力。

4. 畜牧业发展所需要的公共物品或服务

公共物品是指具有非排他性和非竞争性的产品。非排他性和非竞争性决定了公共物品不能由市场供给，必须由政府提供。畜牧业中的许多基础设施具有公共物品或准公共物品的性质，如畜禽新品种培育、重大动物疫病防控、饲草料与畜产品质量安全监管、公益性技术推广与服务、对农牧民的技术培训等。应该说，随着畜牧业现代化的推进，畜牧业发展所需要的公共物品或服务有增加的趋势。

（二）畜牧业宏观调控的基本原则、目标与战略重点

1. 畜牧业宏观调控的基本原则

《全国畜牧业发展第十二个五年规划（2011—2015）》提出了我国畜牧业可持续发展的基本原则。

坚持发展标准化规模养殖。转变养殖观念，调整养殖模式，在因地制宜发展适度规模养殖的基础上，加快改善设施设备保障条件，大幅度提高标准化养殖水平，积极推行健康养殖方式，促进畜牧业可持续发展。

坚持优化结构布局。大力调整优化畜牧业结构和布局，突出支持主产区和优势区发展，稳定非主产区生产能力，科学规划，统筹安排，分步实施，保障畜牧业稳定发展。

坚持数量质量发展并重。加强畜牧业综合生产能力建设和各环节质量控制，转变发展方式，实现畜牧业生产发展与资源、生态环境及社会需求之间的动态平衡，促进畜牧业健康发展。

坚持推进农牧结合。充分利用种养业资源和产品可循环利用特点，推行种养结合的产业发展模式，促进种养业副产品的资源化利用，实现畜牧生产与生态环境的协调发展。

坚持科技兴牧。依靠科技创新和技术进步，突破制约畜牧业发展的技术瓶颈，不断提高良种化水平、饲草料资源利用水平、生产管理技术水平和疫病防控水平，加快畜牧业发展方式转变，推动畜牧业又好又快发展。

2. 畜牧业宏观调控的总体目标

《全国畜牧业发展第十二个五年规划（2011—2015）》提出，我国畜牧业宏观调控的总体目标是："十二五"时期，畜牧业生产结构和区域布局进一步优化，综合生产

能力显著增强，规模化、标准化、产业化程度进一步提高，畜牧业继续向资源节约型、技术密集型和环境友好型转变，畜产品有效供给和质量安全得到保障，草原生态持续恶化局面得到遏制。

2016年中央一号文件明确提出，加快现代畜牧业建设，根据环境容量调整区域养殖布局，优化畜禽养殖结构，发展草食畜牧业，形成规模化生产、集约化经营为主导的产业发展格局。启动实施种养结合循环农业示范工程，推动种养结合、农牧循环发展。

总而言之，我国畜牧业的宏观调控是按照高产、优质、高效、生态、安全的要求，始终坚持转变畜牧业发展方式，完成保供给、保安全、保生态这"三大任务"。

3. 畜牧业宏观调控的战略重点

《全国畜牧业发展第十二个五年规划（2011—2015）》确定了我国畜牧业宏观调控的战略重点，即着力构建畜禽标准化生产、畜禽牧草种业、现代饲草料产业、现代畜牧业服务、饲料和畜产品质量安全保障、草原生态保护支撑"六大体系"，稳步提高畜产品综合生产能力，努力确保饲料和畜产品质量安全，加快提升草原生态保护建设能力和水平，为农业农村发展提供有力支撑。

加快推进畜禽标准化生产体系建设。标准化规模养殖是现代畜牧业的发展方向。按照"畜禽良种化、养殖设施化、生产规范化、防疫制度化、粪污处理无害化"的要求，加大政策支持引导力度，加强关键技术培训与指导，深入开展畜禽养殖标准化示范创建工作。进一步完善标准化规模养殖相关标准和规范，要特别重视畜禽养殖污染的无害化处理，因地制宜地推广生态种养结合模式，实现粪污资源化利用，建立健全畜禽标准化生产体系，大力推进标准化规模养殖。

加快推进现代畜禽牧草种业体系建设。种业是现代畜牧业发展的根本。按照"保种打基础、育种上水平、供种提质量、引种强监管"的要求，进一步加强对畜禽遗传资源的保护力度，完善畜禽育种机制，增强自主育种和良种供给能力，逐步改变畜禽良种长期依赖进口的局面。组织实施主要畜种的遗传改良计划，加大畜禽良种等工程建设力度，扩大畜牧良种补贴范围和规模，加快健全完善畜禽良种繁育体系，积极培育具有国际竞争力的核心种业企业，建设现代畜禽种业。加强基层畜禽良种推广体系建设，稳定畜禽品种改良技术推广队伍，建设新品种推广发布制度，加大新品种推广力度。加强草业良种工程建设，建立健全草种质资源保护、品种选育和草种质量监管体系，实施牧草良种补贴，加强草种基地建设，提高良种供应能力。

加快推进现代饲料产业体系建设。饲草料产业是现代畜牧业发展的基础。按照"提高门槛、减少数量、转变方式、增加效益、加强监管、保证安全"的原则，大力发展优质安全高效环保饲草料产品；着力规范饲草料生产企业，严格许可审查，坚决淘汰不合格的企业；鼓励饲草料生产企业竞合，建立饲草料行业诚信体系，推行生产全过程质量安全管理制度；统筹国际国内两个市场，加强饲草料资源开发利用，着力构建安全、优质、高效的现代饲草料产业体系。

加快推进现代畜牧业服务体系建设。完善的服务体系是现代畜牧业发展的有效保障。完善畜牧业监测预警体系，加大信息引导产业发展力度；深入推进畜牧技术推广体系改革和建设，研发和推广一批重大产业关键性技术；建立健全产销衔接机制，完善利益联结机制；建立健全畜牧业防灾减灾体系，提高畜牧业抗风险能力，实现畜牧业减灾促增收；强化公共防疫服务，提高服务质量和水平。

加快推进饲料和畜产品质量安全保障体系建设。饲料和畜产品安全是现代畜牧业发展的重点。严格饲料行政许可，提高饲料和饲料添加剂生产企业准入门槛。加强对生鲜乳收购站和运输车辆的许可管理，推动生鲜乳收购站标准化建设。大力实施饲料和生鲜乳质量安全监测计划，扩大监测范围，提高监测频次，对重点环节和主要违禁物质开展全覆盖监测。加快制定和实施畜牧、饲料质量安全标准；加强检验检测、安全评价和监督执法体系建设，强化监管能力，提高执法效能；全面实施畜禽标识制度和牲畜信息档案制度，完善畜产品质量安全监管和追溯机制。

加快推进草原生态保护支撑体系建设。草原生态保护是现代畜牧业发展的重要方面。按照"保护草原生态、转变发展方式、促进草畜平衡、推动转移就业"的要求，加大扶持力度，完善政策体系，构建草原生态保护建设长效机制；实施草原生态保护重大工程，稳定和完善草原承包经营制度，落实基本草原保护、禁牧休牧轮牧和草畜平衡制度；加强草原执法监督和技术推广体系建设，提高人员素质，改善物质装备条件，增强执法监管和服务能力。

二、畜牧业宏观调控的内容与手段

（一）畜牧业宏观调控的内容

1. 大力推行畜禽标准化生产

畜禽标准化生产，就是在场址布局、栏舍建设、生产设施配备、良种选择、投入品使用、卫生防疫、粪污处理等方面严格执行法律法规和相关标准的规定，并按程序组织生产的过程。各地畜牧兽医主管部门要围绕重点环节，着力于标准的制订、修订、实施与推广，达到"六化"，即：畜禽良种化、养殖设施化、生产规范化、防疫制度化、粪污处理无害化和监管常态化。要因地制宜，选用高产优质高效畜禽良种，品种来源清楚、检疫合格，实现畜禽品种良种化；养殖场选址布局应科学合理，符合防疫要求，畜禽圈舍、饲养与环境控制设备等生产设施设备满足标准化生产的需要，实现养殖设施化；落实畜禽养殖场和小区备案制度，制定并实施科学规范的畜禽饲养管理规程，配制和使用安全高效饲料，严格遵守饲料、饲料添加剂和兽药使用有关规定，实现生产规范化；完善防疫设施，健全防疫制度，加强动物防疫条件审查，有效防止重大动物疫病发生，实现防疫制度化；畜禽粪污处理方法得当，设施齐全且运转正常，达到相关排放标准，实现粪污处理无害化或资源化利用；依照《畜牧法》《饲料和饲料添加剂管理条例》《兽药管理条例》等法律法规，对饲料、饲料添加剂和兽药等投入品使用，畜禽养殖档案建立和畜禽标识使用实施有效监管，从源头上保障畜产品质量安全，实现监管常态化。各地要建立健全畜禽标准化生产体系，加强关键技术培训与指导，加快相关标准的推广应用步伐，着力提升畜禽标准化生产水平。

2. 推进标准化规模养殖的产业化经营

标准化规模养殖与产业化经营相结合，才能实现生产与市场的对接，产业上下游才能贯通，畜牧业稳定发展的基础才更加牢固。我国产业化龙头企业和专业合作经济组织在发展标准化规模养殖方面取得了不少成功经验，要继续发挥龙头企业的市场竞争优势和示范带动能力，鼓励龙头企业建设标准化生产基地，开展生物安全隔离区建设，采取"公司十农户"等形式发展标准化生产。积极扶持畜牧专业合作经济组织和行业协会的发展，充分发挥其在技术推广、行业自律、维权保障、市场开拓方面的作用，实现规模养殖场与市场的有效对接。各地畜牧兽医主管部门要加强信息引导和服务，鼓励产区和销区之间建立产销合作机制，签订长期稳定的畜产品购销协议；鼓励畜产品加工龙头企业、大型批发市场、超市与标准化规模养殖场户建立长期稳定的产销合作关系，并推动标准化规模养殖场上市畜产品的品牌创建，努力实现生产上水平、产品有出路、效益有保障。

3. 突出抓好畜禽养殖污染的无害化处理

随着我国畜牧业生产总量的增长和经营规模的不断扩大，畜牧业发展对生态环境的影响日益显现，一些地方畜禽养殖污染势头加剧。各级政府在促进畜牧业发展的同时，必须同时抓好畜禽养殖污染防治，正确处理好发展和环境保护的关系。抓紧出台畜禽养殖废弃物综合防治规划，突出减量化、无害化和资源化的原则，把畜禽养殖废弃物防治作为标准化规模养殖的重要内容，总结推广养殖废弃物综合防治和资源化利用的有效模式。要结合各地实际情况，采取不同处理工艺，对养殖场实施干清粪、雨污分流改造，从源头上减少污水产生量；对于具备粪污消纳能力的畜禽养殖区域，按照生态农业理念统一筹划，以综合利用为主，推广种养结合生态模式，实现粪污资源化利用，发展循环农业；对于畜禽规模养殖相对集中的地区，可规划建设畜禽粪便处理中心（厂），生产有机肥料，变废为宝；对于粪污量大而周边耕地面积少，土地消纳能力有限的畜禽养殖场，采取工业化处理实现达标排放。各地在抓好畜禽粪污治理的同时，要按有关规定做好病死动物的无害化处理。

4. 着力抓好动物重大疫病防控工作

重大动物疫病对我国畜牧业健康发展具有巨大的威胁，要坚持"加强监控、转变策略、渐进净化"的重大疫病防控战略，做好动物重大疫病防控是各级政府畜牧工作的重要内容。因此，应该统一国家兽医行政管理职能，推进官方兽医制度和执业兽医制度建设，加快兽医队伍建设工程、兽医科技创新工程、新型兽药创制工程和基础设施建设工程建设，全面提升动物疫病防控能力。以奖代惩，完善和改革动物疫病监测预警、疫病报告、风险分析等制度；预防为主，综合防控，完善扑杀补贴机制；加快落实国家中长期动物疫病防治规划（2012—2020年），有计划、分阶段地逐步消灭危害严重的重大动物疫病，控制或区域净化部分一类重大动物疫病，控制重要的人兽共患病，有效防范外来动物疫病。伴随标准化规模养殖的推进，加快提高养殖场动物防疫管理水平和生物安全隔离能力；推行无规定疫病区、生物安全隔离区建设，推行无疫苗无抗生素健康养殖示范生产。

5. 加强畜牧业质量安全标准和畜产品质量安全检验检测体系建设

畜牧业质量安全标准和畜产品质量安全检验检测体系的建设是政府宏观调控的重点内容之一，它对于提高畜产品的流通效率和畜产品市场竞争力，稳定生产和经营秩序，保障公平竞争，使消费者吃到安全卫生的食品都是至关重要的，为此，需要政府通过制定和完善相关的法律和标准来加强监管。我国畜牧业和畜产品质量安全的标准体系还有待不断完善，某些畜产品缺乏标准，某些畜产品的质量安全标准还不能适应市场需求的多样化、产品用途专门化的要求。因此，应借鉴发达国家宏观调控的经验，建立健全畜产品质量安全标准，强化质量安全管理，完善检测手段，加大对畜产品质量安全的检测监控力度；要建立畜产品质量安全可追溯体系，强化畜禽养殖档案管理，对畜产品的生产和销售实行全程监管；要大力发展无公害、绿色有机畜产品生产；鼓励畜产品加工企业参与国际市场竞争，按照国际标准组织生产和加工，努力扩大畜产品出口；要实施出入境检验检疫备案制度，强化对进口畜产品的检验检疫，完善检验检测标准与手段，防止疫病和有毒有害物质传入。总之，加快畜产品质量安全的安全立法，加强执法监督，是中国政府对畜牧业进行宏观调控的重要领域。

6. 强化畜牧业信息体系建设

信息是现代畜牧业更为重要的生产要素，它的作用范围远远地大于传统的畜牧业生产要素，而且具有一系列自身的生产、传播机制。在现代畜牧业中，信息是核心和关键，信息驱动着畜牧业生产的全过程，信息流调整着商流、物流、能量流、资金流、人流的方向、速度和效率，是现代畜牧业生产所不可或缺的生产要素。畜牧业信息化即在畜牧业领域全面地发展和应用现代信息技术，使之渗透到畜牧业生产、市场、消费等各个具体环节，大幅度地提高畜牧业生产效率和生产力水平，促进畜牧业持续、稳定、高效发展的过程。但由于畜牧业信息资源的经济特性表现在有用信息资源的相对稀缺性、在主体和地域之间分布的不均衡性、开发利用的竞争性、商业与公益并存性。同时还由于畜牧业信息商品是一种体验商品，它具有高固定成本与低复制成本性、价值发挥的使用者依赖性、易扩散性、外部性等特征。因此，政府在畜牧业信息体系建设中要承担重要的责任。如政府在畜产品和相关生产要素信息网络建设、畜产品可追溯体系建设、动物营养与疾病防治专家咨询系统建设等方面要发挥重要作用，使传统畜牧业与互联网嫁接起来。

7. 保护和治理草原的生态环境，促进牧区又好又快发展

草原既是牧业发展重要的生产资料，又承载着重要的生态功能。长期以来，受农畜产品绝对短缺时期优先发展生产的影响，强调草原的生产功能，忽视草原的生态功能，由此造成草原长期超载过牧和人畜草关系持续失衡，这是导致草原生态难以走出恶性循环的根本原因。在新的历史条件下，牧区发展必须树立生产生态有机结合、生态优先的基本方针，做好草原划定和草原功能区划工作，保护基本草原和保护耕地放在同等重要

的位置；坚持重点突破与面上治理相结合、工程措施与自然修复相结合，全面加强草原生态建设；建立草原生态保护补助奖励机制，坚持保护草原生态和促进牧民增收相结合，实施禁牧补助和草畜平衡奖励，保障牧民减畜不减收，充分调动牧民保护草原的积极性；按照机构设置合理、队伍结构优化、设施装备齐全、执法监督有力的要求，进一步加强草原监管工作；通过提高防灾减灾能力、加大生产补贴力度、稳定和完善草原承包经营制度，加快转变发展方式，促进草原畜牧业从粗放型向质量效益型转变。

8. 加强和优化畜牧业产学研科技创新体系和技术推广体系

针对畜牧业经济发展方式转变对科技的全方位需要，应加大对相关各领域科技原始创新和推广应用的支持，构建以企业为主导，农科教、产学研结合紧密的科技创新体系，使科研和国家畜牧业未来的发展紧密相连。畜牧业作为我国农业产业体系中的重要组成部分，政府应加强其科研、教育和推广领域的宏观调控。第一，应加快畜牧兽医高新技术的研究和开发，积极利用信息技术、生物技术，培育畜禽新品种；第二，加强基层畜牧技术推广体系建设，加快畜牧业科技成果转化，抓好畜禽品种改良、动物疫病诊断及综合防治、饲料配制、草原建设和集约化饲养等技术的推广；第三，强化畜牧业科技教育和培训，提高畜牧业技术人员和农民的整体素质；最后，加强国家基地、区域性畜牧科研中心创新能力建设，支持畜牧业科研、教学单位与企业联合，发展畜牧业高新科技企业。

（二）畜牧业宏观调控的手段

1. 计划手段

计划手段是计划经济体制下宏观调控最重要的手段。在市场经济体制下，市场机制在各种资源配置中起基础性作用，但市场机制在某些方面会表现出失灵，因此需要政府的宏观调控，计划手段仍然是不可缺少的。在农业市场经济中，政府的畜牧业发展计划是对未来畜牧业的发展原则、目标、战略、关键技术、政策措施等的设计与谋划，是对一定时期畜牧业发展目标的具体化、数量化以及发展途径、相关经济政策的组合。与计划经济的计划不同，它不是依靠行政命令、层层分解下达，而是通过市场机制和政府调控的各种手段的结合来实现，通过一系列规划来加强畜牧业市场体系建设，解决畜牧业市场机制失灵、畜牧业发展的外部性、公共物品供给、畜产品质量安全、生态环境安全等问题。

2. 经济手段

经济手段是指依据价值规律的要求，通过与价值形式相关的各种经济杠杆调节经济主体的经营行为，以达到宏观经济调控目的的调节手段。在市场经济条件下，经济手段是畜牧业宏观调控的重要手段之一。畜牧业宏观调控的经济手段主要有价格手段、财政手段、信贷手段、保险手段等。

（1）价格手段

畜产品价格是畜产品供求关系的集中体现，在市场经济条件下，政府已不再直接规定畜产品的价格,但政府在一定的条件下仍然可以或者有必要干预畜产品和相关生产要素的价格。这是由于畜产品价格可能由于自然灾害、质量安全事件等原因,出现暴涨或暴跌,消费者或生产者遭受重大损失,这时政府可能采取抛售政府库存或增加政府库存、补贴消费者或生产者等措施干预市场价格;政府也可能对优良种畜禽购买、畜牧机械购买、技术培训等采取价格补贴等方式,降低相关生产要素的价格,增加农牧民收入,促进畜牧业的发展。

(2)财政手段

财政手段是国家凭借政权的力量和对生产资料的所有权,把企业和个人所创造的一部分国民收入集中起来,形成国家的财政收入,然后在国民经济的各个方面加以分配使用的一种调控手段。它体现的是以国家为主体,对国民收入进行分配和再分配的关系。为了推进畜牧业持续健康发展,我国政府免除了畜禽养殖税费,减免畜产品初加工和深加工税费。对规模化标准化养殖、圈舍建设、良种购买、畜牧机械购买、退耕还草、禁牧、草畜平衡、种草、青贮等采取财政补贴政策。

(3)信贷手段

随着畜牧业现代化的推进,畜牧业的资本有机构成越来越高,畜牧业产业链上的各个经营主体对资金的需求越来越多,自有资金难以满足生产经营的需要,信贷成为经营资金的重要来源。但银行业的发展趋势是走向商业化,由于畜牧业经营风险大、规模小,因此一般商业银行不愿意给畜牧业经营者提供信贷。情况更严重的还在于各类银行在农村所吸纳的大量储蓄反过来贷给农牧户的资金很少,而是通过银行体系转贷给城市中的工商企业追求利润最大化。我国政府对此采取了以下几项政策措施来增加对畜牧业的信贷支持。第一,建立国有农业政策性银行——农业发展银行,增加对农业重要产业和重要工程的贷款;第二,在中国农业银行仍设有农业政策性贷款项目;第三,倡导各国有商业银行增加对农业的信贷;第四,对大额的农业信贷实行政府贴息;第五,通过建立和完善农村信用合作社或互助组织来加强农民的资金互助。

(4)保险手段

畜牧业在生产过程中容易遭受各种自然灾害和疫病的损害,通过保险的办法,用集合具有同一风险的多数单位和个人的资金,建立起保险基金,以对特定灾害和事故所造成的损失进行经济补偿。但由于畜牧业生产比较利益低下,按照商业原则养殖者支付不起很高的保险费,因此养殖者对畜牧业保险的有效需求不足;畜牧业保险一般收费低、风险大、赔付率高,商业保险公司几十年的试验证明,畜牧业保险是大保大赔、小保小赔、不保不赔,因此商业性保险公司承保畜牧业保险的积极性不高,有效供给不足。唯一可行的路径或模式是通过政府的保险费用补贴、税收减免获政府建立政策性保险公司,推行畜牧业政策性保险。

3. 法律手段

在市场经济条件下,用法律形式来全面规范畜牧经济活动中各主体的权利、义务和行为规则,使相关法律成为畜牧业宏观经济调控的重要手段。如《畜牧法》《动物防疫法》《环境保护法》《畜禽养殖污染防治管理办法》《畜禽规模养殖污染防治条例》《农产品质量安全法》《食品安全法》等。由于畜牧业相关法律具有规范性、国家意志性、国家强制性、普遍性、程序性和可诉性等特征，使得饲草料、兽药的生产、畜禽养殖、疫病防控、废弃物处理、屠宰加工、畜产品销售等走上了法制化轨道。我国与畜牧业发展相关的法律制定的越来越多，越来越完善。通过一系列法律规范市场主体行为，以保障畜牧业健康可持续发展。

4. 行政手段

行政手段是指国家行政机构通过采取强制性的命令、指示、规定和下达指令性的任务等行政方式来调节和管理经济活动。对畜牧业采取行政手段进行管理的主要原因来自两个方面：①虽然在市场经济条件下畜牧业的发展要走法制化的道路，但市场的环境条件是经常变化的，法律不可能涵盖所有方面，政府需要根据法律还没有涉及的新情况、新问题制定政策措施加以解决。②法律具有规范性和稳定性，法律需要行政机关通过制定具体的政策措施来执行和落实。

在市场经济条件下，政府对畜牧业的宏观调控手段都不是单一的，一般是在法制化的前提下，多种调控手段的相机抉择。

第三节　畜牧业可持续发展

一、畜牧业可持续发展的内涵与基本特征

（一）农业与畜牧业可持续发展的内涵

1. 农业可持续发展的内涵

对于什么是农业可持续发展，自20世纪80年代以来就有多种不同的解释，但随着80年代后期可持续发展概念被明确界定，可持续发展理论体系逐步完善，农业可持续发展内涵趋于定型。1991年4月，联合国粮农组织在荷兰召开有124个国家的高级专家出席的国际农业与环境会议，通过了著名的《登博斯宣言》，进一步阐明了农业可持续发展的确切内涵。一般来讲，农业可持续发展是指在满足当代人需要，又不损害后代满足其需要的发展条件下，采用不会耗尽资源或危害环境的生产方式，实行技术变革和机制性改革，减少农业生产对环境的破坏，维护土地、水、生物、环境不退化、技术运用适当、经济上可行以及社会可接受的农业发展战略。不造成环境退化是指希望人类与自然之间、社会与自然环境之间达到和谐相处，建立一种非对抗性、破坏性关系；技术上运用适当是指生态经济系统的合理化并不主要依靠高新技术，而以最为适用、合理

的技术为导向;经济上可行是指要控制投入成本,提高经济效益,避免国家财政难以维持和农民难以承受的局面;能够被社会接受则是指生态环境变化、技术革新所引起的社会震荡,应当控制在可以承受的范围内。

2. 畜牧业可持续发展的内涵

依据农业可持续发展的内涵,畜牧业可持续发展应该以科技进步支撑畜牧业"高效、安全、健康、绿色"发展。"高效"是指畜禽生产率、资源利用率、资金利润率、劳动生产率即畜牧业总要素生产率或综合生产能力显著提高;"安全"是指必须保障畜产品安全和动物源食品安全;"健康"是指以畜禽健康保障人类健康,以充足、安全、优质、营养的畜产品保障人类更高层次的
健康需求;"绿色"是指畜牧业发展与资源低耗、环境友好、生态和谐相互统一。

(二)畜牧业可持续发展的基本特征

1. 生态持续性

生态持续性主要关注于生物——自然过程以及生态系统(自然资源供给与生态系统服务)的永续生产力和功能。长期的生态持续性要求维护畜牧业资源基础的质量,维护其生产能力,保护农业自然条件、基因资源和生物多样性。首先,种植业与畜牧业的关系是农业的基本关系。种植业的发展特别是为养而种的种植业结构的调整,是畜牧业进一步发展的基础。畜牧业的发展提高了植物产品的利用率,为人类提供了更高品质的食品,同时也为种植业的进一步发展提供了更为优质的肥料。这既是传统农业发展的基础,也是现代农业特别是生态农业的重要选择。但现代种植业与畜牧业在生产单位和地域上的高度分离,弱化了它们之间的联系,特别是畜牧业养殖规模的扩大所带来的废弃物处理,不仅是经济问题同时还是生态环境问题。其次,发展畜牧业资源利用要适度。为了实现畜牧业生态可持续发展,必须通过科技进步提高良种、饲草料、土地、水、劳动力以及养殖废弃物等资源的利用效率,加强优良地方品种资源保护及其开发利用,在有限的资源条件下发展适度规模经营。第三,畜牧业的发展要保持生态环境友好。畜牧业的发展必须考虑当地环境的承载力,在不破坏生态环境、不危害人类生存环境的前提下,注重草原和农区养殖生态环境保护,通过发展循环经济,实现人类、动植物与生态环境的协调发展。

2. 经济持续性

经济持续性主要关注畜牧业生产者的长期经济利益。对畜禽养殖者来说,从事畜牧业生产的根本目的是要增加自身收入。随着人们收入水平的提高,消费者对畜产品的需求不断增长,这为畜产品供给的增长提供了市场。相对于种植业来说,畜禽养殖经营规模的扩大较少受到土地的直接限制,可以在一定程度上实现工厂化集约生产。因此,畜牧业是农民增加收入的重要来源,并且在农业收入当中占有越来越大的份额。但畜牧业发展仍然受到诸多挑战,使其经济可持续性受到限制。这些限制包括:①来自消费者消费需求增长的逐步下降,即消费者对畜产品的消费也会受到恩格尔定律的作用,随着收

入的增长，畜产品消费支出在家庭消费总支出当中的比例也会逐步下降；考虑到人们健康意识增强，以及老龄化社会的到来，某些人群对畜产品（特别是猪肉等）的消费可能绝对地下降。这些会造成畜牧业的比较效益逐步下降。②畜牧业发展还受到生产成本上升和生态环境保护与治理的约束，规模扩张或集约养殖受到越来越严格的限制。③由于世界畜产品贸易迅速走向自由化，物美价廉的畜产品进口增加，我国畜产品在价格和质量两个方面都处于竞争劣势，使国内畜产品生产者面临着更为激烈的国际竞争。④畜牧业生产经常受到重大动物疫病的威胁，畜牧业生产者一旦遭受重大动物疫病风险，轻者无利可得，重者血本无归。⑤畜牧业生产者还经常遭遇价格风险，畜产品价格的蛛网效应特别是较长期的价格低迷，使农民从事畜牧业生产获利微薄甚至无利可得或亏损。

3. 社会持续性

社会持续性主要关注如何满足社会对畜产品不断增长的需求、畜产品质量安全、资源的合理利用与公平分配、畜产品生产者生存等问题。①增加畜产品供给有助于提高国家的粮食安全水平。虽然畜牧业发展需要建立在种植业特别是粮食生产的基础上，但畜牧业特别是牛、羊等草食性畜牧业的发展，提高了人类不能直接利用的饲草、农作物秸秆等的利用率，因而畜牧业的发展提高了高质量食品的供给水平。②在生活水平不断提高的情况下，消费者不仅关注畜产品的数量和品种，而且越来越关注质量安全。严格规范饲草料添加剂和兽药使用，特别是降低各种有害微生物对畜产品的污染，保障人们吃上质量安全的畜产品，是带有社会性的重要任务。③畜牧业集约化发展会带来很大的负外部性，不受约束的畜牧业发展会带来草原等生态环境的破坏，会造成下水、土壤甚至农畜产品的污染，解决这些问题需要法律、政策、产权、技术等多种措施。④畜牧业生产者本身就是弱势群体。现代畜牧业发展对生产者提出了越来越高的要求，在农业劳动力仍然过剩的情况下，却出现了畜牧业生产者的有效供给不足。草原畜牧业几乎是牧民的唯一产业，地处边疆环境恶劣地区的少数民族牧民，由于受到语言文化等因素的限制，向外转移非常困难。国家禁牧、休牧、草畜平衡等改善草原生态环境政策的要求，使本来就处于贫困状态的牧民面临着更加严峻的生产生活问题。

二、畜牧业可持续发展战略

（一）畜牧业可持续发展的总体思路、基本原则

1. 总体思路

我国畜牧业可持续发展的总体思路是，以保障畜产品有效供给、动物源食品安全和养殖生态环境友好和谐为目标，以科技进步为支撑，以加快推进适度规模化标准化为根本手段，强化资源安全、质量安全、环境安全及养殖安全保障，促进畜禽种业等战略性新兴产业和加工业等重点产业的发展，加快推进我国畜牧业由数量增长型向质量效益型、资源高耗型向资源节约型、环境污染型向环境友好型转变，推进畜牧业结构调整和经济发展方式转变，促进环境、生态、资源、动物与人类和谐相处、协调发展，走出一条具

有中国特色的"高效、安全、健康、绿色"的畜牧业可持续发展道路。

2. 基本原则

坚持自给为主原则。从我国人口众多、需求巨大的国情出发，为保障国家安全和社会稳定，必须坚持畜产品基本自给的原则。虽然随着农产品贸易自由化的推进，加之我国畜产品生产成本和价格的上涨，我国牛羊肉、乳制品等的进口在增加，贸易逆差在扩大，但实现畜产品的基本自给仍然是要坚持的基本原则。

坚持因地制宜原则。我国地域辽阔，各地自然资源禀赋、经济发展水平、产业现实基础与居民需求都存在着差异，因此各地应该根据自身的自然社会经条件，确立本地的优势主导产业，采取适合本地条件的种养结构、养殖模式、经营规模和产业化经营模式，形成各具特色的产业集聚、产业融合、产业循环经济模式。

坚持质量优先原则。为保障居民生命健康，应加快推进标准化生产，加快建立完善的畜产品质量安全监管体系，加强对畜产品生产、加工、运输、贮存等各环节的全程质量安全控制，强化从业人员质量安全保障生产自律意识，从而确保各类畜产品的质量安全与可靠。

坚持生态友好原则。为保持良好的生态环境，实现畜牧业的可持续发展，应在不破坏生态环境、不危害人类生存环境的前提下发展畜牧业，注重养殖过程的生态环境保护及养殖废弃物的有效利用，注重畜牧业环保意识的宣传，实现人类、动物、生态、环境的和谐发展。

坚持持续高效原则。在推动畜牧业发展方式转变的过程中，必须注重提高畜牧业的综合生产能力，也就要同时提高畜产品的生产效率、质量安全水平和生态环境保护和治理水平，实现畜牧经济、生态环境和社会的可持续发展。

（二）畜牧业可持续发展的战略重点

我国畜牧业可持续发展的战略重点是加快畜牧业结构调整和经济发展方式转变，实现质量效益、资源节约、环境友好条件下的产量提高；同时，保障畜牧业可持续发展所必须的良种和饲料等资源供应，并通过拓展养殖产品加工业延伸产业链，提高养殖业的附加值。

1. 规模化、标准化推进战略

坚持科学合理的规模化、标准化战略。加快推进畜牧业规模化、标准化战略，有利于增强畜牧业综合生产能力，保障畜产品供给安全；有利于提高生产效率和生产水平，增加农民收入；有利于从源头上对畜产品质量安全进行控制，提升畜产品质量安全水平；有利于有效提升疫病防控能力，降低疫病风险，确保人畜安全；有利于加快牧区生产方式转变，维护国家生态安全；有利于畜禽粪污的集中有效处理和资源化利用，实现畜牧业与环境的协调发展。

畜牧业规模经营要以家庭经营为基础，在自愿互利的基础上通过专业合作社和公司等龙头企业实现外部经营规模的扩大。在农区畜牧业经营规模的扩大要注重考虑种养结合，要特别考虑耕地对粪肥的消纳能力；在牧区畜牧业经营规模的扩大要首先考虑草地的承载能力。要注意畜牧业的规模经营不是简单的经营规模扩大，而在生态环境可承载的前提下，实现经济效益的最大化。

我国畜牧业的标准化可以概括为"六化"，即畜禽良种化，养殖设施化，生产规范化，防疫制度化，粪污处理无害化和监管常态化。要因地制宜，选用高产优质高效畜禽良种，品种来源清楚、检疫合格，实现畜禽品种良种化；养殖场选址布局应科学合理，符合防疫要求，畜禽圈舍、饲养与环境控制设备等生产设施设备满足标准化生产的需要，实现养殖设施化；落实畜禽养殖场和小区备案制度，制定并实施科学规范的畜禽饲养管理规程，配制和使用安全高效饲料，严格遵守饲料、饲料添加剂和兽药使用有关规定，实现生产规范化；完善防疫设施，健全防疫制度，加强动物防疫条件审查，有效地防止重大动物疫病发生，实现防疫制度化；畜禽粪污处理方法得当，设施齐全且运转正常，达到相关排放标准，实现粪污处理无害化或资源化利用；依照《畜牧法》《饲料和饲料添加剂管理条例》《兽药管理条例》等法律法规，对饲料、饲料添加剂和兽药等投入品使用，畜禽养殖档案建立和畜禽标识使用实施有效监管，从源头上保障畜产品质量安全，实现监管常态化。各地要建立健全畜禽标准化生产体系，加强关键技术培训与指导，加快相关标准的推广应用步伐，着力提升畜禽标准化生产水平。

2. 科技进步促进战略

坚持"加大投入、人才为本、强化创新"的科技进步促进战略。加大科研投入，拓宽投入渠道，改革资金运行机制，提高资金拨付效率和利用效率，重视国家阶段性投入与畜牧业连续性科研之间的矛盾；以人为本，加强科技创新团队和领军型创新人才培养；加快重点实验室、工程技术研究中心、产业技术体系或联盟等平台建设；坚持产学研用紧密结合，建立健全良种繁育、饲料加工、疫病防控、污染防治、现代加工等科技创新体系，加强畜牧科技自主创新；以畜牧科技服务中介组织为主体，建立完善先进养殖科技推广体系。

3. 饲料资源保障战略

坚持"调整结构、挖掘潜能、拓宽渠道"的饲料资源保障战略。在保障口粮供给的前提下，扩大饲用粮食作物和人工牧草的种植；培育饲料用粮和人工牧草专门化优良品种；同时，采取走出去的方式积极拓展饲料进口渠道；加强我国玉米豆粕的替代资源的开发利用；积极发展新型饲料添加剂产品、安全环保型饲料产品和地方特色饲料产品；健全饲料质量安全监管体系。针对我国饲料谷物资源短缺，能量饲料供应不足，蛋白质饲料原料严重匮乏，蛋白质饲料自给率低下等问题，开发和高效利用各种饲料资源；针对我国优质牧草资源有限，草原牧草还难以满足牧区养殖需要等问题，开展饲草料营养含量、各类畜禽营养标准和饲料配方研究，建立饲料资源高效利用大数据平台，为营养的标准化奠定基础。

4. 食品安全保障战略

坚持"加强执法、完善标准、全程控制"的食品安全保障战略。制订以动物源食品安全为主体的专门化法律法规，加大执法力度和惩罚力度；建立责权明确、高度协调的监督管理体制；加强动物源食品安全风险评估、食品安全控制、监测与检测和溯源跟踪等技术研究，建立和完善动物源食品安全风险评估体系、安全标准体系、安全监测体系及认证认可体系，逐步建立和完善统一、权威、高效的动物源食品安全全程综合控制体系。

5. 生态环境保育战略

坚持"政策引导、载量控制、综合利用"的生态环境保育战略。完善相关法律法规，奖惩相结合，以财政补贴等形式鼓励养殖户建立污染防治设施和开展污染防治，对污染治理不力行为加大惩罚力度；以农牧结合为重点，因地制宜地推广以农、林、牧、渔相结合的复合产业生态养殖；开展区域畜牧业环境承载力评价，控制区域内养殖规模；在养殖重点区域和环境敏感区域建立环境监测预警体系，初步建成国家畜牧业污染监测网络；适时推出对饲料中重金属添加量最高值进行限定的法规；以"变废为宝"为宗旨，加强养殖废弃物无害化、资源化和再利用的处理技术研究和推广，实现养殖废弃物综合利用；高度重视草原牧区的生态效益，通过多种手段使草原载畜量恢复到平衡水平；充分发挥草原草地的固碳功能，将草原草地的保育纳入我国低碳经济战略中。

6. 重大疫病防控战略

坚持"加强监控、转变策略、渐进净化"的重大疫病防控战略。统一国家兽医行政管理职能，推进官方兽医制度和执业兽医制度建设，加快兽医队伍建设工程、兽医科技创新工程、新型兽药创制工程和基础设施建设工程建设，全面提升动物疫病防控能力。以奖代惩，完善和改革动物疫病监测预警、疫病报告、风险分析等制度；预防为主，综合防控，完善扑杀补贴机制；加快落实国家中长期动物疫病防治规划，有计划、分阶段地逐步消灭危害严重的某些重大动物疫病，控制或区域净化某些一类重大动物疫病，控制重要人兽共患病，有效防范外来动物疫病。伴随标准化规模养殖的推进，加快提高养殖场户动物防疫管理水平和生物安全隔离能力；推行无规定疫病区、生物安全隔离区建设，推行无疫苗无抗生素健康养殖示范生产。

7. 新兴产业培育战略

坚持"明确产业、依靠科技、立足长远"的新兴产业培育战略。重点打造动物种业、动物生物医药产业和生物质能源产业等战略性新兴产业。制定和实施相关战略性新兴产业的发展规划，加大投入，加强自主创新和技术集成推广，推进新兴产业的产学研结合和产业化运作。动物种业重点是确立引种为辅、选育为主的指导思想，建立企业为主导的产学研结合的科技创新体系和国家为支撑的动物育种体系，加强遗传资源的保护和利用，加强种用动物质量管理和疫病净化，打造发达的自主种业，为我国畜牧业转型和可持续发展提供坚实基础，为我国国民经济提供新的增长点；生物医药产业重点是建设原始创新平台；生物质能源产业的重点是开发和推广可盈利的养殖业废弃物沼气生产技术和模式。

8. 重点产业提升战略

坚持"扶持龙头、品牌引领、适度集中"的重点产业提升战略。重点支持对畜牧业带动作用大、发展前景好、基础相对较弱的产业，包括畜产品加工业、牛羊业等。培育加工业龙头企业，鼓励品牌建设，提高产业集中度，加强加工关键技术创新，建立相关标准体系，大幅度提高产品加工比重，提升畜牧业附加值；建立全国标准统一的畜禽生产性能测定与品种登记制度，继续加强品种登记、性能测定和后裔测定等，提高良种繁育能力，大幅度提高畜禽单产和良种化水平，推进标准化规模养殖建设。

第三章 绿色生态养殖模式及其项目选择

第一节 绿色生态养殖模式简述

一、绿色生态养殖的基本概念

(一) 农牧结合

"农"指种植业,"牧"指养殖业。所谓农牧结合,乃是新型种植业与现代养殖业之间的一切对立统的联系,是指农业与畜牧业两个生产部门结合,种植业为养殖业提供物质基础,而养殖业又为种植业提供有机肥,彼此间互为供养关系。农牧结合为高效合理利用土地、生产资料和劳动力提供了必要条件,为提高农牧业的经济效果提供了有利条件,可以增加农民收入、满足城乡居民消费需求。这种结合遵循生态经济学原理,与新农村建设结合,加快了畜牧业转型升级,可以着力构建资源循环、安全优质、集约高效、可持续发展的现代生态畜牧业生产体系。

农牧结合旨在全面提升种植业生产能力和畜产品供给能力,促进畜牧业与种植业、生态环境的协调发展,构建农村种植业与畜牧业相互适应与协调,畜牧业的规模和种类与种植业提供的饲料相适应。这种种植业生产也适应于畜牧业的需要,可使两者平衡并协调发展。农牧结合的生态化处理技术,其目标是使种植业的结构、产品、种植方式、产量安排、季节安排、品种安排能适应一定水平畜牧业产品的数量、质量和种类,通过这种农牧结合的方式合理消化和处理相关废弃物，从而达到生态化处理的目的。

农牧结合、绿色循环定是将来大农业、现代农业的根本出路。

（二）生态农业

生态农业是以生态学为理论依据，合理地利用和控制农业系统物质循环过程，建立经济效益和生态效益高度统一的农业生产结构。生态农业的主导理念是促进物质的循环利用，充分合理利用自然资源，使再循环渠道更加通畅。生态农业的表现是农、林、牧、副、渔各业并举，相互连接，成为一个有序的、循环畅通的、高度组织化的立体网状农业生产系统。

（三）生态养殖

生态养殖是生态农业发展中的重要组成部分，是实现种植业能量高效利用和循环利用的重要通道。畜禽生态养殖要求以生态经济学和生态学为理论指导，在维持生态平衡的条件下，在畜牧养殖规划、设计、管理组织过程中做到因地制宜，减少废弃物、污染物的产生，提高资源利用率，保持畜禽养殖业平衡、可持续发展，积极改善、提高生态环境质量和畜牧产品质量的生产方式。

（四）生态优先

生态优先是根据不同区域的地形地貌、生态类型以及不同养殖动物、生物污染的特点，突出环境保护和循环利用，粪污处理采用雨污分流、固液分离的工艺；根据环境的承载能力，在生产过程中贯彻生态优先、清洁生产的理念，制订方案，因地制宜地应用不同模式、工艺、技术，实现多种形式的改造与提升，提高资源的利用率和生产效率，实现养殖业健康可持续发展。

（五）生态化建设

生态化建设是利用养殖场周边的农田、蔬菜地、果园等，通过建立管网输送系统，将处理后的沼液、粪尿污水作为有机肥料输送到种植业基地，全部还田返林，实现综合利用。

（六）绿色畜牧业

绿色畜牧业是指按照绿色食品的生产标准，集饲料基地、养殖、加工、包装、运输、销售于一体的畜牧产品生产经营链。其核心是通过对生产经营全过程的控制，最终为消费者提供无污染、健康、安全的绿色畜产品。绿色畜产品生产是在未受污染、洁净的生态环境条件下进行的，在生产过程中通过先进的养殖技术，以最大限度地减少和控制对产品和环境的污染和不良影响，最终获得无污染、安全的产品和良好的生态环境。

（七）有机畜牧业

有机畜牧业是在牲畜的饲养过程中，禁止使用化学饲料或含有化肥、农药成分的饲料喂养牲畜和禽类；在预防和治疗畜禽疾病时尽可能不使用具有残留性的药物，以免人们食用牲畜肉类及其制品后损害人体健康。有机畜牧业的根本目的是对环境有利，保证动物健康的持续性，关注动物福利，生产高质量的产品。

（八）生态隔离

生态隔离是指同一物种的不同种群生活在同一区域内的不同生态环境内，而造成的不能交配。例如，体虱和头虱由于寄生场所不同，已经形成了不同的适应性特征，虽然在某种条件下，它们也能够相互杂交，但后代中会出现不正常的个体。这表明经过生态隔离，二者已经产生了一定程度的分化。

在畜牧养殖中主要指养殖场地理位置远离居民区，有利于疫病隔离，同时避免造成居民生活环境的污染。

（九）三区三线

"三区"指生态、农业、城镇三类空间；"三线"指的是根据生态空间、农业空间、城镇空间划定的生态保护红线、永久基本农田和城镇开发边界三条控制线。

生态空间：是指具有自然属性、以提供生态服务或生态产品为主体功能的国土空间，包括森林、草原、湿地、河流、湖泊、滩涂、荒地、荒漠等。农业空间：是指以农业生产和农村居民生活为主体功能，承担农产品生产和农村生活功能的国土空间，主要包括永久基本农田、一般农田等农业生产用地，以及村庄等农村生活用地。

城镇空间：是指以城镇居民生产生活为主体功能的国土空间，包括城镇建设空间和工矿建设空间，以及部分乡级政府驻地的开发建设空间。

生态保护红线：是指在生态空间范围内具有特殊重要生态功能、必须强制性严格保护的区域，包括自然保护区等禁止开发区域，具有重要水源涵养、生物多样性维护、水土保持、防风固沙等功能的生态功能重要区域，以及水土流失、土地沙化、盐渍化等生态环境敏感脆弱区域，是保障和维护生态安全的底线和生命线。

《大理市洱海生态环境保护"三线"划定方案》中对三线的划定为：蓝线以"2007年环洱海1500数字化修测地形图"和2014年勘定的1966米湖区范围界线划定；绿线以蓝线为基准线外延15米划定；红线以洱海海西、海北（上关镇境内）蓝线外延100米，洱海东北片区（海东镇、挖色镇、双廊镇境内）环海路道路外侧路肩外延30米划定。根据《科学划定洱海流域畜禽养殖禁养区、限养区方案通知》，蓝线和绿线范围内为禁养和限养区。

（十）禁养区

畜禽养殖禁养区是指按照法律、法规、行政规章等规定，在指定范围内禁止任何单位和个人养殖畜禽。禁养区范围内已建成的畜禽养殖场，由县人民政府依法责令限期搬迁或关闭。

二、绿色生态养殖模式

随着国民经济的增长,我国畜牧业发展迅猛,畜牧业总产值占农业总产值的比例逐年提高。然而,畜牧业的发展也面临着种种困境,如环境污染问题、食品安全问题以及生产效率低下、劳力短缺等问题。随着社会主义新农村建设的兴起,对畜牧养殖业也提出了新要求,改变以往落后的养殖模式,发展绿色无污染、可持续发展的养殖业成为畜牧业发展的主流。因此,发展绿色生态养殖是一种适应养殖模式发展方向的新思路。

(一)绿色生态养殖模式的构建

绿色生态养殖模式所涉及的领域,不仅包含畜牧业,也包括种植业、林业、草业、渔业、农副产品加工、农村能源、农村环保等。绿色生态养殖模式实际上是由多个有机农业企业组成的综合生产模式。在相对封闭的农业生态系统内,通过饲料和肥料把种植生产和动物养殖合理地结合在一起,对建立系统内良性物质循环、保持和增强土壤肥力有重大意义。

绿色生态养殖模式把种植、养殖、安全防控合理地安排在一个系统的不同空间,既增加了生物种群和个体的数目,又充分利用了土地、水分、热量等自然资源,有利于保持生态平衡。通过植物栽培、动物饲养、牧地系统组合,充分利用了可再生资源,变废为宝,为土壤改良、农业可持续发展提供了新思路。在实施过程中应尽量减少畜禽对外部物质的依赖,强调系统内部营养物质的循环的过程中,把农业生产系统中的各种有机废弃物重新投入到系统内的营养物质循环,把动物、植物、土地和人联系为一个相互关联的系统。绿色生态养殖模式不仅仅考虑经济效益,更注重经济、生态、社会效益的共赢,谋求生态、经济与社会的统一。

(二)绿色生态养殖模式的类型

1. 田间养殖模式

中国自古就有利用水田、池塘等湿地发展种养结合的传统,在原有的农田基础上实现植物、动物、微生物、环境之间物质和能量循环,具有"一地双业、一水双用、一田双收"的效果。目前常见的田间种养结合模式主要有稻花鱼、虾、蟹的养殖和稻鸭(鸡)共育等。

模式一:稻花鱼、虾、蟹的养殖。

模式简介:稻花鱼、虾、蟹互生互长,稻田为鱼、虾、蟹提供丰富的食物来源和生活栖息场所,鱼、虾、蟹为水稻耕田、除虫草、积肥和改善田间小气候,促进水稻提质增产增收(如图1-1所示)。

该模式优点:稻花鱼、虾、蟹养殖不仅可以丰富田间的生物种类,还能促进水稻的增产丰收,是一项粗放型、投资少、见效快、风险低、无污染、收入高的水产养殖项目。与常规水稻种植相比,在稻鱼、稻鳅养殖模式下,亩均纯收益提高500~1800元;在稻虾和稻蟹养殖模式下,亩均纯收益可提高2000元以上。稻田综合种养的生态效益显著,对南方十省份的稻田养鱼调查显示,亩均化肥使用量减少15%左右,农药使用量减少约 40%，同时通过田埂加高、加固，开挖鱼沟，每亩稻田可多蓄水 200 余立方米，起到抗旱保水、调节气候的作用。

模式二：稻鸭（鸡）共育。

模式简介：鸭（鸡）稻互生互长，稻田为鸭子（鸡）提供了丰富的食物来源和生活栖息场所，鸭子（鸡）为水稻耘田、除虫草、积肥和改善田间小气候，作为害虫的天敌保护水稻，促进水稻提质增产增收（如图 1-2 所示）。

该模式的优点是：（1）投资少、简便、省事。一般农用闲居房屋皆可；（2）充分利用自然资源，水稻收割后，掉落的稻穗和未成熟的稻粒及各种草籽，还有稻田内的鱼虾和虫子、虫卵等都是家禽的好饲料；（3）减少作物来年病虫害；（4）禽粪可以肥田，减少化肥造成的环境污染；（5）提高了鸭（鸡）的肉质风味。

2. 畜、禽—沼、肥—果、蔬生态模式

生态养殖模式饲养的畜禽日增重和饲料利用率都很高。这是由于动物可及时利用果园青绿多汁饲料，补充其所需的维生素和矿物质。另外，果园饲养的鸡可采食虫、草，营养来源比庭院饲养的鸡更丰富，同时果园环境空气清新，适于动物的生长，使其生产潜力得以充分发挥。养牛场采取"奶牛场＋粪便处理生态系统＋废水净化处理生态系统＋耕地还原系统"的人工生态畜牧场模式。粪便采取固液分离，固体部分进行沼气发酵，建造适度的沼气发酵塔和沼气贮气塔以及配套发电附属设施，合理利用沼气产生电能。发酵后的沼渣可以改良土壤的品质，保持土壤的团粒结构，使种植的瓜、菜、果、草等产量颇丰，池塘水生莲藕、鱼产量大，田间散养的土鸡肉质风味鲜美。利用废水净化处理生态系统，将畜牧场的废水及尿水集中起来，进行土地外流灌溉净化，使废水变成清水并循环利用，从而达到畜牧场的最大产出。这样的绿色生态系统，既改善周围的环境，减少人畜共患病的发生，又使环境无污染无公害，处于生态平衡中。循环经济有利于畜牧业的持续发展，可以为其他大型养殖场起到示范带动的作用。

模式一：猪—沼、肥—蔬果、苗木作物—饲料。

模式简介：以生猪养殖企业为主体，立足企业自身资源及产业特点，实施生猪养殖，猪粪发酵后生产沼气和有机肥，沼气可用作燃料，有机肥用作蔬果苗木和农作物的基肥，后期将农作物、果蔬加工产生的果渣等加工成饲料喂猪，形成生态循环体系。

模式二：牛羊—有机肥—果草、作物—饲料。

模式简介：由养牛、羊的多个龙头企业牵头带动，结合农户主体自身资源条件，实施"牛羊—有机肥—果草、作物—饲料"多种循环模式养殖。用牛、羊粪发酵生产有机肥，可作为农作物、蔬菜、水果生产的基肥，果树下实施饲草作物间作套种，牧草、农作物、果蔬渣用作牛、羊的饲料，促进养殖、种植和环境的有机结合，生态绿色循环发展。

特色：基于区域土地的承载消纳能力，规划区域畜牧业发展，出台政策扶持文件，由龙头企业牵头，带领多个种养农户和小型企业成立牛／羊产业联合体，依据联合体成员现有资源开展绿色循环分工协作，将牛、羊粪收集处理成有机肥，种植青贮饲料喂羊，体现"N+1"联合体循环。

模式三：鸡—有机肥—蔬果。

模式简介：将鸡粪发酵成有机肥，作为蔬菜、果木生产的基肥，促进鸡粪的资源化利用。

特色：以一个企业为主体开展养殖，将鸡粪发酵有机肥，进行蔬菜、果木生产的自主循环消化（或多企业农户参与循环消化），体现"1+1"自主循环。

3. 山、林地养殖模式

山、林地养殖模式在多山或地貌复杂地带应用比较成功，有荒山坡果园和河滩果园两种。以此种方式饲养，规模一般在1000～2000只之间，其优点是：

（1）果农以果木为主，以养殖为辅，规模小、投资少、风险小；（2）禽类可食用草籽、有害虫子及虫卵以节约饲料；（3）禽粪可肥园，既减少了投资又保护了环境；（4）成禽运动多，体质好，肉质鲜嫩，味道鲜美。在山区、丘陵地带，成片林地多，将土鸡养在成片林地，土鸡可采食林地的杂草、昆虫，同时，辅以适量的玉米和稻谷等粮食。一般采取轮牧方式，一块林地的杂草采食完后再轮转至另一处，休闲一年后，再次利用，有效利用了资源并能防止疫病传播。

模式：林牧结合。

模式简介：利用树林中杂草（牧草）草种、野果、昆虫以及土壤矿物质等天然资源，开展林下肉鸡、猪等的散养和轮牧养殖，为林土除虫草、积肥和改善林间小气候，促进畜产品增产增收。

特色：以一个企业为主体，利用林下饲料资源，为林土除草、积肥和改善林间小气候，既促进了绿色畜产品增产增效也改善了生态环境，体现"1+1"自主循环。

4. 渔业养殖模式

鱼塘养鸭，鱼鸭结合（即水下养鱼、水面养鸭）是被推广的一种生态养殖模式。无论在哪种鱼塘养鸭，都要以鱼为主。鱼鸭结合的方式主要有三种：（1）直接混养。（2）塘外养鸭。离开池塘，在鱼塘附近建较大的鸭棚，并设活动场和活动池。（3）架上养鸭。在鱼塘上搭架，设棚养鸭，这种方法多用于小规模生产。这种养殖模式的优点是：（1）增加肥料。每只鸭日排粪为130～200克，鸭粪中尚有26%未被消化的营养物质排入池中，兼具肥料和饲料双重作用。（2）增加饲料。鸭群吃漏的饲料约占总投饲量的10%，能为鱼所食。（3）增氧促肥。鸭群嬉戏、潜水掘泥觅食，将上层高溶氧水层搅入中下层，使整个水体的总氧量有所提高、分布均匀；同时鸭搅动底泥，加速了淤泥中无机盐的释放，利于肥水。（4）促鱼增产。据无锡市河埒乡养殖场试验，每亩放鸭122～128只，鱼可增产17%～32%。

5. 生态园区模式

生态园区是值得推广的一个人造的大自然生态群落。生态园区内动物、植物和微生物应有尽有。生态园内的养殖是一种立体养殖，模式有猪、鸡、鱼或牛、鸭、鱼或羊、鸡、鱼等饲养园，此外还有野生动物园及珍禽园以及各种珍稀林木等。这种养殖模式的优点是：（1）可供人们旅游、观光、娱乐、休闲，享受高山流水、闲云野鹤式的田园风光；

（2）为科研提供实习基地，有利于探索更先进的畜牧理念；（3）科学地利用荒山，绿化、美化环境，创造独特的人文景观。（4）生态园内由于养殖种类多、投资大，吸引一批高素质的专业技术人员和科研人员，由他们提供技术服务，更有利于园区内生物的疫病控制和科学管理；（5）生态园虽然投资较大，但由于经营种类和项目多，且都是一环套一环，既充分利用了自然资源又节约了成本，更有利于宏观调控，市场风险较小。

（三）绿色生态养殖模式构建的意义

1. 减少畜禽粪污污染，改善环境

数据显示我国养殖规模是巨大的，肉类产品世界第一，生产8000多万吨肉类产品，一年生猪的饲养量接近12亿头，禽类一年中出栏130多亿只。每年产生的畜禽粪污，单屠宰场清理粪污产生的污水就多达30亿吨，加上各养殖场生产过程中产生的畜禽粪污，数量更是巨大，如果全部直接排放到环境中，将会对环境造成很大的危害。构建绿色生态养殖，能够有效地减少畜禽粪污的产生。畜禽—沼、肥—果蔬的生态模式将畜禽产生的粪污进行固液分离，固体部分进行沼气发酵，产生的沼气用于发电，沼渣沤肥土壤，废水净化处理，外流灌溉等，减少了粪污排放，甚至能做到零排放，降低对环境的污染，有效改善动物和人类的生活环境。据韩秋茹报道，在养殖场采用干清粪、凹槽式饮水器模式，实现了雨污分离、干湿分离，污水量有效减少2/3，通过将污水发酵降解，改善了污水颜色和气味。

2. 资源循环利用，降低生产成本

2017年第十二届全国人大五次会议举办的记者发布会上，农业部韩长赋部长说道："畜禽废弃物只是废弃物，不是污染物，是放错了地方的资源。"通过植物栽培、动物饲养、牧地系统组合，充分利用可再生资源，变废为宝。将畜禽产生的粪污通过干湿分离、沼气发酵等方法变成有机肥料，改良土壤，增加肥力，使种植的瓜、菜、果、草等产量颇丰；又可兼作饲料，使鱼、虾、蟹肥美。种植的农作物、果蔬、苗木加工利用后的果渣，可加工成饲料饲喂畜禽，使种、养、牧相互结合，降低畜禽养殖企业、农户的生产成本，减少养殖户肥料费用支出。据统计，发展生态牛羊养殖产业，将牛粪和羊粪堆积发酵之后，作为有机肥销售，每头牛每年可增收2000元以上（5吨有机肥×400元/吨），每只羊每年可增收400元以上（1吨有机肥400元）。

3. 减少疾病，保障食品安全

运用现代生态养殖技术，可以使养殖设施、饲料、粪污、产品、投入品实现标准化、生态化、微生物化、资源化、有机化及无害化，使在良好生长环境中形成的养殖、种植更加健康。对现代生态养殖技术进行合理的应用能降低动物发病率，提高其成活率，并可采用益生微生物对动物体内残留的有害物质进行清理，为动物产品提供安全保障。利用现代生态养殖技术能减少农作物、果蔬、苗木的化肥、农药的使用量，为人们提供绿色、有机、无害化的食品，保障食品安全。

4. 创建品牌，提高经济效益

绿色生态养殖技术能为畜禽提供优质的饲料和良好的生长环境。动物吃得好、睡得好，长得就好。生态的牛、羊、猪、鸡、鱼、虾、蟹等养殖模式都基本回归自然，养殖的动物产品肉质肥美、口味佳，营养价值高，深受广大人民的喜爱；生态种植出来的果蔬、作物产量丰、品质佳，绿色健康，同样深受广大人民的喜爱。依赖产品质量，形成自己的品牌，绿色生态养殖技术使种、养殖的经济效益得到迅速的提升。

5. 助力脱贫致富，带动农村经济

由政府统筹，当地的龙头企业牵头，带领种养农户成立畜禽（牛/羊/猪/鸡）产业联合体，再依据联合体成员现有资源开展绿色循环分工协作，开展养殖、畜禽粪收集处理生产有机肥、种植青贮饲料饲喂畜禽模式。该模式能很好地利用联合体成员各自的资源优势，一方面企业能给当地的贫困农户提供优质畜禽种子资源、饲料、启动资金等，帮助农户就业、创业，增加农民收入，脱贫致富；另一方面农户可以解决企业用工、管理问题等，使得企业长足有效发展。企业发展必定带动当地经济快速发展，当地经济发展，农民生活就会越来越幸福，最终实现共同富裕。

6. 加快生态产业发展，营造新式生活

生态园区养殖可供人们旅游、观光、娱乐、休闲，也可为科研提供实习基地，有利于探索更先进的畜牧理念，建造人、畜、环境和谐发展的生活模式。同时以多功能生态园区产业发展带动农业升级、农村建设和农民增收，促进农村劳动力转移，缩小城乡差距，达到多功能生态园区反哺农业、带动城市发展的作用。

第二节　乡村绿色生态养殖项目的分析与选择

实施乡村振兴战略，是党的十九大做出的重大决策部署，是决胜全面建成小康社会、全面建设社会主义现代化国家的重大历史任务，是新时代"三农"工作的总指导。农业、农村、农民问题是关系国计民生的根本性问题。没有农业的现代化，就没有国家的现代化。

一、乡村绿色生态养殖存在的问题

（一）效率仍然不够高

众多的小散户拉低了畜牧业生产的整体水平。在散养户家，每年提供的畜禽数量不足，畜禽饲料转化率低，畜产品生产成本高，市场竞争力不足，资源利用不充分。

（二）畜牧业产业体系仍然不完善

面向养殖场户尤其是散养农户的畜牧业社会化服务体系尚未建立起来，畜牧业产品

和销售关系没有系统化，各方利益分配失衡，畜产品加工技术水平滞后，肉类和蛋品深加工比重低，使其增值空间受到很大制约。

（三）养殖业结构仍然不平衡

农牧结构上种养分离，区域优化畜牧产业结构助力乡村振兴在结构上与资源环境的匹配度差，畜种结构上"一猪独大"的耗粮型结构特征明显，产品结构上高端产品和特色产品生产跟不上市场需求，功能结构上生产强生态弱。

二、乡村发展绿色生态养殖的制约因素

（一）环境污染严重

畜牧业的养殖过程中，由于养殖人民对环境保护的思想认识不透彻，大部分农民只注重经济效益，从未考虑对环境的影响，将养殖粪污随意排放，致使各种细菌滋生，导致各种疫病时有发生，排污处理设施欠缺，造成环境污染，扰乱和阻碍了人民的正常生活，从而制约了乡村养殖业的持续发展。

（二）养殖防疫不到位

在我们国家，针对某些急性、烈性、危害性较大的传染病和地区性动物易感传染病制定了强制免疫措施，即区域性政府采购这些传染病疫苗，用于基层防疫，此措施大幅度降低了这些恶性传染病的发病率和死亡率。这项举措本着利民惠民的宗旨，为乡村的健康养殖业保驾护航，但是却让一部分养殖户产生了依赖心理，再也不愿意花钱去采购其他疫病的疫苗，只注射政府采购的免费疫苗。这恰恰让某些二类、三类动物疫病钻了空子。比如猪丹毒、猪细小、猪支原体肺炎、猪链球菌病、羊痘、羊脑炎、禽白血病、鸭瘟、小鹅瘟、传染性胸膜肺炎等，这些都是政府没有采购的专用疫苗，一旦发病传染非常快，疫情难以控制，会给养殖户造成重大的经济损失，有一些疾病还危害人畜健康，这严重制约了乡村养殖业的发展。

（三）突发奇想搞养殖

一些中小养殖户，对畜牧养殖只是一时兴起。看到村里的其他人发展养殖业富裕起来，就眼红，跟风发展养殖业，这些人不具备丰富的养殖经验，也没有先进的养殖理念，只看到养殖产生的利益，而看不到养殖的辛苦和风险，盲目投产搞养殖，经不起各种风险的打击，常乘兴而来、败兴而归，这也影响了乡村养殖业的发展。

1. 养殖技术落后

有的乡村地区养殖技术十分落后，养殖水平还停留在老式传统养殖上。体现在：

（1）动物圈舍设计不合理，没有为动物创造舒适的生活环境和科学的生产条件，不利于畜禽养殖业发展。

（2）大多数防疫工作不到位，卫生条件脏乱差。很多养殖户为了节省成本，不注重各种疫苗的注射，在注射疫苗时候偷工减料；也不懂得圈舍内外消毒的重要性，甚至

不给圈舍消毒。

（3）饲养管理技术欠缺，特别是动物生产期的护理技术不足，这不仅降低了初生仔畜的存活率，也会诱发母畜的产科疾病，影响母畜后续的配种和分娩。

（4）动物日粮搭配不合理，维生素及矿物质元素缺乏，致使动物发育不良，动物缺钙、腹泻、气喘等问题经常发生。

（5）常见疾病诊疗知识匮乏，遇到动物发病手忙脚乱，随意喂药，处置不当，最后病程延误，导致更加严重的后果，造成不必要的经济损失，这些都制约着乡村养殖业的发展。

2. 养殖户缺乏强大的心理素质

动物养殖需要有一颗坚强的内心，不论动物发生什么情况，都要沉着冷静地应对。但是现在有的小型养殖户只考虑赚钱，从未预估风险，一遇到动物或动物产品的经济波动就担惊受怕，惶惶不安。俗话说"家有万贯，带毛的不算"说的就是养殖业是存在风险性和不可预估性的，告诉我们要防患于未然，坚定信念，不畏艰难。现在乡村部分养殖户对风险没有承受力也成了制约乡村养殖业的一大因素。

3. 养殖户信息不灵通

养殖业的发展需要较长的生产周期，需要养殖户掌握超前的科学养殖方法、目前市场的养殖现状、对养殖动物信息预测及对养殖市场的驾驭能力。但是乡村养殖，由于受到地域和基础条件的限制，有的偏远地区，交通不便利，信息不灵通，相对比较闭塞，再加上有的养殖户相对懒惰，并且文化程度较低，不关注养殖信息动态，得过且过，常盲目跟从，不能与时俱进，这也制约着乡村养殖业的发展。

三、乡村畜牧产业振兴的关键

（一）加强畜种多元化

就目前全国畜产品市场供给现状来看，猪肉产品的市场基本趋于饱和。生猪和肉鸡等肉类在畜禽产品中生产份额占值较高。市场需要更加有特色、更加优质化的畜产品，这就需要从养殖端重新调整产业的结构类型。在稳定当前的畜产品结构类型的同时，让新型的驴、土鸡、蜜蜂、黑山羊、梅花鹿、放养黑猪、草食类牛羊等特色种类动物也被养殖户认识和发掘。只要给养殖户一定科学设计的引导，就可以形成规模化的养殖业或是生产一定的产品，提升生产比重。同时可以结合当地特色产业发展，在新乡村的建设中做精心规划，将畜牧产业与特色养殖、观赏驯养、餐饮品鉴、特色礼包等推介活动结合起来，增加畜种的多元化、畜产品的特色化，满足人们对畜产品差异化的消费需求。

（二）促进三产融合发展

构建农村一、二、三产业融合发展，延长产业链、提升价值链、完善利益链，既是畜牧养殖产业的发展方向，又是助力精准脱贫的有效路径。在运行方式上采取"公司+

农户""公司+合作社+农户"订单养殖，通过保底分红、股份合作、利润返还等多种形式，让农民合理分享全产业链的增值收益。积极培育新型经营主体，并扶大扶强，引导他们从单一养殖向服务加工、市场营销、全程社会化服务方面转型，提高产品档次和附加值，拓展增收空间。运用现代互联网信息技术，宣传推介产品，对接农超、农社，解决销售难题。统筹兼顾培育新型农业经营主体和扶持小农户，提升小农户抗风险能力，把小农生产引入现代农业发展轨道。

（三）环境生态化

认真落实草原生态保护补助奖励政策，严格按照规定划定畜禽养殖禁养区、限养区红线，强化畜牧养殖生产全过程中排放污染治理，全面推进畜禽养殖生产中废弃物的资源化利用，加快构建种养结合、自繁自养的养殖方式，制定农牧业循环的可持续发展新格局；在畜牧产业发展中，积极推行"升级进档"，严格落实县政府关于畜禽养殖禁、限、适养三区规划，认真开展养殖场动物防疫许可、环保审批等准入条件的审批工作，查漏补缺，整改提升。在养殖设施方面，积极采用现代化装备，加强环境控制，提高自动化生产能力和工作效率，最大限度地提供畜禽养殖福利。完善养殖场大门、生产区、畜舍"三级"综合消毒防控措施，切断疫病传播环节，降低畜禽发病率，减少药物使用量和抗生素残留。积极开展养殖场绿化、硬化、亮化、美化改造，将养殖场建设成"场在林中、绿在场中"、具有现代气息的绿色生态产业基地或园区。对有条件的养殖场推行煤改气、煤改电和新能源利用，实现生态环保。产业兴旺是乡村振兴的工作重点，必须坚持质量兴农、绿色兴农，以农业供给侧结构性改革为主线，加快构建现代农业产业体系、生产体系、经营体系，提高农业创新力、竞争力和全要素生产率，加快实现畜产品高质量、高效益的转变。

（四）管理规范化

产品优质是质量振兴农村的前提条件，也是养殖管理规范的内在体现。要实现规范化管理，一是健全管理措施，必须建立质量管控措施、各类岗位工作职责及畜种在不同阶段的饲养操作技术规范，确保生产人员到位、生产措施到位、技术标准到位；二是人员持证上岗，聘用的从业人员需有年度健康体检证、技能鉴定资格证（如疫病防治员、繁育员、检验化验员、饲养员），条件允许也可聘请行业专家、学校教授担任技术指导或顾问，提高科技含量；三是使用安全饲料，购买或使用饲料（预混料、浓缩料、全价料及饲料添加剂）必须索取饲料生产许可证，查验标签、产品质量检验合格证、生产批号、GMP认证等，并存留档案，确保来源清楚、渠道安全；四是保障兽药质量，购买兽药时须索取兽药生产许可证、兽药GMP认证书、产品质量证明文件，有禁用药、限用药、适用药名录，严格禁用原料药、人用药、激素药，严禁将治疗用药作为促生长剂药使用，出栏畜禽严格执行休药期规定；五是科学防控疫病，制定适宜本场生产实际的免疫程序，并遵循"以监促防、防检结合"，健全抗体检验或病原监测记录。采取发酵、化制等方式处理病死畜禽，采用有机肥加工、沼气能源利用等方式，使粪污实现资源化利用。要确保畜牧产业向绿色化、优质化、特色化、品牌化迈进。

（五）粪污资源化

加强养殖场污染防治，落实污染物无害化处理设施是前提，种养结合、循环利用是目的。设置粪污设施时根据生产能力配套建设。目前国家主要推广有机肥和沼气能源生态利用模式，实现有机肥和沼液还田，为此，养殖场需要配套一定的土地面积予以消纳处理。按规模养殖场粪肥养分供给量（对外销售部分不计算在内）除以单位土地粪肥养分需求量，得出配套土地面积，实现清洁生产，种养平衡，资源利用。关于病死畜禽无害化处理，小型养殖场多采用化尸井（池）自然腐化；有条件的规模养殖场采取堆积发酵或化制，加工成有机肥或工业柴油，既彻底消除了病原携带，又实现了资源化利用。

第三节　绿色生态养殖的环境因素及影响

养殖场环境因素控制就是明确环境因素对畜禽的作用和影响规律，并依照这些规律制定出利用、控制、保护和改造环境技术的规划。它不仅要创造出适合于畜禽生理和行为特征所需要的生活和生产条件，保持畜禽健康，预防疾病，充分发挥其生产力，实现高产高效；还要对畜牧业生产中产生的粪、尿、恶臭、污水、药物残留等畜产公害有控制措施，以保护人类生存的环境。

一、绿色生态养殖的环境因素

（一）物理因素

物理因素主要包括寒冷温热、光照时间、噪声大小、地形地势、海拔高低、土壤情况、牧场和畜舍种类等。在物理因素中牧场和畜舍种类一般为人为因素。在现代养殖业中，这些因素都可以经过科学实验的累积和安排发生改变，对于不同年龄阶段和不同种类的畜禽，都可以找到一个最优方案以提高其生产力水平，实现科学养殖和健康养殖。

（二）化学因素

化学因素主要包括空气中的氧气、二氧化碳、有害气体（一氧化碳、二氧化硫、氨气等）、水和土壤中的化学成分。空气中的氧气和二氧化碳的变化一般不会太大，但随着海拔的升高，氧气的含量有所降低，可能会给畜禽带来一定的伤害。长期封闭的畜禽舍由于成分不同也会引起这两种成分的变化。

有害气体主要分内源性的和外源性的。内源性有害气体主要是畜禽的粪、尿和动物尸体等分解产生的氨和硫化氢；外源性的有害气体主要来自工业排放的氮氧化物、硫化物、氟化物等，有时会形成酸雨而危害畜禽。

（三）生物学因素

生物学因素主要指的是饲料和牧草的霉变，有毒有害植物，各种内外寄生虫和病原微生物。其中饲料的加工和保存应该被作为一个值得重视的问题。很多小型饲料厂或者养殖户，对于霉变饲料不重视，甚至故意将人不能吃的粮食给畜禽吃。

（四）社会因素

社会因素主要指人为的畜禽场管理，特别是畜禽场的大小、地面材料和结构、机械运行等。

二、物理因素给畜禽带来的影响

（一）气温对畜禽的影响

1. 气温对畜禽生产性能的影响

夏季高温会引起畜禽不孕不育和受胎率下降，气温的升高，对公畜、母畜和仔畜都存在一定程度的影响。

（1）公畜的影响。精子生成的温度（除禽外）一般都要低于动物体本身的体温，所以哺乳动物的睾丸都悬挂在动物体外，以便于睾丸散热，提高精子的生成能力和活力。公畜阴囊有很好的热调节能力，一般可以使得阴囊的温度低于体温 $3 \sim 5$ C。高温情况下，精子活力会下降，精子数量和密度都会显著下降，畸形数量上升，特别在羊和兔子这两种动物中表现特别明显。在低温条件下，可以促进动物体的新陈代谢，一般有益无害。

（2）母畜的影响。高温对母畜的间接影响：受高温影响显著的公羊和兔，当母畜秋天发情时，由于精子质量还受气温的影响尚未恢复，容易导致母畜失配或者受胎率下降。高温对母畜的直接影响：主要是影响受精卵的着床。温度过高，受精卵不易着床，容易造成死胚。高温条件引起的胚胎损失严重的程度，决定于动物在高温条件下热应激后体温升高的程度大小和持续的时间长短。高温还会使小母畜初情期延迟，母畜不发情或者发情持续时间短，发情的症状不明显，导致受胎率下降。特别在小母牛上表现明显，母猪也有一定变化。由于温度较低影响动物的生长发育，所以低温对小母畜可能会引起性成熟延迟，但是在现代的养殖场中这种情况一般可以避免。

（3）仔畜的影响。高温时处于妊娠期的母畜，产下的仔畜一般初生体重较轻，体型也较小，生活能力低，对环境适应力弱，死亡率比较高。引起这一现象的原因一是高温时，母畜增加向体表的血液输送量以利于自身散热，而使得子宫内供血不足，营养减少；二是高温导致母畜的采食量下降，本身营养跟不上导致营养不良而影响仔畜发育，使得初生仔畜的生命力下降和体重偏轻；三是高温使得母畜内分泌平衡失调，引起母畜体内酶活性改变。

畜禽舍内温度分布规律：由于潮湿温暖的空气向上升，畜体本身也散发热量，外护围结构和保温的隔热性能和通风条件差异，导致了畜禽舍内温度分布不均匀。从垂直方向来看，天棚和屋顶的温度较高，地面温度较低；从水平方向来看，畜禽舍中央温度较高，靠近门、窗和墙壁的温度较低。畜禽舍越大，这样的差异越显著。所以在笼养育雏舍中，我们应该把发育较差和体质较弱的雏鸡安排在上层；在初生仔猪舍中，由于仔猪怕冷，可以安排在畜禽舍中央位置。

猪舍内一般种公猪和空怀母猪的舒适温度为15～20℃，哺乳仔猪保温箱为28～32℃，保育猪舒适温度为20～25℃。一般牛的品种均不适宜高温，最适温度在10℃左右，高温和低温都会引起奶牛停止产奶，所以奶牛的舒适温度为9～18℃，一般不超过27℃，肉牛舒适温度为10～25℃。蛋鸡的舒适温度为10～24℃，肉用仔鸡的舒适温度为21～27℃。

2. 气温对生长育肥的影响

每一种畜禽都有相对最佳的生长、育肥温度，一般此时的饲料利用率能达到最高，使生产成本达到最低。这个温度一般都在它们的等热区范围内。初生鸡最适合的生长育肥温度也会随着日龄在不断变化，0～3日龄为34～35℃，3～10日龄为31～33℃，10～17日龄为28～30℃，18日龄为26.7℃，32日龄为18.9℃。

生长鸡小范围的适当低温，对生产不仅无害，反而可使其生长加快，死亡率下降，但饲料利用率会有所下降。育肥肉鸡从第四周起，18℃生长最快，24℃饲料利用率最好，要想两者兼顾，21℃最为合适。

3. 气温对产蛋的影响

在一般饲养管理条件下，各种家禽产蛋的适宜温度在13～25℃，最佳温度为18～23℃，下限温度为7～8℃，上限温度为29℃。温度持续在29℃以上，蛋鸡产蛋明显减少，蛋重、蛋的大小和蛋壳厚度均会出现不利影响；温度低于7℃，产蛋量也会减少，并且饲料的消耗量增加，饲料的利用率下降。

4. 气温对产奶和奶品质的影响

（1）气温对产奶量的影响：牛的体型较大，临界温度较低，特别是高产奶牛，可低至-13℃，所以一定范围内的低温对奶牛产奶不会造成太大的影响，反而高温才会对奶牛产生不利影响。奶牛最适宜产奶的温度在10～15℃，生产环境温度界限可以控制在-13～30℃。

（2）气温对奶品质的影响：高温不仅对奶牛产乳量有影响，还对乳脂率和牛饲料消化利用率产生不良影响。气温从10℃上升到29℃，乳脂率下降0.3%。如果气温持续升高，奶牛产奶量急剧下降，乳脂率从相对值上看会略微上升。

（二）光照对畜禽的影响

光照是畜禽养殖过程中一个重要的环境因素，是动物生存生产中必不可少的外界条件。不同的畜禽在养殖生产中需要的光照强度也不同，需要根据动物的种类和生长周期来控制光照。在养殖过程中，光照类型主要有紫外线、红外线和可见光。

紫外线具有较高的能量，照射机体后可产生一系列的光化学反应和光电效应，不同的波长对动物体生物学作用的强弱也不同。在养殖业中有利有害，其中有利作用有五点：①杀菌作用；②对动物佝偻病有治疗作用；③色素沉着作用；④增强机体的免疫力和抗病能力；⑤增强气体代谢作用。紫外线局部照射时，还能改善局部血液的循环能力，达到止痛、消炎和促进伤口愈合的作用。其中有害作用也有四点：①红斑作用；②光照性皮炎；③皮肤癌；④光照性眼炎。长期接触紫外线较少的动物，可发展成慢性结膜炎。

红外线有光化学效应，又称为热射线。对动物体的影响包括有害和有益两方面。有益作用表现在：①消肿镇痛；②采暖御寒。据研究表明，红外线辐射可以提高雏鸡的成活率、蛋鸡产蛋率、肉鸡增重率和饲料转换率。其中有害作用表现在：①日射病；②白内障；③其他疾病：过度的红外线照射，使得表层血液循环增加，内脏血液循环减少，使胃肠道对特异性传染的抵抗力和消化力下降。另外还会影响机体散热，使动物体温升高，导致中暑。

可见光对动物体的影响：在太阳辐射中，动物产生光感、色感的部分为可见光，它能通过视网膜，作用于中枢神经系统，可见光的光化学效应和光的波长（光色）、光的强度和光的周期有关。

1. 波长（光色）对动物的影响

多名学者的研究表明：在红光照射下，鸡趋于安静，啄癖减少，成熟期略迟，产蛋量稍微增加，蛋的受精率降低；在蓝光、绿光、黄光照射下，鸡增重较快，性成熟较早，产蛋量较少，蛋略重，饲料利用率降低，公鸡交配能力增强，啄癖减少。

2. 光照强度对动物的影响

处于生长育肥期的动物，太强的光照会引起神经兴奋，休息时间减少，甲状腺分泌增加，代谢率提高，从而降低增重速度和饲料利用率。因此，任何动物在生长育肥期间都应该减少光照强度，控制光照时间，便于养殖业发展。

3. 光照周期对动物的影响

光照的时间和强度随着四季的变化交替而呈周期性变化，称为光周期。在长期的实际养殖生产过程中，人们发现：光周期的变化对动物养殖有影响。

（1）对动物繁殖性能的影响。当春季白昼时间逐渐变长时，能刺激某些动物的性腺活动和发育，促进其排卵、配种、受孕，人们把这一类动物称为"长日照动物"，主要是马、驴、雪貂、狐、猫、野兔及鸟类等；而另一部分动物当秋季日照逐渐缩短时，则会促进其发情、配种、受孕，人们把这一系列动物称为"短日照动物"，主要有绵羊、山羊、鹿和一般的野生反刍动物。有些动物由于人类的圈养和驯化，失去了繁殖的季节性，比如猪、牛、兔子等动物常年发情，对光周期不敏感。

（2）对动物产蛋性能的影响。处于产蛋期的母鸡，需要长时间的日照，在昼短夜长的冬季，日照时间满足不了母鸡产蛋的生理需求，引起母鸡过早停产。突然的增加或者减少光照时间，会扰乱内分泌系统功能，导致母鸡产蛋率下降。

（3）对动物生长育肥和饲料利用率的影响。采用短周期间歇光照，可刺激肉用仔鸡消化系统发育，增加采食量，降低活动时间，提高增重和饲料转化率。采用间歇光照，可提高肉鸭日增重，降低腹脂率和皮脂率。

（4）对动物产奶量的影响。哺乳动物的产奶量，一般是春季逐渐增多，5～6月达到高峰，7月份大幅度跌落，10月份又慢慢回升。延长光照时间有利于提高动物产乳量，一般动物最适宜产乳的光照时间是每天16～18小时。

（5）对产毛的影响。不同动物的换毛时间有所不同，羊毛一般夏季生长快，冬季生长慢，秋冬季开始换毛。在自然界中，鸡是秋季开始换毛，牛是春季开始换毛。

（三）噪声对畜禽的影响

声音是一个可以利用的物理因素，它不仅在行为学上对动物造成影响，还会对动物养殖和生产也造成影响。例如，奶牛在挤奶时播放轻音乐有增加产奶量的作用；用轻音乐刺激猪，有改善单调环境而防止猪咬尾癖的效果，还有能刺激母猪发情的作用；轻音乐能使产蛋鸡安静，有延长产蛋周期的作用。但是随着畜牧业的机械化养殖和管理，噪声来源越来越多，强度越来越大，已经严重影响到动物的健康和生产性能，需要引起注意。噪声对动物健康的危害可概括为听觉系损伤（特异性的）和听觉外影响（非特异性的）两个方面，其危害程度与噪声的强度、持续的时间和方式、频谱特性密切相关。

1. 对生产性能的影响

噪声不仅影响奶牛的产乳量，还会引起奶牛流产和早产；引起绵羊日平均增重和饲料利用率降低；导致鸡暂时性坠蛋，持续地给予该强度的噪声，可能使鸡产蛋下降，甚至死亡率和淘汰率上升。大型的动物对噪声有一定的适应能力，如猪、牛等动物首次接受噪声刺激后，出现惊吓或者生产力下降的情况，但很快能够适应，长期适应后不适的反应可以消除。

2. 对动物生理机能的影响

噪声会影响动物的听力、神经和胃肠道消化功能，使得动物血压升高、脉搏加快、听力受损，根据噪声的强弱发生听觉暂时性减退或敏感降低；噪声也会对动物的神经系统发生危害，使其出现烦躁不安，精神紧张；甚至出现消化系统障碍，肠胃黏膜出血等。

3. 对神经内分泌的影响

噪声可能会引起动物内分泌系统紊乱，如垂体释放促甲状腺素和促肾上腺皮质激素分泌增多，促性腺激素分泌减少，血糖升高等生理功能失调，免疫力下降。

（四）气流对畜禽舍造成的影响

气流俗称风，空气经常处于流动状态。气流的状态通常用风速和风向来表示。风速是指单位时间内，空气水平移动的距离，风速的大小与两地气压差成正比，两地距离成反比。风向指的是风吹来的方向，我国大多数地方处于亚洲东南季风区。

（1）对生长育肥的影响。气流对育肥猪的影响，取决于气温。在低温环境中增大风速，畜禽需要增加物质能量代谢，增加产热量即维持代谢而降低生产性能。在高温环境中，增加气流速度，可提高畜禽生长育肥速度。

（2）对产蛋性能的影响。低温环境，增加气流，鸡产蛋率下降；高温环境，增加气流，鸡产蛋率提高。

（3）对产奶的影响。适宜温度下，风速对奶牛产奶无显著影响。

（4）对畜禽健康的影响。气流对畜禽的影响主要体现在寒冷环境中。①对畜禽舍应该注意贼风的防范。贼风是指畜禽舍保温条件较好，舍内外温差较大时，通过墙体、门、窗的缝隙，侵入的一股低温、高湿、高风速的气流。贼风易引起畜禽关节炎、神经炎、肌肉炎等疾病，甚至引起冻伤。②对放牧畜禽应注意严寒中避风，特别是夜间。

三、化学因素给畜禽带来的影响

化学因素给畜禽带来的危害来源于有害气体，如一氧化碳、硫化氢、氨气和二氧化碳等。

（一）氨气对畜禽的影响

氨气无色，有刺激性臭味，由含氮有机物（如粪尿、饲料、垫草等）分解产生。氨气的密度较小，在畜舍内上部空气中的氨气浓度较高；氨气极易溶于水，因而潮湿的墙壁、垫草及各种设备的表面都可以吸附氨气。氨气产生于地面，分布于家畜所能接触到的范围之内，危害极大。

（1）刺激眼睛和呼吸系统。氨气容易被家畜的呼吸道黏膜、眼结膜吸附而引起家畜的黏膜和结膜充血、水肿、分泌物增多，甚至发生咽喉水肿，声门痉挛、支气管炎、肺水肿等。

（2）氨气被吸入肺部，可通过肺泡上皮进入血液，引起血管中枢的反应，并与血红蛋白结合，破坏血液运氧的能力，造成组织缺氧，引起呼吸困难。

畜禽长期在低浓度氨气的作用下，体质变弱，对疾病的抵抗力降低。高浓度的氨气可直接引起接触部位的碱性化学性灼伤，使组织溶解、坏死；进入呼吸系统的氨气还能引起中枢神经系统麻痹，产生中毒性肝病，心肌损伤等症状。氨气对呼吸系统的毒害随时间的延长而加重。

（二）硫化氢对畜禽的影响

硫化氢是一种无色、有腐蛋臭味的刺激性气体。畜舍中的硫化氢由含硫有机物（主要是蛋白质）分解而来，粪便中含大量的硫化氢。硫化氢比重比空气大，且产生于地面，因此愈接近地面浓度越高。硫化氢的危害主要有：

（1）刺激眼睛和呼吸系统。硫化氢易被黏膜吸收，引起眼炎和呼吸道炎症，出现畏光、流泪、角膜混浊等症状，还引起鼻炎、气管炎、咽喉灼伤甚至肺水肿。经常吸入低浓度的硫化氢，可出现植物性神经紊乱，发生多发性神经炎。高浓度的硫化氢可直接抑制呼吸中枢，引起窒息而死亡。

（2）影响血液循环系统，造成组织缺氧，全身性中毒。

（3）使畜禽抗病力下降。长期处在低浓度硫化氢的环境中，畜禽体质变弱，抗病力下降,易发生肠胃病、心脏衰弱等,使生产性能下降。

(4)对猪的危害很大,变得畏光,丧失食欲,变得神经质;呕吐,失去知觉,因呼吸中枢和血管运动中枢麻痹而死亡。猪在脱离硫化氢的影响以后,对肺炎和其他呼吸道疾患仍很敏感,极易引发气管炎和咳嗽等症状。

(三)二氧化碳对畜禽的影响

二氧化碳无色无臭,略带酸味。二氧化碳本身无毒性,只是畜禽舍内含量过高会造成畜禽缺氧,引起慢性中毒。畜禽长期生活在缺氧的环境中,易造成精神萎靡、食欲减退、体质下降、生产性能降低,对疾病的抵抗力减弱,特别易感染结核等慢性传染病。

(四)一氧化碳对畜禽的影响

一氧化碳是一种无色无味气体,密度比空气略小,不溶于水。吸入肺里很容易造成组织窒息,严重时死亡。一氧化碳对全身的组织细胞均有毒性作用,尤其对大脑皮质的影响最为严重。

(五)对于畜禽舍内有害气体的调控措施

(1)科学规划、合理设计。从畜舍的设计考虑,注重设置良好的除粪装置和排水系统,地面和粪尿沟要有一定坡度,便于污水、粪便排放,不在中途滞留。猪舍地面设计成半漏缝地板而非全漏缝地板,可以减少有害气体的逸出,减少漏缝地板下粪坑的表面积。

(2)加强饲养管理。及时清除粪尿、合理换气、做好畜舍的保温防潮、畜舍地面有一定坡度、勤换垫草、避免漏水、溢水。

(3)使用垫料与除臭剂。垫料有麦秸、稻草、树叶、锯末、玉米芯粉可吸收有害气体,黄土也有一定的效果。除臭剂有吸附剂(如沸石粉、海泡石、磷酸、过磷酸钙、硅酸等)、酸化剂(如甲酸、丙酸等)、氧化剂(如过氧化氢、高锰酸钾等)和活菌制剂(如EM菌)。沸石、海泡石、过磷酸钙等洒在垫料中均可以显著降低氨臭。

(4)平衡日粮与提高饲料消化率。改善日粮中氨基酸平衡状态,减少蛋白质总的供给量,有利于减少畜禽粪便中氮、硫的含量,对减少有害气体的产生有着重要而现实的意义。

四、生物学因素给畜禽带来的影响

生物学因素主要指的是饲料和牧草的霉变,有毒有害植物,各种内外寄生虫和病原微生物。

(一)霉变饲料给畜禽带来的影响

(1)黄曲霉毒素的危害。引起肝脏损伤,严重破坏血通透性和毒害神经中枢,引起急性中毒。若长期少量摄入,则引起慢性中毒,诱发肝癌、胆管细胞癌、胃腺癌、肠癌等。

(2)赤霉菌毒素的危害。赤霉烯酮主要可引起猪急性中毒,表现为:母猪阴户肿胀,乳腺增大,乳头潮红,妊娠母猪流产,严重的可引起直肠和阴道脱垂,子宫大增重甚至扭曲和卵巢萎缩。亚急性中毒时,表现为母猪不孕和产仔减少,仔猪体弱或产后死亡,小公猪睾丸萎缩,乳房增大等雌性症状。赤霉菌毒素能使猪食后呕吐,马上呈现醉酒状神经状。

(3)沙门氏菌污染的危害。畜禽采食沙门氏菌污染的饲料后,会引起肠道疾病,并可能因为菌体在肠道的分解产生内毒素而中毒。

(二)有毒有害植物给畜禽带来的影响

(1)硝酸盐及亚硝酸盐。亚硝酸盐中毒引起组织缺氧,表现为口吐白沫、神经症状、血液呈酱油样等症状。当饲料中同时含有胺或酰胺与亚硝酸盐时,将形成亚硝胺,它具有较强的致癌作用。硝酸盐会降低畜禽对碘的摄取,从而影响甲状腺机能,引起甲状腺肿,还会破坏饲料中的胡萝卜素,干扰维生素的作用,引起母畜受胎率降低和流产。

(2)氰苷饲料。产生有毒的氢氰酸,其中毒症状表现为中枢神经系统机能严重障碍,出现先兴奋后抑制,呼吸中枢及血管运动中枢麻痹。

(3)菜籽饼。菜籽中含硫葡萄糖苷(芥子苷),芥子苷水解生成有毒的异硫氰酸酯类(芥子油)和噁唑烷硫酮等有毒物质。芥子油有辛辣味,具有挥发性和油脂性,高浓度的芥子油对皮肤黏膜有强烈的刺激作用。可以引起肠胃炎、肾炎和支气管炎。噁唑烷硫酮是致甲状腺肿物质,其作用是阻碍甲状腺素合成,引起垂体前叶促甲状腺素的分泌,导致甲状腺肿大。

(4)棉籽饼。棉籽饼中的有毒物质主要是游离棉酚和环丙烯类脂肪酸。游离棉酚对神经、血管及实质脏器细胞都有毒害,进入消化道后引起胃肠炎。棉酚积累在神经细胞中,使神经机能紊乱;影响造血功能,引起贫血,影响雄性畜禽繁殖机能而造成不育。环丙烯类脂肪酸是动物肝脏中不饱和脂肪酸酶的有害成分,它主要能使动物体脂肪硬化,使母鸡卵巢和输卵管萎缩,降低产蛋率和蛋的质量,使蛋黄黏稠度改变、蛋黄硬化、蛋白带色。

(5)其他光敏植物。荞麦、苜蓿、三叶草、灰菜、野苋菜等含有光敏物质。家畜采食含有光敏物质的饲料后,受日光照射引起皮炎,伴有中枢神经系统和消化系统障碍的过敏反应,严重时引起死亡。

(6)马铃薯。马铃薯的块茎、茎叶及花中有毒成分主要是龙葵素(马铃薯素或茄碱)。动物误食后会引起中毒,其表现为肠胃炎和神经症状,甚至死亡。

(7)蓖麻子饼和蓖麻子叶。蓖麻茎叶和种子中含有蓖麻毒素和蓖麻碱两种有毒成分,蓖麻毒素的毒性最强,多存在蓖麻籽实中。马、骡等马属动物极为敏感,反刍动物抵抗力较强。蓖麻毒素对消化道、肝、肾、呼吸中枢均可以造成危害,严重者甚至死亡。

(三)寄生虫和病原微生物给畜禽带来的影响

寄生虫分为体内寄生虫和体外寄生虫,寄生虫对动物带来的损伤主要是吸收机体营养和机械性损伤。畜禽表现消瘦、生产力下降、皮肤瘙痒、被毛脱落、皮肤溃烂、内脏器官的损伤，严重者甚至导致动物死亡。病原微生物会使家畜生病，导致动物消瘦、生产力下降，严重也会导致畜禽死亡。

五、社会因素给畜禽带来的影响

给养殖场带来影响的社会因素主要表现在养殖场的管理上，规范的养殖场管理可以提高养殖效率、降低养殖成本、动物健康成长、高效生产，使得养殖场经济利益最大化。

第四节 养殖场的选址与建场

现代畜牧场是应用现代化科技和现代化生产方式从事动物养殖的场所，随着农业的不断发展，具有生产专业化、品种专门化、产品上市规范化和生产过程机械化的特点。这种集约化、规模化、高水平高密度的专业化畜禽养殖成为当下主流养殖模式和畜禽产品主供渠道，这样的养殖方式从幼畜开始就对其生长环境的温度、湿度、光照、噪声、有害气体、病原微生物、动物异常行为的出现等实施控制，保证能为动物生长发育创造更好的环境，生产优质合格的动物产品，获取高额的经济效益。现代养殖场的科学规划选址和设计，不仅是实现以上目标的保证，而且可以使得建设投资减少、生产流程通畅、人力劳动效率提高、生产潜力得到最大程度发挥，降低生产成本。总之，不合理的养殖场建设可能会导致生产指标无法实现，甚至导致养殖直接亏损、破产，给养殖企业或养殖户造成巨大经济损失。

养殖场规划的主要内容因规划对象和规划层次的不同而有所差异，一般规划内容为：养殖场场址的选择、建筑物布局和规划、建筑物类型与结构、建筑设计四个方面。养殖场规划完成后，经建设主管单位、乡镇规划、环境保护等有关部门]依次批准，才可以进行养殖场的具体布局和规划。

一、养殖场场址的选择

现代规模化、集约化、专业化的动物养殖场面临着很多严峻的问题，首先是如何达到安全的防疫卫生条件，如何减少外部环境污染；其次是养殖生产必须考虑占地规模、场区内外环境设计；最后是市场交通运输、区域基础设施、生产与市场管理水平等。养殖场的场址选择不当，会导致整个养殖场在运营过程中不仅得不到理想的经济效益，还有可能因为对周围的空气、水、土壤等环境造成的污染而遭到周围企业或者居民的反对，甚至被法律惩罚。因此，养殖场场址的选择是养殖场可行性研究的主要内容和规划建设必须面对的第一大问题。无论是新建养殖场，还是在现有的养殖场上改建或者扩建，选址的时候务必要综合考虑自然环境因素、社会经济状况、养殖动物的生理和行为要求、卫生防疫条件、生产流通交通路线及养殖人员的管理等各种因素，科学和因地制宜地处理各个因素之间的关系。

（一）养殖场选址的原则

（1）符合《中华人民共和国畜牧法》《中华人民共和国动物防疫法》《中华人民共和国环境保护法》等法律法规的相关要求，符合地方的乡镇规划条例，符合农、牧业部门、环境保护部门对区域规划发展的相关规定。

（2）为了有利于动物养殖舍内环境卫生调控，选址的时候需要确保养殖场场区具有良好的小气候条件，当地的自然气候环境与养殖动物生活和生产所需的环境不能有太大差异。

（3）便于《中华人民共和国环境影响评测法》中有关规定进行评价，确保各项卫生防疫制度的实施和制定可行的污染物、废弃物的处理综合措施。

（4）便于合理组织养殖生产管理工作，提高设备利用率和劳动生产效率。

（5）保证场区面积宽敞，为今后扩建留有余地，减少土地资源使用浪费。

（二）养殖场选址的条件

1. 自然条件

（1）地形地势。地形开阔是指场地上原有的房屋、树木、河流等地物要少，可以减少施工前的清理场地和填挖土量等工作。地形整齐，是指要避免过于狭长或边角多的场地，这会拉长生产作业线，不利于场区规划和联系。边角过多，还会增加外界防护栏的设施投资，降低场地的利用率。面积足够，是指场地的面积应该根据饲养动物种类、规模和饲养管理方式、集约化程度和饲料供应程度来决定。确定场地面积应该本着节约用地原则，不占或少占农田，但是周围最好有相应的配套农田、果园或者鱼塘，能够解决大部分养殖场粪便是最理想的。地势应该选择高燥、平坦并且稍有坡度、排水良好的地区。避免低洼潮湿场地，远离沼泽地等。在平原地区，一般场地较为平坦，选址应注意在周围稍高的地方。地下水位要低，一般低于建筑物地基深度0.5米最适宜。在靠近河流的地方，场地要选择较高的地方，应该事先了解当地历史最高水位，并在历史最高水位1～2米为宜，以防涨水时被水淹没。在山坡地区，应该选在稍平稳的缓坡上，坡面向阳，总坡度不超过25%，建筑区坡度应在2.5%以内。坡度过大不利于建筑的施工，还会增加施工成本，建成之后也不利于运输和管理。山坡建厂还需要注意地质情况，避开断层、滑坡、塌方的地段。

（2）土壤质地。养殖场的土壤状况对养殖也存在影响，不仅影响场区的空气、水质和植被的化学成分和生长状态，还影响土壤的净化作用。最适宜建场的土壤类型应该是透水性、透气性好，容水量、吸湿性小，毛细管作用弱，导热性小，保温良好；没有被有机物和病原微生物污染；没有生物地球化学性地方病。在壤土、沙土、黏土三种类型中，壤土较为理想。

（3）水源水质。水源水质关系着生产和生活用水、建筑施工用水，要予以足够的重视。水源水质的好坏直接影响到人、动物的健康和动物产品的质量。因此,养殖场的水源应该满足水量充足,能够满足场内人、畜禽的饮用和其他生产、生活用水;便于防护,不易受污染,取用方便,处理技术简单易行等要求。水质要求清洁,不含细菌、寄生虫卵及矿物毒物等。在选择地下水作为水源的时候,应该调查是否因为水质问题出现过某些地方性疾病。要符合农业部在《无公害食品畜禽饮用水水质》《无公害食品畜禽产品加工用水水质》《生活饮用水卫生标准》中规定的无公害畜禽生产的水质要求(如表3-1所示)。水源不符合饮用水标准时,必须经过净化消毒处理,要达到标准才可以投入养殖场使用。

(4)气候因素。气候不仅影响建筑物规划、布局和设计,而且会影响养殖场畜禽舍的朝向、防寒与遮阳设施的设置。因此在养殖场选址前,应该收集拟建地区的气候和气象资料、常年气象变化和灾害性天气等。如平均气温、绝对最高气温、最低气温、土壤冻结度、降雨量和积雪量深度、最大风力、常年的主导风向、频率和日照情况等,这些因素与养殖场的畜禽舍建筑方位、朝向、间距、排列顺序都有联系。

2. 社会条件

(1)城乡建设规划。场址的选择应该遵循选址原则,符合本地区的农牧业生产发展总体规划,符合环保部门、地质部门、农牧业管理部门等的相关要求,提前落实该地区的禁养区和限养区,避免在其位置建立养殖场。不在城镇建设发展方向上选址,以免影响到城乡人民的生活环境,造成频繁搬迁或者重建。在城郊建立养殖场,距离大城市至少20千米,小城镇至少10千米。并且养殖场的选址要远离自然保护区、水源保护区、工业、商业和居民聚集的地方,不应选在化工厂、屠宰场、制革厂等容易造成环境污染的企业的下风处或附近。

(2)卫生防疫。畜禽场与居民点应该保持一定卫生间距。与其他养殖场、兽医机构、畜禽屠宰场不小于2千米,距居民区不小于3千米,并且位于居民区及公共建筑群常年主导风向的下风向。切忌在旧畜禽场、屠宰场或生化制革厂等地上重建畜禽场,以免发生疫病。

(3)交通条件。选择场址时既要考虑交通便利,又要与交通干线保持一定的距离。市场的频繁流通会增大养殖场传染病流行的风险。根据环保部和农业部的共同规定:畜禽场距一、二级公路与铁路不小于1千米,距三级公路(省内公路)、四级公路(县级和地方公路)不小于500米,养殖场应有专用道路与主要公路相连接。

(4)供电条件。由于现在的养殖场多是自动化或半自动化的规模养殖,所以选择场址时,还应重视供电条件,特别是机械化程度较高的养殖场,更要具备可靠的电力供应。为减少供电投资,应靠近输电线路,尽量缩短新线架设距离,尽可能采用工业与民用双重供电线路,或设有备用电源,以确保生产正常进行。

二、养殖场建筑物规划布局

完成养殖舍场址的选择后,要根据其地形地势和当地主风向,有条理地安排养殖场的不同建筑功能区域、道路、排水、绿化等设施位置。根据场地规划方案和工艺设计对各种建筑物的规定，合理安排每栋建筑物和各个设施的位置、朝向和互相之间的距离，除此以外还要考虑不同场区和建筑物之间的功能关系、场区小气候的改善，以及养殖场的卫生防疫和环境保护。

（一）养殖场规划布局的原则

（1）根据不同畜禽场的生产工艺要求，结合当地地势环境特点，因地制宜，做好功能区的划分。

（2）充分利用原有自然地形、地势，建筑物长轴尽可能顺场区的等高线布置，最大限度减少基础建设费用。

（3）合理组织场内外人流物流，创造最有利的环境条件和低劳动强度的生产联系，实现高效生产。

（4）保证建筑物具有良好朝向，满足采光和自然通风条件，并有足够的防火间距。

（5）利于粪尿、污水及其他废弃物处理利用，确保符合清洁生产要求。

（6）满足生产需求的同时，建筑物布局紧凑，节约用地，不占或少占耕地。满足占地同时留有余地。

（二）养殖场功能分区

1. 总体布局

养殖场的总体布局应该遵循"因地制宜"和"科学合理"两大原则，统筹安排，考虑到今后长远发展的问题，还应该留有余地，利于环保。功能区设置要全面合理，主要是要从立体卫生防疫体系和生产管理的角度出发。一般包括四个功能区域，即生活管理区、辅助生产区、生产区和隔离区。隔离区和生产区应该分开。同一个养殖场内只饲养一种动物，同舍内只饲养同一日龄生产的同一种动物群。生产区内各个养殖舍之间应该设有安全距离或者设有隔离防护设施；生产区内应该设有净道和污道，并且互不交叉。养殖场的四周应该设有围墙和防疫设施，大门口设置值班室、更衣室和车辆消毒通道。

2. 场区布局

（1）生活管理区。该区域主要是从事养殖场管理活动的工作人员生活的功能区域，与社会环境联系极为密切，主要包括：行政楼和技术办公室、会议室与接待室、警卫室和值班室、员工宿舍和食堂、养殖场大门等。这个功能区域位置除了应该处于该地区主风向的上风向、地势较高的地区，还应考虑到此区域与外界联系频繁，所以养殖场的大门应该开设于此区域，门前要设有车辆消毒池，两侧要设有值班室和消毒通道、更衣室。生活区和管理区也应该分开，生活区应该在管理区的上风向、地势较高处。

（2）辅助生产区。该区域主要设置供水、供电、供热、设备维修、物资仓库、饲料储备等设施。这些设施应该靠近生产区的负荷中心布置。

（3）生产区。该区域是动物生活生产的场所，应该包括各种畜禽舍、孵化室、蛋库、挤奶厅、乳品处理间、羊剪毛间、家畜采精室、人工授精室、家畜装车台、选中展示厅等，是养殖场的核心功能区域。该区域建筑面积占全场总面积的80%左右，是养殖场主要的建筑区域。生产区的人口应该设有人员消毒间和车辆消毒池。大型的畜牧场，则进一步划分种畜、幼畜、育成畜、商品畜等小区，以方便管理和便于防疫。

由于商品畜禽群如奶牛群、肉牛群、育肥猪群、蛋鸡群、肉鸡群等，这类畜禽饲养密度大，机械水平较高，还要及时出场销售，且这类畜禽群的饲料、产品、粪便的运输量大，与场外联系频繁，因此这类畜禽群安排在靠近大门交通比较方便的地段，可以减少外界疫情向场内传播的机会。育成畜禽群包括青年牛羊、后备猪、育成鸡等，安排在空气新鲜、阳光充足、疫病易防控的区域。种畜禽群是畜禽场中的基础群，设在疫情少发的场地，必要时，应该与外界隔离。

以自繁自养的猪场为例，猪场的布局根据主风向和地势由高到低的顺序，依次为种猪舍、分娩猪舍、保育猪舍、生长猪舍、育肥猪舍、采精室等。

（4）隔离区。主要布置兽医室、病畜禽剖检室、隔离区和畜禽场废弃物处理设施。隔离区是养殖场病畜、污物集中之地，是卫生防疫和环境保护工作的重点，应设在全场下风向和地势最低处。其与生产区的间距应该满足兽医卫生防疫要求，其与生产区保持300米以上的卫生间距，还应设有绿化带隔离。为运输隔离区的粪尿污物出场，宜单设道路通往隔离区。

（三）养殖场建筑物布局

养殖场内的建筑物布局是否合理，不仅关系到养殖场的生产联系和劳动效率，同时也直接影响到养殖场的卫生防疫。在养殖场内部布局时，要综合考虑建筑物之间的功能关系，满足养殖场的通风、采光、防火、防疫要求，同时还要节约用地，保证布局整齐美观。

1. 建筑物的排列

养殖场建筑物的排列一般为东西成排、南北成列，尽量做到整齐、紧凑、美观。要根据地形形状、畜禽舍的数量和长度布置为单列式、双列式或多列式。

（1）单列式。畜禽舍在四栋以内宜单列布置。单列式布置使得净道和污道分工明确，但是道路和工程管线线路较长，适用于小规模和场地狭长的养殖场。

（2）双列式。畜禽舍超过四栋宜呈双列式或多列式排布。双列式是三种排列方式中最经济实用的布局方式，优点是既能够保证净道污道的分工明确，又能缩短道路和工程管线长度。

（3）多列式。适用于大型畜禽养殖场使用，但是应该避免净道污道交叉引发相互污染。如果场地宽敞，尽量避免将生产区建筑物布置成横向狭长或竖向狭长，因为狭长的地形必然造成饲料、粪便运输距离加大，管理和生产联系不便利。

2. 建筑物的位置

（1）根据功能关系来布局。功能关系是指房舍建筑物和设施在畜牧生产中的相互关系。在安排各建筑物位置时，应将相互有关、联系密切的建筑物和设施靠近安置，以便于生产联系。不同畜群间，彼此应有较大的卫生间距。大型养殖最好达200米远。商品备群应设置在靠近场门交通方便地段；育成畜群应设置在空气新鲜、阳光充足、疫病较少的区域；种畜群应在防疫比较安全的场区处，必要时应与外界隔离；干草和垫料堆放棚应在生产区下风空旷地方。

（2）根据卫生防疫要求来布局。办公、生活、饲料、种畜、幼畜建筑物安置在地势高、上风向处，生产群置于相对较低处，病畜及粪污处理应置于最低、下风处。大型养禽场宜单独设孵化场，小型养禽场应将孵化室安置在防疫较好又不污染全场的地方，并设围墙或隔离、绿化地带。大型鸡场宜单设育雏场，小型鸡场则应与其他鸡舍保持一定距离，并设围墙严格隔离。

（3）根据生产工艺流程安排来布局。商品猪场工艺流程：种猪配种→妊娠→分娩哺育→保育或育成→育肥→上市。根据主风向配置：种公猪舍→空怀母猪舍→妊娠母猪舍→产房、断奶仔猪舍→肥猪舍→装猪台。

种鸡场工艺流程：种蛋孵化→育雏（又分幼雏、中雏、大雏）→育成产蛋→孵化→销售（种蛋或鸡苗）。根据主风向配置：孵化室→育雏舍→中雏舍→育成鸡舍→产蛋鸡舍。

3. 建筑物的朝向

冬季南北向圈舍应使纵墙接受较多的光照，尽量减少盛行风对纵墙的吹袭；夏季则应尽量减少太阳对纵墙的照射，增加盛行风对纵墙的吹袭，这样的朝向才能使畜舍冬暖夏凉。

（1）根据日照确定朝向。冬季南向畜舍的南墙接受太阳光多，照射时间相对较长，光线照进舍内也较深，有利于防寒；夏季则相反，南向畜舍的南墙接受太阳照射较少，照射时间也较短，光线照入舍内较浅，因此有利于防暑。畜舍朝向南或南偏东、偏西45度内为宜。

（2）根据通风要求确定朝向。我国夏季盛行南风或东南风，冬季多为东北风或西北风。畜舍的纵墙应与冬季主风向形成0～45度夹角，纵墙与夏季主风成30～45度夹角。

4. 建筑物的间距

（1）根据日照确定畜舍间距。为了使南排畜舍在冬季不遮挡北排畜舍的日照，尤其保证在冬日9～15点这6小时内使备舍南墙满光照射，畜舍间距应等于屋檐高度的3～4倍。

（2）据通风、防疫要求确定畜舍间距。应使下风向畜舍不处于上风向的畜舍的漩涡风区内。这样，既不影响下风向畜舍的通风，又可使其免遭受上风向畜舍排出的污浊空气污染，有利于卫生防疫。畜禽舍的间距在3～5倍屋檐高时，可以满足通风和防疫的要求。

（3）防火间距。这取决于建筑材料、结构和使用特点，参照我国防火规范，畜舍一般耐火等级为二级或三级，防火间距为6～8米。

5. 养殖场公共卫生设施

（1）畜禽运动场。①运动场位置。背风向阳、地形开阔，可以设在畜禽场间距或两侧。②运动场面积。运动场面积是每只（头）动物所占舍内平均面积的 3~5 倍，种鸡按鸡舍面积的 2~3 倍。既要保证动物自由活动又要节约用地（如表 3-2 所示）。③建筑要求。平坦，稍有坡度，便于排水和保持干燥。四周应设有围墙或围栏，可加尼龙网丝。在运动场两侧以及南侧，应设遮阳棚或者种植树木，便于夏日遮阳。运动场栏外应设有排水沟。

（2）场内的道路。生产区道路分为"净道"和"污道"，二者不得混用或交叉；场内道路要求直而短，保证生产顺利进行。管理区和隔离区：分别设与场外相通的道路。道路不应透水，路面有 1%~3% 的坡度。路面材料最好为柏油、混凝土、砖石或渣土。道路宽度要能通行内用车辆，道路宽度需 1.5~5 米。道路两侧应植树并设排水沟，用于排污水和雨水。

（3）防护设施。畜禽场四周应设有较高的围墙或坚固的防疫沟，以防场外人员或其他动物入场，必要时在沟内放水。在畜禽场大门和各区域及畜禽舍的入口，应设有消毒设施，如车辆消毒池、人的脚踏消毒槽或喷雾消毒室、更衣换鞋间等，并安装紫外线灭菌灯。消毒室应装有定时通过指示铃。

（4）排水设施。在道路一侧或两侧设明沟排水沟壁，沟底可砌砖、石，也可将土夯实做成梯形或三角形断面。排水沟最深处不应超过 30~60 厘米，雨污分流。

（5）贮粪池。积（化）粪池应设在生产区的下风向，与畜舍至少保持 50~100 米的卫生间距。畜牧场粪尿、污水最好直接进入粪污处理设施。积粪池应深 1 米，宽 9~10 米，长 30~50 米，底部要做成水泥池底。

（6）养殖场绿化。绿化是养殖场环境改善的最有效手段之一，它不但对养殖场环境的美化和生态平衡有益，而且对养殖场员工工作、生产也有着很大的促进作用。绿化对于建立人工生态型养殖场无疑起着十分重要的补充和促进作用。以下介绍养殖场绿化的优劣处：

①养殖场绿化可以美化场区环境。搞好养殖场绿化建设，不仅能美化和改善养殖场环境，而且还能为职工工作、畜禽生长创造一个舒适健康的环境，有效提高劳动生产效率。

②养殖场绿化可以吸收空气中的有毒有害物质，起到过滤、净化空气及减轻异味的作用。集约化养殖场由于饲养量大、密度高，因此舍内排出的二氧化碳较为集中，同时伴有少量氨气、硫化氢和一氧化碳等有害气体。进行绿化可以让绿色植物在光合作用时吸收大量的二氧化碳，释放新鲜的氧气，同时许多植物对多种有害气体也有较强的吸附性。

③养殖场绿化可以调节场区的气温，改善场区小气候。树木通过遮阴作用，减少了阳光的照射辐射，而树叶叶面水分蒸发又可以吸走大量的热，可减少 50%~90% 的热辐射。绿色植物还可以起到降低风速、截留降水、蒸腾等作用，可形成舒适宜人的场区小环境。

④养殖场绿化可以减少场区灰尘及细菌含量。在养殖场的养殖生产过程中，各类操

作经常使舍内空气含有大量的灰尘，而对动物有害的病原微生物可以依附在灰尘上，所以舍内的灰尘对动物的健康造成了直接的威胁。因此，畜禽舍内的病原微生物要比大气中的病原微生物多得多。绿化植物通过叶子的吸附和粘着滞留作用，使空气中的病原微生物含量大大减少。吸尘的植物通过雨水的冲刷后，又可以继续发挥除尘作用，同时许多树木的芽、叶、花能分泌挥发性的植物杀菌素，具有较强的杀菌能力，可杀灭对场区内人和动物有害的病原微生物。

⑤养殖场绿化可以净化水源。树木是一种很好的水源过滤器。养殖场大量浑浊有臭气的污水流经较宽广的树林草地，深入地层，可以经过树林草地的污水在过滤后变得洁净、无味，使水中细菌含量减少90%以上，从而改善养殖场的水源水质。

⑥养殖场绿化可以降低噪声。养殖场内部交通运输工具、饲料加工和送料机械、粪尿清除产生的声音以及动物本身的鸣叫、采食、走动、斗殴产生的噪声都会对动物的休息、采食、增重、生产等都有不良的影响。树木与植被对噪声具有吸收和反射的作用，可以降低噪声的强度。

⑦养殖场绿化有利于防疫、防污染，同时还起到了隔离的作用。养殖场外围的防护林和各区域之间的绿化隔离带，都可以防止人和动物的来往，减少疫病传播的机会。

三、养殖场的建筑类型与结构

畜禽舍小气候环境的好坏，主要受畜禽舍类型、畜禽舍建筑结构的保温性能、通风、采光及畜禽舍环境调控技术等的影响。

（一）畜禽舍的建筑类型

1. 开放舍（棚舍）

开放舍（棚舍）的四面无墙或只有端墙，主要起遮阳、避雨作用。①特点：夏季隔绝太阳辐射，四面敞开通风良好，防暑性能比其他畜禽舍好；但冬季无墙壁，对寒风侵袭没有防御力，防寒差。开放性畜禽舍受环境影响大。②适用范围：寒冷地区不能做冬舍，可做运动场上的凉棚或草料库；由于开放性畜舍用材少、施工简单、造价低，为扩大适用范围，克服保温能力差的缺点，在畜禽舍的南北门设置隔热效果好的卷帘，由机械控制升降。夏季完全敞开，冬季可完全闭合。

2. 半开放舍

半开放舍指的是三面有墙，正面全部敞开或设置半截墙的畜舍。①特点：通常敞开部分在南侧，冬季有足够阳光，有墙部分又可抵御北风，夏季南风可吹入舍内，有利于通风；防寒能力有所提高，但因舍内空气流动较大，受外界气温影响，很难进行畜禽舍环境的调控。②适用范围：在寒冷地区，可用于饲养各种成年畜禽，特别是耐寒能力强的牛、马、绵羊等；在温暖地方，可作产房或幼畜禽舍。生产中，为提高防寒能力，冬季可在敞开部分设单层或双层卷帘，可有效改善畜禽舍内小气候环境。

3. 封闭舍

封闭舍是指利用墙体、屋顶等外围护结构形成全封闭状态的畜禽舍,分为有窗式和无窗式。①有窗式特点:具有好的保温隔热能力,方便人工控制舍内环境,通风换气主要依靠门、窗和通风管。根据舍外环境状况,通过开闭窗户使舍内温、湿度和空气质量保持在一个合适的范围。当舍外温度过高或过低时,可通过人工调控设施对舍内小气候进行调控。这种畜禽舍应用最为普遍。②无窗式特点:一般没有窗户或只设少量应急窗,舍内环境条件完全采用人工调控。这种畜禽舍的舍内环境稳定,基本不受外界环境影响,自动化程度高,节省人工,生产率高。但舍内所有调控设施均需依靠电力,一旦电力供应不能保障,极难实现正常生产。无窗式畜禽舍比较适用于电力供应充足,电价便宜,劳动力昂贵的发达国家和地区。

(二)畜禽舍的基本结构

(1)地基。支持整个建筑物的土层。承重能力强,有足够厚度,组成均匀一致,抗冲刷能力强,膨胀性小,地下水位在2米以下,无侵蚀风险。

(2)基础。建筑物深入土层的部分。坚固、耐久、抗机械能力和防潮、抗冻、抗震能力强。

(3)墙脚。基础与墙壁的过渡部分。要求高度应不低于20~30厘米,材料应防水防潮。

(4)墙壁。要求坚固、耐久、抗震、防火、防冻、防水冲刷,结构要简单,便于清扫和消毒。有良好的隔热能力。有承重墙隔墙和长墙端墙。

(5)窗户。窗户大小、位置、安装形式对舍内光照与温度有很大的影响。设置原则:在满足采光的前提下,尽量少设;总面积相同时,选择大窗户而不是小窗户。

(6)舍门。舍门高宽尺寸适合,不设门槛、台阶,畜舍地面高出舍外20厘米,门向外开。

(7)地面。地面要有良好的保温性能,不透水,易于清扫和消毒;易于保持干燥、平整、无裂纹,不硬不滑、有弹性;有抗机械能力、防潮、抵抗各种消毒液的作用;朝排尿沟方向有一定的倾斜度。

(8)屋顶。屋顶是畜禽舍上部的外护围结构。对舍内小气候的影响比其他外护围结构大。要求屋顶光滑、防水、保温、不透气、结构简单、轻便,要有一定坡度,利于雨水、雪水排出和防火安全等。在使用上要求耐久、坚固。单坡式:跨度小利采光,小规模畜群;双坡式:跨度较大有利于保温,适用于各种规模的畜群;联合式:适用于跨度较小的畜舍。

(9)天棚。要求保温、隔热、不透气、不透水、坚固耐久、防潮、不滑、结构轻便、简单。净高是地面到天棚的高度,无天棚时,指地面至屋架下缘的高度。一般畜禽舍的净高:牛舍2.8米,猪舍和羊舍2.2~2.6米,马舍2.4~3.0米,笼养鸡舍净高应该适当增加,五层笼养鸡舍净高4米。

第四章 生态循环养殖及其模式设计

第一节 生态循环养殖概念

一、生态循环养殖的概念

生态循环养殖就是应用生态学、生态经济学与系统科学基本原理，采用生态工程方法，吸收现代科学技术成就与传统农业中的精华，以畜牧业为中心，并将相应的植物、动物、微生物等生物种群匹配组合起来，形成合理有效开发、利用多种资源，防治和治理农村环境污染，实现经济、生态和社会效益相统一的高效、稳定、持续发展的人工复合生态系统。生态循环养殖是生态工程原理在动物养殖这一特定领域的应用，是模拟生态系统原理而建成的以动物养殖为主体的生产工艺体系。它的全过程是畜牧业内部多畜种或牧、农、渔、副、加工等多产业的优化组合，是相对应的多种技术的配套与综合，是一个完整的工艺流程。所以，生态循环养殖作为一个新的领域，研究范围又如此广泛，其定义、内容等需要较长时期的完善与充实。许多工作刚刚开始，以上仅是我们在目前水平上的初步认识。

二、生态循环养殖的特点

"家畜生态学"和"生态循环养殖"有着密切的联系。但"家畜生态学"和"生态循环养殖"是两个不同的概念。家畜生态学是生态学的一个分支，是研究家畜与其生存环境间在不同层次上的相互关系及其规律的科学。它和草原生态学、海洋生态学一样，属生态学研究的一个专门学科。通过对牧业生态系统结构与功能的研究，给人类调控提供科学依据，它侧重于原理探索与规律研究。生态循环养殖、是一种生产工艺体系，属于一个产业。通过低投入、高产出地生产农、畜产品。其指导思想与理论是以生态学，尤其是家畜生态学的基础原理和研究成果为基础的。二者是理论与实践的有机联系。

生态循环养殖包括传统畜牧业的内容，一些成功的单项饲养技术与新方法的筛选与应用。但不是简单的多项技术叠加，它们是两个不同的概念，其主要区别有下列几方面：

（1）生态循环养殖所涉及的领域，不仅包含畜牧业的范畴，而且包括种植业、林业、草业、渔业、农副产品加工、农村能源、农村环保等，实际是农业各业的综合。

（2）从追求目标上看，传统养殖重于单一经济目标的实现，而生态循环养殖不只是考虑经济效益，而是经济、生态、社会效益并重，谋求生态与经济的统一，从而使生产经营过程既能利用资源，又有利于保持良好的生态环境。

（3）以指导理论看，生态循环养殖除了动物饲养等专业学科理论外，主要是以生态学、生态经济学、系统科学原理为主导理论基础。

（4）生态循环养殖注重太阳能或自然资源最合理的利用与转化，各级产成品与"废品"合理利用与转化增值，把无效损失降低到最低限。

（5）生态循环养殖把种植、养殖合理地安排在一个系统的不同空间，既增加了生物种群和个体的数目，又充分利用了土地、水分、热量等自然资源，有利于保持生态平衡。

三、生态循环养殖的组成和分类

（一）生态循环养殖的组成

生态循环养殖作为一种高效的人工生态系统，是由生物、环境、人类生产活动和社会经济条件等多因素组成的统一体。就每一种模式来看，范围有大有小，可以搞小范围庭院生态循环养殖或生态养殖场，也可以大水体（湖泊、水库）复合生态循环养殖。不管哪一种具体形式，一般都包括下列5项重要组成部分：

以家养动物为中心，包括与之匹配的农作物、饲料作物与牧草、鱼类及其他经济动物。

包括自然环境条件（水、光、热、土、气候等）和社会经济条件等。包括动物饲养、繁殖及疫病防治；总体结构优化与布局、管理等。包括劳力、资金输入；农用工业及能源、农业科技投入等。

（5）产品输出。

多种农畜产品及加工产品输出。

（二）生态循环养殖的分类

生态循环养殖，又称之为生态循环综合养殖工程。它最基本的特征是功能上的综合性。因此，它包括的内容十分复杂。根据养殖动物生活环境的不同，可以把生态循环养殖分为陆地综合养殖、水体综合养殖和水陆复合生态循环养殖三大类。每一大类又包括若干种模式。

第二节　生态循环养殖设计原理

目前，生态循环养殖已在全国各地普遍开展。这些生态循环养殖雏形有的效益较高，但大多数停留在依靠传统经验和机械模仿阶段。这些依靠经验组装或拼凑起来的模式往往因各组分匹配不合理，效益不高，无法推广，或区域性很强，使推广受到限制。我国的自然条件（土壤、水分、光照、气候、地形地貌等）、生物因素（饲养动物品种、分布等）、社会经济方面（经济、技术、劳力、市场、国家计划、人民需要）地区间差异很大，生态循环养殖的具体结构、功能和做法绝不会是一个模式。这就需要总结各地经验，建立一套设计原理，使不同类型地区都能按照这些设计原理，结合当地的生态条件和经济条件，建造多种多样的、适合于当地条件的生态循环养殖模式。

一、生物间互利共生原理

自然界中没有任何一种生物种群能离开其他生物而独立生存繁衍，生物与生物之间往往存在着复杂的相互关系。生物间的关系一般分抗生与共生两大类。在农业生产过程中，过去多集中注意了生物种群间的抗生关系，而忽略了种群间的共生关系。共生可分互利共生和片利共生，互利共生指两个生物种群生活在一起，它们互相从对方得到益处。互利共生又分为义务性互利共生和非义务性互利共生，义务性互利共生是指两种生物可以互相得利，为了生存，它们必须生活在一起，不能分开，这是一种永久性的共生关系，比如豆科植物与根瘤菌就属此种类型，根瘤菌利用植物的汁液和糖类生存，它从空气中固定氮素，又给豆科植物提供了养分；非义务性互利共生是指两种生物因共生而相互得利，但是，它们分开后也不至于死亡，如寄居蟹与海葵，即属非义务性共生。片利共生是指两种生物之间，其中一种得利而又对另一种无害的共生关系，又分长期性片利共生和暂接触性片利共生，前者如藤壶附于鲸鱼体上，后者如鱼虾等潜于水草之中。

生态循环养殖设计与建设过程中，如何巧妙地搭配组成种群，最大限度地发挥组成种群间共生互补关系，最大限度减弱和克服抗生作物，从而组成和谐、高效的人工生态系统，是建造生态循环养殖的关键。这方面比如"林—蛙结构""稻鱼共生"等都是一些合理而高效的复合系统。

二、生态核原理

传统的生态位定义为：不同生态因子都具有明显的变化梯度，不同梯度可以各种生物所占据、适应、利用的部分称为生物的生态位。由于各种生态因子对生物作用的综合性，所以，对某一种生物种群来说，生态位是一个超体积和超空间的向量集。随着生态学发展，其概念也不断深化。鉴于当今生态学的主要研究对象已从单纯的自然生态系统转移到社会—经济—自然复合生态系统，生态位概念也进一步拓宽。首先引入了生态元概念，即复合生态系统中进行生态学过程的功能单元。随之，把生态位定义为：在生态因子变化范围内能够被生态元占据、利用或适应的部分，称之为生态元的生态位。生态元既可以是细胞、器官、个体、种群、物种、生物群落等各个生物组织层次，也可以是农户、养殖场、食品加工厂等其他功能单元。

不同生态元之间其生态位可能相同也可能不同，或者部分相同部分不同。在同一时间、同一空间各生态元的生态位相同而且不能充分满足需要时，生态元之间就会发生竞争。如同一空间内两种动物均以某种植物为食时，就会产生生存斗争，彼此施加不利影响。为了避免或减少对相同生态位的竞争，大多数生态元都会发生空间和时间分化现象。另外，由于一种生物种群对环境的影响，可以形成另一种生物种群的生态位。如树木的枯落物积于地表，其丰富的有机质和阴湿的环境、微弱的光照、疏松的地被物层，给蚯蚓构成了一个理想的生态位。

在生态循环养殖设计中，根据生态位原理，人们可以把各种不同种群合理搭配，合理利用现在生态位，使生态位效能得到充分发挥，常见途径有：引入新的生态元，如苇－鱼－鸭结构；去除有害生态元，如稻田养鱼除草、食害虫；替代低效生态元，如以高产优质畜禽品种取代低劣品种。这种互为条件、互相防护的"复合群体"使农业生态系统资源利用更充分，生物量产出增加，自身防护性能提高。

三、环境节律与生物机能节律配合原理

自然环境因子中的光照、温度、湿度有日、月、年的周期变化，这种周期性的变动在不同生态系统中是不同的，这种周期性的波动称为环境节律。一方面，作为人工生态系统的农业，人们对农业投入的物质和能量受其社会条件变化的影响也有其特殊的变化，这种波动实际上也属于农业的环境节律范畴；另一方面，每一种生物的生长、发育，以及其对自然资源的需求是不一样的，生物种群在每一昼夜也在不断地变化，这种波动变化称为生物的机能节律。不同生物种群的机能节律具有其特殊规律。

生物的机能节律与自然资源的变化节律和谐，是生物生产量提高的关键。自然生态系统的节律配合关系是经过漫长的自然选择而形成的，生物种群机能节律与环境节律配合得十分合理而稳定，生物种群以自己的机能节律变化，及时有效地利用环境资源，完成自己的生命周期。例如，森林中的松鸡等鸟类，繁衍后代的时间则正好与森林植物果实（种子）成熟的季节相吻合，以便雏鸟有足够的食物。而人工控制下的生态系统，其

形成历史比起自然生态系统来说，则是十分短暂的，加之人类对生物群体控制的不足，使这两个节律配合得不尽合理，造成了对环境资源利用不充分，限制了系统生产力的充分发挥。要想提高生态循环养殖的功能、必须应用环境节律与生物机能节律配合原理，在生物种群安排上，尽量使各种群的机能节律错开，以便合理利用资源防止竞争消耗。

四、食物链原理

地球上绿色植物转化固定太阳能形成第一性产品，植物被草食动物所食，草食动物为肉食动物所食，它们的残体又可为小动物、真菌、细菌所吞食或分解。以这种吃与被吃形成的关系称为食物链关系。比如，树叶为昆虫所食，昆虫为蛙吃掉，鼬又以蛙为食，形成了一条捕食性食物链。

当然自然界生物间的关系往往要复杂得多，很多食物链交织在一起，形成复杂的食物链网络，这种结构组成了生态系统物质能量的传递、富集与分解。在生态系统中，这种网络结构越复杂，生物间互相制约的机制越强，系统越稳定。农牧生态系统重要的问题就在于其结构简单，它的稳定需要人类以很大的物质和能量投入来调控。在生态循环养殖中，一方面要建造合理的食物链结构，以保证所建造人工生态系统稳定和高效；另一方面可用人工食物链环节取代自然食物链环节，以提高人工生态系统的效益。如：

这条取代的食物链就较上述的捕食性食物链在经济上有一个很大的提高。另外，一些价值不高和不能直接为人类所利用的农牧副产品或畜禽粪便，假如人工增加一些以此为食的食物链种群，将其转变为人类利用价值较高的产品，从而提高人工生态系统的经济效益和社会效益。草食动物、食用菌、蚯蚓等种群常被加在这种人工加环的食物链中。

五、物种多样性原理

生态系统中的顶极群落，是最稳定而高效的。其主要原因是组成生物种类繁多而均衡，食物链纵横交织，其中一种偶然增加或减少，其他种群就可以及时抑制或代偿，从而保证系统具有很强的自组织能力。以单纯追求某一种产品产量为目标，以高度受控的工业系统经营方式建造的人工生态系统，生物种群单一，受自然因素影响强烈，这种系统完全失去或大部分失去自我调控能力，在很大程度上依赖于人工投入能量物质来维持其稳定机制，这势必造成能耗加大，成本提高，环境质量恶化。因此，生态循环养殖应当根据物种多样性原理，尽量建造成稳定性较强的复合群体。如浙江、江苏的高效益生态养猪就是以饲料、能源的多层次利用为纽带，以养猪为中心的多物种有机结合的不同循环类型的生态系统。

六、种群置换原理

自然生态系统的生物种群几乎都是自然选择的野生自然种群，而人工生态系统的主要种群则是长期人工选择下形成的人工种群。前者是为了自身的繁衍，后者则是有利于给人类提供所需产品。生态循环养殖则应最大限度地利用经济、生态效益均比较高的生物种群并通过人工调控其结构的方法减少耗损，这样形成的复合群体效益比自然群落更高些。例如，在一些人工生态系统中，以豆科作物、高产牧草代替野生草本植物；以人工栽培的食用菌取代自然界的真菌类；以人工培育禽类品种置换野生鸟类等都取得了较高的生态效益和经济效益。

七、景观生态学原理

景观生态学是一门近年来发展起来的生态学分支科学，它以整个景观为研究对象，研究的基本核心是景观要素间的相互关系，重点在于解决空间异质性的维持和发展、各异质组分之间在时间和空间上相互作用及能量物质转换循环机制。在生态循环养殖总体设计时，要根据景观生态学原理，按地貌、土壤、植物、动物、水文等要素，将合理的直辖市建成异质的"团块"、"廊道"状分布，使各组分间合理配比。在考虑生产上的合理与高效的同时，充分体现景观的多样性，发挥各组分之间的相互防护、相互隔离、边界效应等"相生"作用。例如，在低山丘陵区设计生态循环养殖，动物饲养区、饲料加工、植物生产区、污物处理等都要按照景观生态设计要求，根据丘陵区地形特征、水系走向、交通线路、居民区特点，进行不同的等高分布和交叉结构设计，使既便于生态循环养殖生产活动，又形成自然环境和社会协调的景观。生态循环养殖建设景观生态设计的主要类型有：综合利用类型、多层利用类型、补缺利用类型、循环利用类型和自净利用类型等。

第三节 生态循环养殖设计方法

生态循环养殖设计过程大致包括：环境工程设计、生物种群选择与匹配、生态工程结构设计、总体工程修正优化4部分。

一、环境工程设计

环境是生物生长发育的外界因素，外界环境因素是异常复杂的。生物的环境一般可分为物理、化学、生物学和群体（或称社会）4个方面。环境因素，不论是自然因素或人为因素，可以各种各样的方式，由不同的途径，单独地或综合地对生物机体发生作用和影响，并且通过生物机体的内在规律引起各种各样反应。生态循环养殖的主体是动物，环境是动物的生存条件，动物与外界环境经常进行着物质交换和能量交换；动物依赖外界环境而生长、繁殖和生产各种产品；动物接受外界环境的刺激.增强体质和提高生产力。但另一方面，外界环境也存在对动物机体有害的各种因素和刺激，若那些有害的因素超过动物机体所能忍受的限度，则动物生理机能失调，轻则影响健康和生产力，重则引起疾病甚至死亡。环境工程设计与建设的目的就是充分利用那些有利因素，消除和防止那些有害因素，以保证生物正常生长发育和提高生产性能。

以动物为中心的环境工程是生态循环养殖的重要组成部分，环境工程设计与整个生态循环工程是有机联系的。环境工程包括内容很多，以生态牧场设计为例，大致包括：场址选择与分区设计、家畜环境控制与畜舍类型设计、畜牧生产废弃物处理与利用设计，改善自然环境的水土工程设计等。

（一）场址选择与分区设计

选择生态养殖场的场址时，应根据养殖场综合经营的种类、方式、规模、生产特点、饲养管理方式以及生产集约化程度等基本特点，对地势、地形、土质、水源以及居民点的配置、交通、电力、物资供应等条件进行全面的考察。良好的生态养殖场环境条件是：保证场区具有较好的小气候条件，有利于畜舍内空气环境的控制；便于严格执行各项卫生防疫制度和措施；便于合理组织生产，提高设备利用率和工作人员劳动生产率；分区合理，各综合经营项目协调发展。

在所选定的场地上进行分区规划和确定各区生产、建筑物的合理布局，是建立良好牧场环境和组织高效率生产的基础工作和可靠保证。一个牧场通常分3个功能区，即生产区、管理区和病畜处置区，分区规划的原则大致是：

（1）在满足生产的前提下，尽量节约用地，建筑物少占或不占可耕地。

（2）因地制宜，合理利用地形地势。例如，利用地形地势解决挡风防寒、通风防热、采光，有效地利用原有道路、供水、供电线路以及原有建筑物等，以创造最有利的牧场环境、卫生防疫条件和生产联系，以达到提高劳动生产率、减少投资、降低成本的目的。

（3）全面考虑畜禽粪尿和牧场污水的处理与循环利用，与种植业、沼气、蚯蚓养殖等有机结合。

（4）采用分阶段、分期、按单元建设的方式，规划时对各区应留有余地，尤其生产区规划最应注意，使既符合总体规划要求，又保证发展的需要。

（二）畜禽环境控制与畜舍类型设计

每一种生物对每种环境因子都有一个适应范围，这个范围的上限就是生态学的最大量，下限就是最小量，上限与下限之间的幅度就是耐受限度。在耐受限度内，有一个最适合于该种生物的区域，称为最适范围。就一个物种而言，当环境因素的强度处在最适范围内时，该种生物的数量最多；当环境因素超出最适范围而趋向上限或下限时，生物数量就减少；当超出上限或下限时，物种就灭绝。

家畜的生存环境中，常有一、二种因子居于特别重要的地位，对畜禽起着决定性的主导作用，称为主导因子。温度、光照往往是主导因子。家畜环境改善控制与畜舍类型设计，主要是针对当地主导因子而言的，它包括两层意思，即低限度的控制，旨在缓和主导因子下限对家畜的影响，以降低家畜环境应激而造成的生产力下降、产品质量降低、饲料的额外消耗和发病率、死亡率的提高；高限度控制，旨在为家畜创造适宜环境，以获取高的生产效率和低的发病率及死亡率。主要家畜的适宜温度范围和生产环境界限见表设计、建筑适宜的畜舍是改善和控制家畜环境的主要手段，但不是说有了畜舍就可以为家畜建立理想的环境，只有通过畜舍有效的环境控制，同时配合日常的精心环境管理，才能取得满意的效果。有关畜舍设计与环境控制需遵循的几条原则是：

（1）畜舍及改善家畜环境的工程技术措施，实质在于协调家畜和其周围环境之间的热交换和热平衡。各地在选择畜舍形式与结构、确定环境控制程度及采取相应措施时，应根据不同的气候特征，因地制宜，不能生搬硬套。

（2）注意节能、节粮、充分利用有利的自然条件和家畜自身对环境的适应能力来改善家畜的环境。我国能源紧缺，用作饲料的粮食也极其有限，这就决定了我国不能走完全依赖电能与燃料控制环境的道路，也不能走粮食过剩国以额外的饲料消耗来换取节省基建投资和代替电能与燃料的途径。利用自然条件和动物某些行为习性及自身对环境的适应能力，来改善家畜的环境，是符合我国国情和国力的。如根据猪遇冷找窝、相互依偎取暖的行为习性，在不保温的简易舍内设置临时局部封闭的保温防风窝，在这里靠猪自身热形成适宜的温热环境，有利于猪生长发育。猪在窝内休息，而在窝外吃食、排泄。这种双重气候舍简单、节能、造价低，便于推广。

（3）任何改善和控制环境的工程措施和技术措施在经济上必须合算。即必须考虑增产收益能否补偿为改善环境而耗费的投资，不能只追求理论上的合理，而不计代价。如，封闭的环境控制舍，对于纯靠精饲料饲养的家畜及幼体效果很好。但由于造价高，需依靠能源控制环境，在低耗高效的生态养殖场中很少采用。

生态循环养殖的对象是动物。动物为维持个体的生存，需要呼吸、采食、饮水、排泄；为了种族的生存，必须繁衍后代。动物生产过程正是这两个过程的体现。因此，动物生产不仅有别于工业生产，也不同于农业生产的其他部门。它的特点是，在为其改善环境的同时，本身又产生许多污染环境的物质，这就增加了家畜环境的复杂性与改善和控制环境的艰巨性。这需要畜牧学家和畜牧生产者与农业工程专家密切合作，使畜舍建筑的设计、设备的研制顺应家畜的行为习性，使家畜适应环境。弄清环境的物理条件对家畜生理过程的影响。

（三）畜牧生产废弃物的处理和利用设计

畜牧生产产生的废弃物有粪便、污水、畜产品加工副产品等。处理的最基本原则是所有的废弃物不能随意弃置，不能弃之于土壤、河道而污染周围环境，酿成公害。应加以适当的处理，合理利用，化害为利，并尽可能在场内或就近处理解决。

动物粪便处理与利用是生态循环农业的主要内容。动物粪便通过土壤、水和大气的理化及生物作用，特别是微生物作用使各种有机物逐渐分解，变成植物可以吸收利用的状态，并通过动、植物的同化和异化作用，重新转化成为构成动、植物体的糖类、蛋白质和脂肪等，从而构成了粪便的自然界循环过程（图1-6）。这种农牧结合、互相促进的处理办法，既处理了家畜粪便，又保护了环境，对维持农业生态系统平衡起着重要作用。

畜禽废弃物的处理和利用设计主要包括：养殖场规划设计，用作肥料、燃料、饲料设计等。

1. 养殖场规划设计

规划养殖场时就要根据该地区畜牧场的数量和动物饲养的头数，计算出所产废弃物（主要粪尿量）的数量，合理规划养殖场的结构与布局。一个农牧结合的养殖场要处理好它与外界的关系，首先要使所产的粪便尽可能施用于本场土地，以减少外购化肥量；其次所收获的作物及牧草应解决本场所需的大部分饲料，以减少外购饲料。

2. 粪便的生物利用设计

饲料被家畜采食后，只能利用其中49%～62%的能量，其余49%～31%随粪尿排出。这些潜在的能量被微生物分解而释放，称为"生物能"。利用家畜粪便与其他有机废弃物混合，在一定条件下进行厌气发酵而产生沼气，可作为燃料或供照明。沼气发酵渣液中含有大量氨态氮，可作为肥料、饲料等，综合利用价值很高。目前较好的生态循环农业模式中，几乎都有沼气环节，沼渣作花肥、食用菌培养料。蚯蚓用作饲料效果甚佳。

3. 粪便用作饲料

家畜粪便中含氮化合物含量较高，其中粗蛋白量可由总氮量来估计。近年来，在蛋白质短缺情况下，对粪便进行加工，制作家畜蛋白质补充料的研究已开展的很多。据国内外一些试验，家畜粪尿经过处理，掺入饲料中再喂给家畜，已获得肯定的结果。同时指出鸡粪作为饲料的效果较猪粪、牛粪的效果好，这主要是由于牛、猪的消化能力强，而且它们的粪与尿分别排泄，非蛋白态氮从尿液排出体外，粪中蛋白质含量很低。应注意的是粪便中往往带有抗菌药物、病原微生物等，采用鲜粪作饲料时，粪便处理不当易造成传染病。关于粪便加工处理方法详见第二部分。

二、生物种群选择与匹配

农牧生态系统是以人工建造的生物群落为主的生态系统。就生态循环养殖而言，它的效益高低主要是由生物种群的组合决定的，种群的选择与合理匹配直接决定着结构合理与否。

（一）种群选择

种群的选择一般根据当地自然环境和社会环境两个方面来确定。

1. 依据自然环境选择适宜种群

自然环境包括气候、土壤、植物、水文、地形地貌等，这些因素在各个生态区域内从宏观上看是比较稳定或变化不大的，它直接左右着种群的分布。如耗牛只分布在以青藏高原为中心的高山地区，这种适应于高山草原生态环境的特征是长期适应生存的结果。所以，在种群选择时应以适合当地自然环境条件的传统种群为主，同时也要考虑把一些经过多次试验，生产性能和适应性表现良好的种群选出。

总的原则是充分合理利用当地资源。一是考虑种植业、林业、牧草、畜牧业、渔业等综合协调发展；二是考虑各种群间在时间和空间上相互作用及能量物质转化循环效率。这样，既高效充分地利用了自然资源，又确保有较高环境质量。南方基塘生态工程所呈现的田塘交错、塘鱼基桑、鱼蚕两旺的和谐高效田园景观，就是成功一例。这是劳动人民多年人工选择的结晶，今天仍具有重要的借鉴价值。

2. 依据社会环境修正适宜种群

以自然环境选择的适宜种群，还应适应社会因素的影响。社会因素环境主要包括政策法令、生活水平、市场变化等，它们对种群的影响往往有突然性和不稳定性。这种大起大落有时对种群结构的破坏是严重的。

社会因素对生物种群的影响，往往表现出3种种群变化曲线：

（1）上升曲线。当某一种动物及其产品市场价格上涨，刺激该种动物发展迅速时，种群呈急速上升曲线。当然也有些生物种群本身的发展数量是随着社会经济发展和生活水平提高而提高的，如瘦肉型猪、鱼类的逐年增加是与人民生活水平的提高有关的，这属于正常的种群增加，种群呈缓慢上升曲线。

（2）下降曲线。上述的由于市场价格刺激出现的"上浮"曲线是极不稳定的，到一定时间后，市场价格突然下跌，种群发展随即呈下降曲线，这种"下坡"曲线变化很快。当然也有由于生活水平提高，生活方式转变使种群正常下降的。这种下降是缓慢的，如脂肪型猪的数量随着社会发展、消费水平的变化呈逐渐下降趋势。

（3）波浪曲线。从动物养殖业总的发展情况来看，由于动物生产属于第二性生产，它的发展往往随着植物性生产歉丰的变化而变化。如饲料作物与粮食丰收，成本降低，养殖业呈上升状；粮食歉收，饲料供应不足，成本提高，养殖业则转为下降状态，这属于自然波动。而有时由于市场的导向、政策的失误造成的大波浪曲线则属人为造成的。如前几年养兔业的大起大落就是一例，给养殖户造成很大经济损失。

根据社会、经济和自然环境等诸因素要求，可以筛选出许多适宜种群。对这些适宜种群需进行综合评审，评审指标不宜过多，通常从产量、能量、价格、产投比、再利用率等几个方面综合评判即可。通过综合评审优选出的种群，再根据景观特点及其对环境的要求，合理匹配，才能形成合理布局的优化种群结构。

（二）种群匹配

按生态学原理，人工生态系统种群过分简单，是这类生态系统稳定性差的主要原因。人工生态系统中复合种群的应用已为很多人所接受并显示出良好效果。在种群选择好后，确定主种群和副种群，并合理匹配组合成高效的复合种群是生态循环养殖设计的主要内容。在主种群确定之后，根据种群间共生、互生、互补等相互关系，选择匹配副种群时，主要从下列几方面考虑：

（1）主、副种群间食性要有分化。动物间多层次组合和水生生物垂直分布是动物生态循环养殖的主要形式。主养动物和副养动物食性要有一定差异和互补性，如青、草、鲢、鳙、鲤混养在水体中，就是一个高效的匹配结构。青鱼肉食性，以底栖的螺蛳、河蚌等为食物，草鱼草食性，以草为食，其粪便使水中浮游生物大量繁殖，鲢鱼以浮游植物为食，鳙鱼以浮游动物为食，以上这些鱼的粪便及食物残屑又成了鲤鱼的好饲料。这种高效的种群间食物链互作结构，已在养鱼业中普遍应用。

（2）尽量扩大空间分布。根据生态位多层次性原理和生物与环境的相互作用原理，在一种或几种生物存在的情况下，会为另一种生物创造生存环境与条件并为之所占据和利用，成为它的适宜生态位。在副种群匹配时，应注意这些潜在生态位，扩大种群的空间分布。如聚合草和蚯蚓结合，叶片茂盛的聚合草下部的枯落叶，积于地表，加之微弱的光照、阴湿的环境为蚯蚓的生存提供了理想的环境，蚯蚓的活动又促进了聚合草的生长。

（3）主、副种群间没有或很少有共同性疫病，或一种动物对另一种动物的某些病虫害有抑制和防除作用。

（4）主、副种群生物各自形成小环境应对对方无害或有利，两个种群的分泌物、排泄物最好应互相有促进作用，至少互无影响。

（5）多种群匹配时，收获期应早、中、晚配合。按市场需要，产品多样化与全年均衡供应。由于目前对人工群落中种间关系机理尚不清楚，只能采用实验的方法或借鉴自然系统某些规律。随着科学的发展，人们一定能设计出高效、精确、定量化的生态循环养殖模式。

三、生态工程结构设计

农牧生态工程结构建设主要是指人工有效控制和建造的生物种群结构。种群结构是复合群体系统功能的基础，通常指的是生物种群在系统内从空间到时间上的分布和食物链上的组成。生态工程设计的目的就是以最佳的种群结构对环境资源最大限度地适应与利用。通过有效的控制措施，在同样物质、能量输入的情况下，增加产出。生态工程结构设计内容包括空间结构设计、时间结构设计和食物链结构设计等。

（一）空间结构设计

空间结构包括平面结构和垂直结构。

1. 平面结构设计

目前对平面结构研究的较多，各地搞的产业结构调整大多属于这种类型。平面结构指的是在一定生态区域内，各种群或生态类型所占比例与分布特征，这是系统结构的基础，它本身又是由许多亚系统部分组成的。植物生产、动物生产及二者生态接口生产是结构的第一层次。在第一层次确定后，再进行下一个层次，这样层层相扣，定位定量，便于结构的调控。

动物养殖是利用动物对能量集中的特殊作用，把植物生产中的低能量产品变成高能量产品，低价值产品变成高价值产品的过程。生态循环养殖是以动物养殖为核心，是土地——植物——动物三位一体的生物循环系统。主要应用生态学原理发展畜牧业，因地制宜开发利用和管理自然资源，提高太阳能的利用率、生物能的利用率及废物的再循环率。把植物、动物、微生物与土壤有机结合起来,通过合理利用生物之间的生态关系,使资源在用、养、保方面相结合,使农、林、草、牧、渔、副、工各业得到全面发展和综合经营,以满足人民群众对多种农、林、牧、渔产品的需要。

平面结构设计的要点是改变传统农业生态系统结构控制范围,如珠江三角洲的桑基(蔗基)鱼塘,江苏的粮－猪－渔模式等,都是以结构控制作为中枢的,使有限的耕地(水面)获得更多的产出。通过结构控制,扩大资源的合理利用,这对于一个人均耕地不足1.4亩的大国来说,有着重要的现实意义。

最佳平面结构要求种群不但适应自然资源特点,也要满足国家计划和人民生活需要等社会要求,同时还要能促进本系统的良性循环。

2. 垂直结构设计

生态循环养殖的垂直结构设计,是一种不同种群组合、匹配并进一步组成高效能复合种群的过程。可分为植物与动物,动物与动物,植物与真菌、动物等多种配合方式。动物间的多层次组合和水体水生生物垂直分布是生态循环养殖垂直结构设计的主要内容。垂直结构设计一般遵循下列几个原则:①模拟、借鉴自然生态系统。自然生态系统中大多数的群落,从垂直分布来看是十分复杂的。在陆地的不同高度和水体的不同深度都有不同的种群占据着各自适宜的小生境,形成一个分层明显的复合群体。正是由于自然生态系统中按不同的小生境梯度形成了一个个最大限度的层层利用自然资源的合理格局,才保证了其系统的稳定和平衡。在生态工程空间结构设计中,应借鉴自然生态系统中的垂直结构模式,把不同种群合理组成复合群体,使复合群体对资源利用最充分,对不良外界环境条件抗逆性最强,经济产品的综合产量最高。②加厚利用层,最大限度地利用自然资源。这里所说的利用层主要是指生物活动的空间。加厚利用层就是在单位平面上适当的加厚垂直利用面的厚度,使生物有足够的资源转化空间,在不同的垂直梯度中合理安排不同种类,使外界投入的能量和物质,经过多次的吸收转化,最大限度地减少无效耗损,尽可能多的转化成经济产品。如猪－鸭－鱼生态循环养殖,池塘坝堤上建舍养猪,猪粪肥水,水面养鸭,水中养鱼,由于利用层延伸,经济效益成倍增加。③种间互补。即两种或两种以上生物共同生活在一起,在功能上有互相补充、互相促进作用。种间互补作用包括种间营养互补,光热等生态因子互补,食物链互补,抗性互补,分泌物、排泄物互补等。种间互补是选择复合群体组分的重要标准,否则,不但不能达到多层次利用资源的目的,还会导致系统效益降低和系统瓦解。这方面我国已有一些成功的经验,如稻鱼共生结构,就是利用稻田多水特点,在水田中放养鱼类,利用鱼类吃杂草,鱼粪肥水,促进水稻生长。这种巧妙的动植物复合结构做到了互利互惠,增加了系统"产出",减少"输入",是一种合理的互作种群结构。

3. 植物生产和动物生产的关系

植物生产为第一性生产,绿色植物的产品为一级产品,这种产品有些作为商品直接输出,另一些则要经过1～2次或更多次动物生产转化,才能形成高价值产品。动物生产为二级或三级生产,也就是说某些一级产品是第二性生产的资源,二级产品属第三性生产的资源。可见，二、三级生产的结构是由第一级产品所决定的。因此，农牧生态系统的植物生产结构调控是至关重要的，某一生态区域植物生产往往决定着动物生物种群的组成与数量。但生态循环养殖强调的是二、三级产品，而不是单纯的第一性生产，所以动物生产结构调控信息反馈给植物生产种群，并加以修正，使之符合动物生产结构的要求。它们之间关系如图所示。例如，当前农作物以谷类作物为主，豆类的油料作用偏少，蛋白质饲料的不足已阻碍着畜牧业的发展。那么，植物生产就应根据这一反馈信息加以调整，压缩谷类作物，增加一些豆类和油料作物。

以牧为主的农牧生态系统中，动物生产对植物生产种群的要求是一级产品向二级、三级产品转化的效率要高。即一级产品作为商品直接输出后，其剩余物的数量和潜在能量要多，这样转化成二级产品（肉、蛋、奶）时，转化效率就高。目前，暂以再利用系数这一指标来衡量某种农作物转化效率的高低。

（二）时间结构设计

上述的空间结构设计是在系统结构的平面或立面上提高资源利用率。时间结构设计是通过协调生物种群生长规律与自然资源和社会资源的时间节律，提高整个系统对资源的利用效率。一个自然生态系统，它的生物种群机能节律与环境节律的配合是十分合理与稳定的，即生物种群能以自身机能节律的变化，及时有效地利用环境资源，完成其生命周期，这是经过长期自然选择的结果。生态循环养殖是人工控制、调控建造而成的，由于人们对自然规律尤其是生物群体控制水平掌握得不够，目前未能像自然生态系统那样，使不同种群的时间搭配十分合理。如随着冬季来临，两栖类（蛙）和爬行（鳖）动物温度降低，生长发育逐渐停止，并进入休眠状态。人工生态系统则完全可以利用人工调控资源，如通过环境工程，将温度调整到生物适宜生长发育温度，延长资源转化时间，从而提高生物量。生态循环养殖时间设计就是根据各种资源的时间节律和各种人为手段技术，合理安排种群，使之能有效地利用各种资源，最大限度地把自然资源转化成农畜产品，提高农牧生态系统的经济效益。

时间结构类型，在生态循环养殖系统中大致有两种：

1. 种群搭配型

农业种群与自然种群的最大区别之一，就是对自然资源的利用不尽合理。不同的生物生长发育周期有长有短，同一生物不同生长发育阶段对生活空间及营养需要都有不同要求。若要满足其个体最适宜的生存空间，整个生育周期都按个体最大需要来确定种群大小，就容易造成资源浪费。一般农业生物种群幼龄期需要空间和资源相对较少，常规单一经营浪费很大。实践证明可以根据不同种群的不同期间资源利用情况，或一些种群幼龄和成年的不同要求，确定其时间和数量变化序列，按种群机能节律，选择两个以上在时间上互补的种群，构成相互搭配的合理种群。例如，养鱼生产中的混养和轮养，就较全面而又合理地利用水体饵料资源。发挥养殖鱼类间的互利作用，多鱼种或多规格套养，在一个生长季节中多次捕捞多次补放，全面利用水体空间。

2. 生物控制型

根据雪佛德的耐度定律,一个生物种群能够出现和生存下来,必然要依赖一种复杂的情况全盘的存在。若使一种生物种群消减,则只需对其中任何一项因子性质加以改变或数量予以增减,使其达到该种生物耐力的界限之外即可。农业生物种群常出现的几个限制因素就是温度、光照等。若能采取一些人工设施改变这一、两个限制因子,就可以使生物生长发育延长。近几年我国北方采用的暖棚养鸡、养猪,就是利用塑料大棚吸热保温,使温度这一限制因子控制在生物较快生长发育的温度内,通过生物控制,延长和提高资源的转化。再如,早春利用温室或温泉水室内育鱼苗,当室外水温达到要求时立即放养,延长了鱼的生长期,增加了产量。这些都属于生物控制型的范围。

总之,根据农业生物种群季节性和周期性的特点,在时间结构配置时,应注意以下几条原则:

(1)长生长周期种群与短生长周期种群搭配,以提高前期的经济效益。

(2)生产种群在四季中的合理搭配,使农牧产品按社会需求,避开上市高峰,四季均衡供应。

(3)有时间性动、植物生产与无时间性动、植物生产合理搭配。

(4)分析该区主要限制因子,自然环境与生物控制相结合,调节生物的季节与周期。

(三)食物链结构设计

生态系统中绿色植物被草食动物所食,草食动物为肉食动物所食,小食肉动物又为凶猛的大型食肉动物所食。这种以吃与被吃关系连成一个链条状的整体,就是食物链。食物链上每一个环节称为营养级。在自然生态系统中,生物量在逐营养级转化过程中存在着"十分之一规律"。即系统的食物链越简单,它的净生产量就越高。但在人工生态系统中,尤其农业生态系统的建造是为了给人类提供更多的所需品。即人类不仅需要粮食、水果、木材等绿色植物生产的一级产品,也需要肉、蛋、奶等以一级产品为资源生产的二级产品或三级产品。系统分析一下一个食物链单纯的农田生态系统,可以看出,净生产量提高与经济效益增加并不显著。绿色农作物净生产量增加100%,其中提供人类直接需要的部分,只占总量的20%～30%,其余70%～80%直接或间接又回到了自然界。由此看来,这个系统所供人类直接需要的部分并不多,经济效益也不太高,但这80%左右不能供给人类直接需要的一级产品,大部分是二级产品、三级产品的资源。根据食物链原理,在加入新的营养级后,这些副产品经新加环节的转化,就可以增加系统的经济产品产出,这就是食物链加环。食物链的"加环"和"解链"是生态学原理在农业上应用的一个重大突破。根据云正明等研究,农业生态系统的食物链结构可分为3种类型。

1. 加环食物链

根据农牧业生产的特点,在原有食物链的一定部位,加上一个或数个营养级,形成格局更复杂的食物链。原食物链加环后使得农牧生态的生产品增加了几倍,实现了系统净生产量的层层利用。食物链加环,根据不同性质,又可以分生产环、增益环、减耗环、复合环等几种。

（1）生产环。加上新环节后,可使原来的非经济产品变成经济产品。这种生产环利用的资源是价值不高的物质,主要是上一级生产的副产品。如牛、羊等草食动物利用秸秆等副产品,转化成人类急需的肉、奶产品等。

（2）增益环。这种食物链加入新环后,转化生产的产品并不能（或暂时不能）成为经济产品,但却是其他食物链加环所必需的物质,增加"生产环"的产出和效益。如动物性蛋白是动物养殖业效益高低的主要限制因素,用粪便、垃圾养殖蚯蚓,作为动物性蛋白替代鱼粉作生产环的饲料,就可以使生产环效益大增。

（3）减耗环。新加入环节后,不能生产产品,但是它可以减少农牧生产中非正常耗损。相对增加系统生产力。例如,近几年利用瓢虫防治蜡虫,灰喜鹊防治松毛虫等生物防治方法,就是有效引入"减耗环",使农业生产产量、质量均有很大提高,并减少滥用农药造成公害的例证。

（4）复合环。具有增加生产产品又能减少耗损的食物链环节。这种加入一个新环后,具有两种以上效益的复合环是生态循环养殖设计的重要内容。如稻田养鸭,鸭吃掉了危害稻田的害虫,同时鸭本身又为人类所需,鸭粪又肥了田,增加了3种有效的功能。

2. 解链食物链

农牧产品大多为人类所食用,但随着科学的飞速发展,环境污染日趋严重,一些有害物质往往随着食物链的传递逐级富集并进入人体。通过解链食物链设计,可以防止和减少这种趋势。所谓解链食物链就是当有害物质沿食物链富集达到一定浓度前,改变传递方向,及时地使之与人类相联系的食物链环节中断。例如城乡垃圾是重要污染源之一,用蚯蚓处理有机垃圾是一条处理垃圾的有效途径,而且蚯蚓是动物养殖业中的良好动物蛋白源,但处理污染物垃圾的蚯蚓不可避免要富集大量有害物质,要充分利用蚯蚓,又不给人类带来严重危害的有效方法,就是设计一种解链食物链。具体方法是用蚯蚓作貂、银狐等毛皮兽的饲料,貂皮作为商品用于人类。这样既利用了各种资源,又防止危害人类身体健康。

3. 产品加工链

农牧生态系统是一个"人-自然环境-生物"相互作用复合系统。人既是消费者,又是重要的生产者。农牧产品输出分有效输出和无效输出,前者指能直接为人类消耗部分,后者是不能为人类消耗部分,常规农牧业基本上以原产品输出为主,无效输出部分比例高。产品加工链就是在农牧生态系统输出产品之前,引入加工环节,使产品变成成品、精品输出。这样经加工环节转化,增大系统有效部分输出,提高系统功能。其他无效输出部分直接返回土壤库,减少系统的物质能量输入,减少城乡污染,同时开发利用了广大农村的劳动力资源。

四、总体工程修正优化

生态循环养殖是一个农、牧、渔加工等各业有机结合的大系统。各层次、组分之间存在着互为因果的协调关系。要最大限度地发挥其总体功能，其系统总体结构必须合理。因为一个系统的整体功能不等于各组分单独功能的总和，全部组成最优化加起来往往不是整个系统的最优化。

生态循环养殖设计本身是一个选择优化工艺流程和合理生产结构的过程，可能设计有各种各样的方案，如何选择一个最佳结构呢？这需要运用系统分析的方法，对最佳结构设计进行计算。经过比较修正决策，确定优化方案。其步骤是：

（1）方案评价。在决策前，先根据要达到的目的，对各种结构方案进行评价比较。评价指标体系组成包括产量、能量、经济效益、产投比、环境与景观效益、发展前途与稳定程度等。

（2）综合决策。各项评价指标经专家系统评审加权之后，称之为综合决策指数。它是生态循环养殖最佳结构决策的基本指标。

（3）社会修正。我国目前仍以计划经济为主，在方案择优过程中，不能完全按综合决策指数进行。还应考虑到地区的流通、调剂、互通有无，以发挥各地区的优势。

（4）模拟运行。对设计方案进行计算机模拟运行，看它的流畅程度，后交给试区政府领导和技术人员进行可行性讨论或小面积的实施。发现问题及时反馈修正，最后确定可行的优化实施方案。

第四节 区域生态循环农业模式与设计

一、我国区域生态循环农业发展

与世界平均水平相比，我国农业资源禀赋较差。目前我国人均淡水资源占用量、人均耕地、人均森林面积分别为世界平均水平的25%、40%和20%，农业资源对农业发展的约束作用日趋明显。与之相反，我国农业资源的总体利用效率不高。我们在为"用世界上7%的耕地养活22%的人口"而自豪的同时，往往忽视了"我们用了世界20%以上的农业劳动力、30%的化肥、25%的农药和25%的灌溉水"的事实，农业资源利用效率不高普遍存在。从这个角度来说，发展生态农业和循环农业，提高农业资源利用效率是缓解我国农业资源约束的根本出路之一。

此外，我国农业和农村废弃物资源化利用程度不高。以农作物秸秆为例，我国农作物秸秆年产量常年维持在7.2亿t以上，居世界第一位，其中6.0亿t以上属于适宜饲用秸秆，事实上2003年我国秸秆的近50%被直接燃烧，用于饲料的秸秆不到总量的

1/4,按照农业部的统计数据显示,仅此就可以节约粮食4 350万t。

因此,无论提高农业资源利用效率,还是减少农业废弃物和污染物的排放,实现农业废弃物的资源化利用,都要求我国必须改变传统的"两高一低"农业经济增长模式,大力发展循环农业,走可持续发展道路,解决目前我国农业和农村发展中出现的诸多问题。对此,国家已经把节约资源作为基本国策,发展循环经济,保护生态环境,加快建设资源节约型、环境友好型社会,促进经济发展与人口、资源、环境相协调。

我国历来十分重视生态循环农业的发展。早在20世纪80年代中央就提出了"资源开发与节约并重,把节约放在首位"的方针,国家有关部门逐步把节水、节地、节能、节材等纳入国民经济和社会发展计划中去。事实上,我国循环农业的实践由来已久,历史上许多农业生产方式和经验都与循环农业的特征相似。尤其是20世纪80年代以来生态农业在我国的快速发展更是有力地推动了循环经济理论在农业中应用,形成了一大批的循环农业模式和技术体系,如南方的"猪—沼—果"、北方的"四位一体"、西北的"五配套"模式等,这都为循环农业的发展奠定了良好的实践基础,提供了丰富的理论及技术指导。近些年来,在借鉴国外发达国家循环农业发展经验的基础上,结合我国国情制定了有关的法律法规与配套的政策措施,不断推进循环农业发展的制度建设。具体包括:《关于加快推动循环农业发展的指导意见》和《我国循环农业发展规划》以及节地、节水、可再生能源利用、废弃物资源化利用和清洁生产等专项规划及其实施方案,研究建立我国循环农业信息网络系统和技术咨询服务体系、农业生态环境有偿使用制度和生态补偿机制、农业生态环境信息公示制度,根据我国农业生产的需要,随着《农业清洁生产促进条例》和《禽畜粪便污染防控条例》等一系列促进循环农业发展的法律法规的出台,逐步完善我国循环农业发展的政策体系,建立完善的生态循环农业技术支撑体系建设。生态循环农业技术支撑体系是以提高农业资源利用率为基础,以农业资源的节约利用、循环利用和无害化处理为手段,以农业生态系统可持续发展为目标,推进农业、农村生态环境保护工作。30年来,我国循环农业的实践,产生了一批循环农业新产品、新技术和新模式,重点开发了一批农业废弃物及相关产业废弃物的资源化技术、清洁生产技术和乡村废弃物物业化管理技术等,形成一整套适合我国农业资源与环境特点的循环农业技术和模式,形成包括节水技术、节地技术、农业环境工程技术、废弃物资源化利用、清洁生产技术、农业替代和循环利用技术等在内的循环农业发展技术支撑体系。通过循环农业试点村、试点乡、试点县、试点市建设和循环农业技术及其产业化示范工程建设,对循环农业技术和模式进行示范和推广,形成循环农业示范和推广应用体系。主要包括:乡村废弃物物业化管理技术示范和推广体系、禽畜粪便无害化处理技术示范和推广体系、农业清洁生产技术示范和推广体系、农区水体污染防治技术示范和推广体系、农业替代和循环利用技术示范和推广体系、生态农业技术示范和推广体系等。

作为一个13亿人口的大国,无疑,"农业是立国之本",那么,发展中国特色的生态循环农业就是"兴农之道"。因为我们是一个发展中国家,自然资源的人均占有量远低于世界人均水平,经济基础薄弱,因此,中国不可能走西方发达国家高投入、高产出的"石油农业"的道路，只能从自己的实际出发，走一条适合中国国情的道路，即发展生态循环农业，中国必须走生态循环农业发展之路。

历年的中央一号文件均强调，推进农业现代化建设，强化社会主义新农村建设的产业支撑，必须加快发展生态循环农业。当前我国农业正处于传统农业向现代农业转型的重要时期，如何按照科学发展观，建设生态循环农业，加快实现农业现代化，是当前面临的一项新的历史任务。

生态循环经济是一种以资源的高效利用和循环利用为核心，以"减量化、再利用、资源化"为原则（3R原则），以资源的低消耗、污染物的低排放、资源利用的高效率为特征，符合可持续发展理念的增长模式，其实质和根本目的是要求在经济流程中"把生产排泄物减少到最低限度和把一切进入生产中去的原料和辅助材料的直接利用提升到最高限度"，寻求经济循环圈和生态循环圈的协调发展。循环农业是以科学发展观为指导，把循环经济理念应用于农业发展中，依靠科学技术、政策手段和市场机制，调控农业生产和消费活动，将传统"资源—产品—废弃物"的线性物质流动方式改造为"资源－产品－废弃物－再生资源"的循环流动方式，最大限度地提高资源利用效率，尽可能地降低污染排放和资源利用损耗，实现经济、生态和社会效益的统一。生态循环农业有3个主要特征：一是把农业经济活动纳入自然生态系统整体考虑，既强调资源分配效率，又强调资源利用效率和自然生态系统平衡；二是把农业资源环境的消耗严格限制在自然生态阈值内，根据环境的自净能力和资源的再生能力从源头上防治污染和浪费；三是通过废弃物资源化利用、要素耦合等方式，延伸农业产业链，推进相关产业组合形成产业网络，优化农业系统结构，按照"资源－农产品－农业废弃物－再生资源"的反馈流程组织农业生产，实现资源利用最大化和环境污染最小化。

从生态经济学的角度来看，发展生态循环农业就是运用物质能量循环和生态系统食物链两个原理，处理好4个关键环节。一是农业生产清洁化。包括清洁的投入、清洁的产出和清洁的生产过程。二是产业内部资源利用梯度化。合理安排产业内部的生产方式，优化生产空间结构，尽可能地减少水、肥、土、药等资源浪费，提高资源利用效率。三是产业间废弃物利用资源化。合理安排农业产业的时间和空间结构，在相关产业间建立废弃物资源化循环利用的互惠互利关系，降低生产成本，提高经济效益，改善生态环境。四是农产品消费理性化。引导消费者实事求是地选择自己的消费档次、产品种类和品牌，由过度消费向适度消费和绿色消费转变，避免铺张浪费等短期非理性行为，为农业生产经营者提供准确的需求信息，引导产品种类调整、组织管理方式和技术工艺进步的良性改进，促进提高农业资源配置效率，避免结构性、泡沫性资源浪费。

发展生态循环农业，要采取政府调控、市场引导、公众参与相结合的方式，鼓励节约资源，提高资源利用效率，保护和改善农业生态环境，形成以循环促发展、以发展带循环的良性格局。其要点包括4个方面：一是在资源高效利用方面，依靠科技创新和进步，有效降低农业生产对耕地、水资源、化肥、农药的消耗，从根本上缓解资源约束矛盾，增强我国农业综合生产能力和农产品的竞争力。二是在废弃物资源利用方面，着力抓好农作物秸秆、农村生活垃圾和污水、畜禽粪便的循环利用，建立循环可持续的资源化利用模式，切实推进资源节约型农业和新农村建设。三是在循环农业技术的普及推广和应用方面，大力推广节地、节水、节肥、节药、节种以及农机与渔船节能技术，发展农村沼气，推进生态养殖。四是在政策机制方面，针对重点产品、重点区域、重点技术，进行循环农业技术示范，开展生态补偿试点。以建立农业生态补偿、技术补贴机制为切入点，完善生态循环农业发展的政策支持体系，构建政府推动、市场驱动和公众行动相结合的长效机制。

我国几千年的农业生产发展史，很早就创造了"顺时宣气，蕃阜庶物"、"生之有道，用之有节"、"相继以生成，相资以利用"、"变臭为奇，化恶为美"等朴素的循环经济发展理念。新形势下，党中央在全面把握我国经济社会发展阶段性特征基础上，提出了绿色发展观，"绿水青山就是金山银山"为生态循环农业和区域发展指明了方向。

二、区域生态循环农业模式设计的概念与意义

（一）区域生态循环农业模式设计的概念

生态循环农业建设面对的是农村生态经济系统，因此，生态循环农业模式实质上就是指某一给定的区域或经营单位，是实现一个区域农业动态可持续发展的模型。它代表一定自然生态条件、人文经济基础的特定区域为实现农业可持续发展所提供的有效途径及可借鉴推广的样板，其本身又是一个具有系统性、可操作性，能调动广大农民参与的优化生产、高效经济和美化环境的可持续利用资源的具体方式。区域生态循环农业的主体模式是代表区域总体特点，依据农业可持续发展理论与资源充分、高效、合理、可持续利用原则所建立的适于当地自然条件、经济状况和技术水平的生态循环农业建设，从而逐步形成良性循环的宏观农业生产体系。区域生态循环农业作为一种全新的农业可持续发展途径，涉及政策制定、区域农业布局、技术发展道路、农民行为规范乃至社会价值取向等。从这个意义上讲生态农业覆盖了整个农村经济与社会发展的全局。

生态循环农业的实质是在系统观和战略观点指导下，把生态效益尽可能和社会效益、经济效益统一起来，实现高产、高质、高效、循环、再生的农业方式。循环既是生态循环农业赖以实现的方式，又是生态循环农业运转的必然结果。通过对生态循环农业概念和模式及要点的了解，将对区域生态循环农业发展模式的选择与设计有帮助。

生态循环农业是一种可持续农业，宏观地讲，是指在广大农村地区运用可持续发展原理发展农业生产和农产品加工为主的经济活动。生态循环农业属于大农业的范畴，涉及农、林、牧、副、渔的方方面面。我们也可以从微观上来理解生态循环农业，比如，在庭院中养鸡种菜，用鸡粪作为有机肥提供给蔬菜，这种庭院经济的模式，也属于生态循环农业。

（二）区域生态循环农业模式的特征

区域生态循环农业的最明显特征是沿用"天人合一"的系统生态观，从高效环保的

角度进行农业生产，重视物质的循环利用，最大限度地减少营养物质的外流，制造动植物协调共生的环境，实现农业可持续发展。具体来讲包含以下几个特点：

（1）综合性。生态循环农业强调发挥农业生态系统的整体功能，以大农业为出发点，按"整体、协调、循环再生"的原则，农、林、牧、副、渔及农村一、二、三产业综合发展，并使各业之间互相依存，从而提高综合生产能力。

（2）多样性。根据各地自然条件、资源基础，科学规划，吸收传统农业精华，发展多种生态模式，因地制宜，协调发展。

（3）高效性。通过物质循环和能量多级利用加工，实现废弃物资源化利用，降低农业成本，实现高效、增值，并增加农村人口的就业机会。

（4）持续性。发展生态农业能够保护和改善生态环境，防治污染，维护生态平衡，提高农产品的安全性等，增强农业发展后劲。

生态循环农业是循环经济理论和可持续发展理论在农业上的具体体现，是在3R原则基础上，通过调整和优化农业生态系统内部结构及产业结构，提高农业生态系统物质和能量的多级循环利用，严格控制外部有害物质的投入和农业废弃物的产生，最大程度地减轻环境污染，把农业生产经济活动真正纳入到农业生态系统循环中去，建立农业经济增长与生态系统环境质量改善的动态均衡机制。

生态循环农业的基本特征可以简单地概括为"四化"：①资源利用节约化，循环农业要求按照"资源－农产品－农业废弃物－再生资源"反馈式流程组织农业生产，提高农业资源利用率，实现资源利用最大化；②生产过程清洁化，提高改善农业生产技术，实施农业清洁生产，适度使用环境友好的农用化学品，实现农业环境污染最小化和农业生产清洁化；③农业废弃物资源化，优化农业系统内部结构，延长农业生态产业链，通过废物资源化利用、要素耦合等方式与相关产业，形成协同发展的产业网络；④生产和生活的无害化，通过改变传统的农业生产方式和农村生活方式，保护和改善农业生产和农村生活环境。

（三）区域生态循环农业设计应遵循的原则

（1）以"食物链"原理为依据发展起来的良性循环、多级利用原则。由于生物间相互依存相互制约，通过一条条食物链密切联系在一起，因此必须按照食物链的构成和维系规律，合理组织生产，最大限度地发挥资源潜力，减少环境污染。

（2）根据生物群落演替原理发展起来的时间演替合理配置原则。根据生物群落的生长所具有的时空特点和自然演替规律，合理配置农业资源，组织农业生产，可促使农业产业结构更趋于合理，更好地保护农业生态环境。

（3）生态经济学原理指导下的系统调控原则。生物繁衍生息，必须不断从环境中摄取物质和能量，同时环境在生命活动中也需要不断得到补给，以恢复元气和活力。因此，必须通过土地的合理耕作、种养结合来调节控制生态系统，实现良性循环和可持续发展。

生态循环农业与传统农业的区别主要表现在以下4个方面：

第一，在理论上，生态循环农业借鉴工业生产方式，把清洁生产思想和循环经济理念应用到农业生产实践中去，按照"3R 原则和减少废物优先的原则"，对农业生产全过程和农产品生命周期实行全过程控制，预防农业内源污染的发生。

第二，在生产方式上，生态循环农业改变了传统农业那种高投入、高产出的生产方式，注重新产品、新技术、新模式在农业领域的广泛应用，削减和优化外部物质的投入量，提高资源利用率。

第三，在产业合作上，传统农业往往局限于农业系统内部种植结构的调整，忽略与相关产业的耦合。生态循环农业在不断提高农业产业化水平的基础上，从整体角度构建农业及其相关产业的生态产业体系，实现农业生态系统层次和区域层次的资源多级循环利用及生态的良性循环。

第四，在生产效益上，传统农业往往用高投入方式换得了短期内较高的农业产量，忽视农业环境保护和农产品质量保护，生态循环农业提倡资源的多级循环利用和适度的外部投入，以降低农业生产成本，实现经济效益和环境效益的最优化。

传统农业是一种"资源－产品－废弃物"的单程线性结构型经济，其显著特征是"两高一低"（即资源的高消耗、污染物的高排放、资源利用的低效率）；在此过程中，人们以经济在数量上的高速增长为驱动力，对农业资源的利用是粗放的、对农业生态系统是破坏性的，以反向增长的生态代价来谋求农业产出的数量增长。与之相反，生态循环农业更强调农业发展的生态效应，通过建立"资源－产品－废弃物－再利用或再生产"的循环机制，农业发展与生态平衡的协调以及农业资源的可持续利用，实现"两低一高"（即资源的低消耗、污染物的低排放、资源利用的高效率）的目的。

（四）发展区域生态循环农业的意义

生态循环农业作为一种农业可持续发展的实践，运用了整体观、系统观和生态观而区别于一般农业实践。因此，在能流、物流与价值流关系密切、各部分相互作用频繁的一个农户、一片农田、一个农场、一个小流域或是一个景观区内，选定和可推广的生态循环农业模式，应当成为区域生态循环农业的基本实践。

（1）促进绿色农业战略的实施。根据多年来我国生态农业县建设的实践，我国区域生态循环农业建设是在战略规划、途径选择与技术实施 3 个层次上进行的，首先，只有确定了符合当地生态经济与资源条件，并能有效克服经济发展中生态环境障碍因子的生态循环农业模式，广大干部及农民群众才有可能使体现该地区农业可持续发展战略的生态循环农业规划得以实施；其次，生态循环农业模式也是技术的支撑，只有选择最佳的生态循环农业模式才可能引进、推广适应该地区的，能够有效提高农业生产力、劳动生产率、资源利用效率及利于生态环境保护的集成技术，才能使生态循环农业建设落在实处，实现生态、经济、社会的协调发展。

（2）利于区域农业自然资源的充分利用与保护。实现资源充分持续利用，就必须依据当地自然资源现状及潜力进行优化利用的配置，为此，就要对该地区的结构进行调整、变换，只有通过模式设计，并调动广大农民实施才能实现。总之，采用合理的生态循环农业建设模式，对一特定地区的地域特征，确定各种不同功能子系统的最优比例，在实现资源充分合理利用的同时，才能获得持续的发展。例如，对于易水土流失的山区，生态效益较好，但经济效益稍差的第一性生产子系统如林场、果园、农田等的发展应在结构上占较大比例，不宜超出现实可能地发展承受大量消耗绿色植被为主（第一性产品）的养殖、加工业。农林复合系统应是立体结构型，并在此基础上，逐渐发展完善农林牧复合系统。对于较大的地域（一般指县以上），应该设有一定规模的自然保护区，一方面可发挥环境调控的作用，另一方面也可保护生物物种。由此可见，模式设计工作对自然资源保护意义重大。

（3）利于合理地调整农村产业结构。生态循环农业模式可以提出一个合理的农村产业结构调整的比例。在生态效益可以满足的前提下，从体系中获取第一性产品的数量，除去本体系内的直接消费量、调出该体系的直接消费量，剩余的初级产品（有时可以考虑从体系外调入）即是用以第二性生产和加工增值的总量。同时，根据生态循环农业建设整体效益的原理，在经济、社会发生变化的情况下进行产业结构调整。在生产力进步的情况下，人口对第一性产品的直接消费量压力缓解，人们营养结构的变化需要更多的第二性产品，如禽、奶、蛋、肉，这样初级生产者的类别、第二性生产量的比例、加工能力等都会发生变化。生态循环农业模式可根据社会、经济效益进行进一步的产业结构调整。此外，在遇有自然风险或灾变的情况下，比如洪涝或旱灾，使第一性生产严重歉收，可紧缩第二性生产，以减少次级生产过程中的能量损耗，满足人类生存的能量需要。

三、模式设计的指导思想与原则

（一）模式设计的指导思想

要使生态循环农业建设的实践变成亿万农民的行动，当务之急是确定一些简单易行而又确实有效的模式，这就需要在统一的指导思想下，把比较复杂的模式分解成简易的分工计划，以便于模式的顺利推行。生态循环农业模式设计的基本指导思想是协调资源的利用、保护和增值；平衡生物与环境关系、输入与输出关系；优化农业生产的效益，从而产生巨大的整合效应。

（二）模式设计的原则

1. 实现资源可持续利用的原则

资源的可持续利用是可持续发展战略的核心，自然资源中大多数是可再生资源，如果人们开发利用自然资源的程度超过自然资源本身可再生能力，或者开发利用不合理，都会导致资源退化及环境破坏的后果，使农业与社会发展难以持续，因此，保护自然资源的再生能力是生态循环农业模式设计中的首要原则。

在农业的可持续发展中，实现资源的可持续利用，特别重视生态经济中组分的多样性，即种群的多样性、产业的多样性以及用地构成的多样性，其目的是达到系统生产能力最大，而该系统生态经济更加稳定。

2. 促进农村社会经济协调发展的原则

农民，农业和农村是生态循环农业建设的主要对象，随着改革开放力度的加大和市场经济的逐步完善，我国农村自给自足的传统已被打破，必须采取一、二、三产业的协调同步发展以及种养加产供销一条龙的农村经济发展模式，从而实现市场、环境、生产以及社会生活水平的综合提高。

3. 动态调控的原则

模式设计也是生态循环农业建设的结构调控技术，它是一个动态的、经常性的工作，要在建设过程中不断进行调整，尤其是随着生态循环农业建设的不断深入，在不同的建设阶段都需要对所采取的模式进行再设计，以适应形式的变化。一般规律是：首先，要创造开发利用的资源条件（如水土流失严重地区应设计环境与农田生态工程建设为主要内容的立体型模式，以农林复合系统建设为主）；其次，以资源充分利用为主要内容的模式设计，达到充分利用光、热、水、土等资源，提高土地生产率与农业的持续发展（特别是农牧复合系统的建设）；在此基础上，应设计实现资本积累、拓宽二三产业、促进资源深度加工利用的优化生产模式，以提高劳动生产率，改善劳动力结构，促进农村经济与社会的发展。

4. 系统综合性的原则

根据我国生态循环农业建设的经验及上述农业生态经济系统的特点，生态循环农业模式设计的内涵是：农业生产系统的产品与商品内涵，以资源利用为基础的产业内涵，以自然生产条件为主要内容的景观内涵；在结构特征上要反映出时空特性、整体与系统特性，并力图实现生态与经济系统良性循环。在实际设计模式时，注重如下3方面的内容，以实现生态循环农业建设的生态环境与经济的持续性：①运用系统工程学方法组装生物措施与工程措施，对生态环境进行治理、立体种植与开发，在增强农田系统生产力的同时，使农、林、牧等产业优化组合，构成资源增值与开发同步的复合系统，改变对自然资源的掠夺式经营状况，增强生态适应性及农业生态系统的自我维持与自组能力，实现生态良性循环，增强生态系统的稳定性与持续性；②适应市场经济规律，依据当地资源优势组建种养加贮运销的农副产品及资源开发增值链，促进结构调整、劳动力转移、增强经济实力和经济的适应性，实现经济的良性循环·提高农业经济系统适应市场的能力，增强经济发展持续性；③开发物质良性循环，能量多级利用的再生资源高效利用技术，提高资源利用效率，实现物质流动的良性循环，增强可再生资源利用与环境容纳量的持续性。

四、模式设计的层次与因素分析

（一）模式设计的层次

由于生态循环农业建设是在农业生态经济系统内部进行的，根据系统的功能属性总是大于组成它的各个组分在孤立状态时的功能属性之和，子系统优化不等于大系统最优的原则，这种整体效应的产生源于系统结构过程中，必须注意使系统的各环节、各层次实现最佳匹配，并创造良好的外部条件，以实现农业生产的高效率及最大生产能力。生态循环农业建设模式设计的分类层次如下：

第一级：社会经济自然复合系统，它是一、二、三产业综合的区域生态农业主体模式，包括以传统农业为主的农工商模式、以农产品加工为主的工农商模式等；

第二级：农、林、牧、副、渔加工业农业生态经济系统，它是大农业为主的种养加层次联结模式，包括种植业为主的种养加模式，养殖业为主的养种加模式，农产品加工业为主的加、养、种模式，以上层次侧重产业结构及用地构成的优化；

第三级：种植业为主体的农业生态经济系统，它是农、林、牧、渔层次联结的生态循环农业建设模式，包括农田种植业模式、草地畜牧业模式、山地林果业模式、水域水产业模式、海洋水产业模式等，它是以景观生态系统为主体进行的用地构成的设计；

第四级：专业经营与综合经营型经济系统：即农田、畜牧、水产、养殖子系统，主要包括不同地域的专项种植、养殖模式以及立体种植、混合养殖等综合经营模式，其中特别要重视粮、棉高产农田系统生态循环农业模式的设计；

第五级：产品生产系统，它是空间、时间及物种的不同组合模式，如桐麦间作综合利用型模式、春油夏粮综合利用型轮作模式、稻鱼萍混养模式等，此外还有以农户为主体的庭园经济型生态循环农业模式设计等。

（二）模式设计的因素分析

1. 市场需求

特定的生态循环农业模式是否适当，首先就要看这种模式所输出产品在市场上能否行销并且使生产者获得满意的纯收益，如果是肯定的，生产者才会有积极性；一种农产品商品市场是否行销，生产者是否有利，一方面要受到居民收入水平、消费结构和市场价格的制约；另一方面又要受到生产者的生产成本、运输距离和运输条件以及产品的自然属性的制约。例如："鸡—猪—蘑菇—蚯蚓—鱼"等模式，一般均出现在经济发达地区和大中城市的城郊。因为，一则居民收入水平与消费结构对鸡、蘑菇、牛蛙、鱼等商品的需求量大；二则运输距离较近，运费较廉，损耗较低，因而，既可行销，又有利可图，如果是在边远的贫困山区，本地市场必难行销，运到大中城市运费又过于高昂而且途中损耗必大，这种结构模式可能就不可行。

2. 技术水平

一定的生产结构总是同一定的技术结构相适应。低功能的技术结构如果承担高功能生产结构，经济效益肯定是很差的。在设计生态农业结构模式时，技术水平是一项重要标准。

3. 自然条件与资源开发潜力

温、光、水、气、土等自然资源状况对生态循环农业模式的约束很大，有时甚至起着决定性作用。例如，干旱地区就难以发展"水陆循环式"生态循环农业模式，在严寒地带就不易采用沼气为纽带的物质循环利用型模式。在水土严重流失或生态循环恶化的黄土高原地带，生态循环农业建设首先要设计改善生态与生产条件为前提的资源保护型的农林复合型生产模式。

依据生态循环农业建设所遵循的农业可持续发展的战略目标及其上述必须考虑的因素外，当地人们的传统生活、生产习惯、基础设施条件、经济与技术水平等也是在设计时必须加以考虑的，否则所设计模式的可持续性会受到影响。

五、生态循环农业模式的选择

鉴于生态循环农业模式所具有的明显的地域性，并以当地自然资源条件为基础，所以对生态循环农业模式的分类，第一级应按自然地理环境分为平原区、山地丘陵区、城郊工矿区、沿海滩涂区和草原区五大类，其中平原区包含了内陆水域类型。城郊工矿区是考虑到其特殊的社会经济条件而单列的一大类。其他次级分类模式是结合具体情况按所采用的主要指导性科学原理或主产品及产业类型而分类，并应注重模式的通俗化及模式设计的阶段性。与此相对应，生态循环养殖农业的微观模式则是一个小型完整的农业经济实体，各种养殖专业户、桑基鱼塘等都属于生态循环农业的微观模式，它可以在小的农业分区水平上形成生产与经济的良性循环。目前我国所涌现出的生态循环农业建设模式，由于其子系统和组成因素的不同组合，表现出很强的多样性，但至今国内尚无统一的分类体系和分类标准，一般按自然地理条件可分为平原型、山地丘陵型、内陆水域型等。按主产品或主要产业类型可分为综合型和专业型，其中综合型的又可分为农林牧副渔综合发展型、农林牧型、林农牧型、农渔型、农副型等；专业型的可分为粮食户、蘑菇养殖户、养猪（牛、羊、鸡、鸭）户、养鱼户等。在生态循环农业模式的选择时，通常采用以下几条原则：

（1）科学可行原则：畜禽粪便含有不同程度的重金属污染和病原菌污染，循环前必须通过技术措施进行无害化处理，同时需要安排一定面积的植被消纳；

（2）生态适应原则：例如"猪—沼—果"适应气候温暖的南方，"四位一体"适应冬天寒冷的北方；

（3）经济适应原则：沼气发电适应经济规模大的养殖企业，小型沼气适应个体养殖户，生活污水和工业污水分离的经济可行性问题，政府经济奖励政策可能使一般情况下几乎不可行的循环方式成为可行；

（4）文化适应原则：文化基础对模式的选择有重要影响，如欧美不接纳人排泄物的循环利用方式，穆斯林集中区域不应考虑含养猪的循环模式；

（5）系统最优原则：局部可行不等于系统可行，局部优化不等于全局最优，应当有规划、有整体设计、相对集中，建立循环经济区就是一种积极的尝试。

自20世纪90年代在全国范围开展生态农业或生态家园建设以来，涌现出上千种不同生态循环农业模式，大致分为三大类：

1. 农田内循环模式

（1）间套种：例如豆科作物和禾本科作物的间套种，就有不同物种间的养分交换，产生养分在作物间的循环。

（2）秸秆还田：通常是上一茬的作物秸秆，通过秸秆还田成为下一茬作物的养分，也有通过堆肥成为下一茬作物的养分。

（3）农田养殖：稻田养鸭、养鱼、养蟹、养青蛙等动物取食农田杂草和小动物，动物粪便回田成为作物肥料。

（4）坡地水保措施：通过生物措施和工程措施，坡地养分和水分可以更多地在林地、果园和梯田中循环利用。例如果园种草（生物措施）可以使养分留在果园内循环，水平梯田（工程措施）和水窖建设可以减少水分和养分离开坡地，增加循环。

（5）接种根瘤菌或菌根菌：利用作物根系分泌物与微生物之间的物质相互作用，达到互利和循环的目的。

（6）施肥控制：通过平衡施肥、控释肥、精确农业等措施控制肥料的使用时间和使用量，减少养分投入和流失，可以增加系统内的利用效率和循环比例。

2. 种养间的循环结构

（1）种养直接连接：植物饲料－动物肥料关系，例如饲料作物（玉米、大豆、苜蓿、象草、苏丹草、黑麦草、三叶草）种植与养牛、养猪、养鸡、养鱼的结合，作物秸秆饲喂动物，动物粪便肥田。

（2）加沼气环节：猪－沼－果模式，四位一体（养猪－沼气－种菜－温室）模式。

（3）加食用菌环节：（养殖业粪便＋种植业秸秆＝培养基）－培养食用菌－菌渣做农田肥料。

（4）加蚯蚓环节：通过蚯蚓处理作物秸秆、动物粪便、污水处理厂污泥等，使废物资源化后再重新利用，例如利用蚯蚓进行秸秆堆肥、粪便堆肥、污泥堆肥等。

（5）加渔塘环节：著名的桑基渔塘就是塘基上种桑养蚕，蚕沙下塘养鱼，塘泥回基肥桑的循环模式，今天已经演化出花基渔塘、蔗基渔塘、草基渔塘、塘边养鸭、塘边养猪等循环体系。

3. 基于农业的大循环

（1）农业经营实体之间的循环：种植业公司＋养殖业公司、种植业农场＋养殖业农场、种植业专业户＋养殖业专业户等经营实体之间的循环模式，例如专业果场向养鸡企业定期购买鸡粪，种茶专业户向种蔗专业户购买蔗叶覆盖茶园、向养牛专业户收购牛粪等。

（2）城市工矿和农村之间的循环：20世纪70年代前，工业不发达，城市垃圾主要是有机物，大多数直接返还农村做有机肥。20世纪80年代后，随着工业的发展，城市固体废物以填埋焚烧为主、废水以集中处理为主，截断了返还农村的通道。现在逐步提倡垃圾分类收集，其中的有机成分鼓励更多循环到农林业。由于推行工业污水的达标排放、生活污水和工业污水的分离、有害物质的处理技术进步，城市污水处理厂的污泥更多可以适合循环使用。

（3）农业与地球生物化学循环：农业的物质输入和输出本身就是全球物质循环的一部分，其中植树造林和保护森林，对增加碳的循环吸收量、稳定大气二氧化碳浓度有重要作用。

六、其级生态循环农业建设模式与方案设计

（一）模式方案设计

鉴于县级生态循环农业建设的特点，其模式的系统设计所计划的时间不宜太短，否则既不利于生态农业的整体建设，也不便于落实生态循环农业建设规划的目标。同时，自然条件和市场对产品需求变化的限制也使其期限不宜定得太长，否则难以准确预测，设计结果容易落空。设计的具体步骤如下：

1. 确定系统的规模和等级

即确定系统边界，在实际工作中系统边界是根据设计的目的而定的，以县、乡、村甚至以庭院为边界进行设计的。

2. 系统诊断与分区

在搜集当地农业、林业、水利、土壤资料，调查自然资源、社会经济、经营活动及各业生产水平、存在问题之后，要对该地区进行系统诊断，并在充分利用农业区划成果的基础上，依据资源潜力、生态经济特点及持续发展的限制因素，进行分区设计。由于所设计的系统是更大系统中的一个结构单元，所以还应包括本系统外的环境分析。

3. 方案设计

方案设计是生态循环农业模式系统设计的核心工作，在系统诊断与分析的基础上，根据在规定期内的发展目标，找出提高系统功能的突破口和关键问题，绘制该系统实现持续协调发展的模式图。它包括产业种养种群结构的确定，畜牧业、种植业、水产养殖业的时空排布。在此基础上，提出相应对策，配套技术，通过定量计算和优化设计，提出农、林、牧、渔、工等产业，各种畜牧业、农作物、养殖业发展规模的合理比例以及投入和输出物质的种类和数量。在模式设计阶段，主要的一项工作是对系统的结构进行调整，通过调整可以改善资源的利用方式，改善技术构成和系统对外部环境的影响。在系统的组分确定以后，各组分在时间和空间上的配置设计是关键，其配置方式为如下4类：

（1）空间资源利用型：如农、林多层次平面套作间种，山地丘陵区果、粮、水产垂直分层种养；

（2）生物共生互生型：如稻、鱼互生，林、农、草防旱御风保土互生，种、养、加食物链增殖多级生产；

（3）边际效益利用型：如基塘、渔田水陆互补；

（4）物质循环再生多级生产型：如开发废物加工及生物能源的生产。

一般来说，农业生态经济系统结构的主要单元如我们在前面所述，包括"平面结

构""立体结构""时间结构""食物链结构"以及相应的"种群结构""产业结构"等。目前,虽然我国广大农村中正在应用、创造和发展着的生态循环农业建设模式多种多样,但分解开来,均是依据当地资源条件,通过这几种基本结构的集成综合发展而成的。

4. 模式方案的评估与选择

生态循环农业建设的模式设计后,进行可行性评估,判断所设计模式是否具有经济、生态的持续性及利于社会发展的可行性。其评估指标包括:高产、优质、高效为主要内容的生产指标;资源可以获得充分合理持续利用的指标,其中包括农林牧结构的合理性、资源承载力、土地生产率、劳动生产率、经济产投比、商品率、科技投入程度、劳动力结构合理性等,用定性与定量相结合的评估方法进行比较,并依据当地的实际情况选出最优模式方案。

(二)设计中应考虑的问题

区域生态循环农业模式设计的核心是定性的结构设计,其目的包括:种植什么、饲养什么、投入什么、产出什么、怎样改造环境、建立何种关系等。

生物措施方面应考虑:功能区划分、水平布局、山体、水体和作物的立体布局、林网建设、地面覆盖等;在时间上考虑食物链配置、轮作、间作、轮牧、轮伐等;环境建设方面包括:农田水利工程、小流域治理的土石工程及保护区设置等。一般多采取实际模式的调查分析、模式的试点与示范、对现有模式应用的评估等方法。

定量的功能设计主要的目的是解决种多少、养多少、投入多少、产出多少、环境治理规模与强度等,其主要内容包括:光合效率、燃料平衡、种养比例等能量平衡指标;土壤养分平衡、水分平衡、有机质平衡、水土流失控制等物流平衡指标;成本收益分析、长短项目搭配、生产规模选择等资金平衡指标。往往采用收支平衡表、平衡式计算,线性及多目标规划、综合评判、能量物质及价值流系统分析等。

(三)生态循环农业模式的转换

生态循环农业模式的确定与推广将使农民从原有的生产方式转向实现农业可持续发展的农业生产方式,都需付出一定的努力才能实现。例如在生态循环农业建设中所采取的一些技术措施如植树造林、良种推广、秸秆回田、建沼气池等,要在执行中花费相当的人力、物力、财力及时间;此外,生态循环农业模式的推广是一项系统工程,往往涉及多方面的配合行动,对宣传、发动、组织、政策、管理工作的要求更高。况且,国内外的经验表明,农业模式的转换通常需要3~5年,若涉及林木、果树,时间则更长。因此,生态循环农业模式的推广必须有长期打算,一方面应稳定国土的使用权;另一方面应使生态循环农业模式的实施成为可以跨越各届领导的一个长远行动决定,并注重帮助解决模式转换中可能遇到的技术问题、经济问题和组织问题。

模式设计的文字表述,必须依照模式设计的步骤,逐项进行说明。首先,应对当地的自然经济和社会条件实现可持续发展的障碍因子作一简要分析与描述,在此基础上,提出该地区的生态农业的主体模式,其次进行分区设计,并对各分区的情况分别进行描述与模式设计。

在对模式进行具体说明之前,应指出该模式的规模和等级,包括县、乡、村等。对该模式所涉及区域进行环境分析及资源评价时应指出当地农业持续发展建设的优势与劣势以及主要限制因子,为生态循环农业模式设计指明方向。在对模式所在区域的特点进行分析的基础上,指出该生态循环农业模式设计的基本思路,地域的代表性、模式产生的背景、形成过程及其主要特点,采取相应的生态工程措施及主要配套技术。

第五章 畜牧业生态工程与集约化畜牧业

第一节 畜牧业生态工程及其设计

一、畜牧业生态工程概述

(一) 畜牧业发展与环境污染

我国的畜牧业发展创造了连续 20 年持续增长的奇迹。年均增幅接近 10%，产值增加近 5 倍。畜牧业已成为中国农村经济中最活跃的增长点和重要的支柱产业。我国正由畜牧大国向畜牧强国迈进。然而，随着畜牧场规模越来越大，集约化和机械化程度的提高，畜牧村、规模养殖小区及千头牛场、万头猪场、百万只鸡场等规模化养殖场引起的环境问题已引起人们的关注。这些规模化养殖场往往建在大中城市的近郊和城乡结合部，由于环境法规不健全和资金短缺，绝大多数养殖场在建场初期考虑畜禽粪便处理问题目光短浅，致使不少养殖场粪便随地堆积，污水任意排放，污染了周围的环境，也直接影响着养殖场本身的卫生防疫，降低了畜产品的质量。

要实现畜牧业可持续发展，必须改善生态环境，无害化处理及资源化利用畜禽废弃物，保持畜牧业生产与环境保护的协调。生态畜牧是畜牧业生产发展到一定阶段和一定社会经济条件下出现的一个新学科。它不仅要解决畜牧场自身污染和外部环境污染对畜牧业生产的影响问题，即防止畜牧场本身对周围环境的污染，同时又要避免周围环境对畜牧业生产的危害，以保证畜牧业生产健康持续的发展，还要有效利用各种农业资源，包括农业废弃物资源。因此，资源利用、动物生产与环境保护的综合管理已为实现畜牧业持续发展的重要措施。

自20世纪80年代以来，中国的农业取得了让世人瞩目的成就，以占世界7%的土地，养活了占世界22%的人口。但中国农业的发展正受到土地锐减、水及其他资源短缺的限制。我国各种自然资源的人均占有水平均低于世界平均水平。除了短缺的农业资源外，农业环境也正面临日益污染问题，生态条件不断恶化。每年有大量化肥、农用化学品及塑料薄膜应用于农业，同时，大量来源于生活与养殖业的污水和当地工业与加工业的污水等排入农田。受损的农业生态环境使自然环境恶化，如果不针对这些问题采取有效及时的措施，我国农村生态环境将处在一个十分危机的境地，从而影响整个国家可持续发展战略的顺利实施。因此，生态农业作为一个新的农业发展模式和技术体系自20世纪80年代以来开始在我国实施，已经取得了可喜的成绩。目前已有101个国家级生态农业示范县，全国已有1/5强的县以生态学和生态工程学原理规划农业发展计划。

（二）畜牧业生态工程的概念

畜牧业生态工程就是应用生态学、生态经济学与系统科学基本原理，采用生态工程方法，吸收现代科学技术成就与传统农业中的精华，以畜牧业为中心，并将相应的植物、动物、微生物等生物种群匹配组合起来，形成合理有效开发、利用多种资源，防治和治理农村环境污染，实现经济、生态和社会效益三统一的高效、稳定、持续发展的人工复合生态系统。畜牧业生态工程是生态工程原理在动物养殖这一特定领域的应用，是模拟生态系统原理而建成的以动物养殖为主体的生产工艺体系。它的全过程是畜牧业内部多畜种或牧、农、渔、副、加工等多产业的优化组合，是相对应的多种技术的配套与综合，是一个完整的工艺流程。所以，畜牧业生态工程作为一个新的领域，研究范围又如此广泛，其定义、内容等需要较长时期的完善与充实。许多工作刚刚开始，以上仅是在目前水平上的初步认识。

（三）畜牧业生态工程的特点

"畜牧业生态工程"和"家畜生态学"是既有区别又有联系的不同概念。后者本身是生态学的一个分支，是研究家畜与其生存环境间在不同层次上相互关系及其规律的科学。它和草原生态学、海洋生态学一样，属生态学研究的一个专门学科。"畜牧业生态工程"本身是一种生产工艺体系，属于一个产业。通过低投入高产出地生产农、畜产品，其指导思想与理论是以生态学，尤其是家畜生态学的基础原理和研究成果为基础的。二者是理论与实践的有机联系。

畜牧业生态工程本身包括传统畜牧业的内容，一些成功的单项饲养技术与新方法的筛选与应用。但不是简单的多项技术叠加，它们是两个不同的概念，其主要区别有下列几方面：

（1）畜牧业生态工程所涉及的领域，不仅包含畜牧业的范畴，也包括种植业、林业、草业、渔业、农副产品加工、农村能源、农村环保等，实际是农业各业的综合；

（2）从追求目标上看，传统养殖看重于单一经济目标的实现，而畜牧业生态工程不只是考虑经济效益，而是经济、生态、社会效益并重，谋求生态与经济的统一，从而使生产经营过程既能利用资源，又有利于保持良好的生态环境；

（3）以指导理论看，畜牧业生态工程除了动物饲养等专业学科理论外，主要是以生态学、生态经济学、系统科学原理为主导理论基础；

（4）畜牧业生态工程注重太阳能或自然资源最合理的利用与转化，各级产成品与"废品"合理利用与转化增值，把无效损失降低到最低限；

（5）畜牧业生态工程把种植、养殖合理地安排在一个系统的不同空间，既增加了生物种群和个体的数目，又充分利用了土地、水分、热量等自然资源，有利于保持生态平衡。

（四）畜牧业生态工程的组成和分类

1. 畜牧业生态工程的组成

畜牧业生态工程作为一种高效的人工生态系统，是由生物、环境、人类生产活动和社会经济条件等多因素组成的统一体。就每一种模式来看，范围有大有小，可以搞小范围庭院畜牧业生态工程或生态养殖场，也可以搞大水体（湖泊、水库）复合畜牧业生态工程。不管哪一种具体形式，一般都包括下列5项重要组成部分：

（1）农业生物。以家养动物为中心，包括与之匹配的农作物、饲料作物与牧草、鱼类及其他经济动物；

（2）生存环境。包括自然环境条件（水、光、热、土、气候等）和社会经济条件等；

（3）农业技术。包括动物饲养、繁殖及疫病防治；总体结构优化与布局、管理等；

（4）农业输入。包括劳力、资金输入；农用工业及能源、农业科技投入等；

（5）产品输出。多种农畜产品及加工产品输出。

2. 畜牧业生态工程的分类

畜牧业生态工程最基本的特征是功能上的综合性。因此，它包括的内容十分复杂。根据养殖动物生活环境的不同，可以把畜牧业生态工程分为陆地养殖生态工程、水体养殖生态工程和水陆复合畜牧业生态工程三大类，每大类又包括若干种模式。

二、畜牧业生态工程设计原理

家养动物生态系统是动物生命系统和环境系统在特定空间的集合。在一定边界内，动物、植物、微生物等通过直接或间接的关系有机地组合，形成特定的生态群落。在生物与环境、生物与生物之间，不断地进行着能量交换、物质循环和信息传递，构成彼此之间相互稳定的整体。畜牧业生态工程就是依据生态系统理论人工建造的，具有一定结构、功能和调节机制的开放系统。就是在生态学原理、生态经济学原理、生态工程原理和系统科学原理指导下，利用有关生物种群，结合不同地区的生态环境，选择最佳的资源配置与利用方法，进行以动物养殖为主的人工生态系统建造与调控。

目前，生态养殖已在全国各地普遍开展。这些畜牧业生态工程雏形有的效益较高，但大多数停留在依靠传统经验和机械模仿阶段。这些依靠经验组装或拼凑起来的模式往往因各组分匹配不合理，效益不高，无法推广或区域性很强，使推广受到限制。我国的自然条件（土壤、水分、光照、气候、地形地貌等）、生物因素（饲养动物品种、分布等）、社会经济方面（经济、技术、劳力、市场、国家计划、人民需要）地区间差异很大，畜牧业生态工程的具体结构、功能和做法决不会是一个模式。这就需要总结各地经验，遵循一套设计原理，使不同类型地区都能按照这些设计原理，结合当地的生态条件和经济条件，建造多种多样的、适合于当地条件的生态养殖模式。

（一）生物间互利共生原理

自然界中没有任何一种生物种群能离开其他生物而独立生存繁衍，生物与生物之间往往存在着复杂的相互关系。生物间的关系一般分抗生与共生两大类。在农业生产过程中，过去多集中注意了生物种群间的抗生关系，而忽略了种群间的共生关系。共生可分互利共生和片利共生，互利共生指两个生物种群生活一起，它们互相从对方得到益处。互利共生又分为义务性互利共生和非义务性互利共生，义务性互利共生是指两种生物可以互相得利，为了生存，它们必须生活在一起，不能分开，这是一种永久性的共生关系，比如豆科植物与根瘤菌就属此种类型，根瘤菌利用植物的汁液和糖类生存，它从空气中固定氮素，又给豆科植物提供了养分；非义务性互利共生是指两种生物因共生而相互得利，但是，它们分开后也不至于死亡，如寄居蟹与海葵，即属非义务性共生。片性共生是指两种生物之间，其中一种利益又对另一种无害的共生关系，又分长期性片利共生和暂接触性片利共生，前者如藤壶附于鲸鱼体上，后者如鱼虾等潜于水草之中。

在畜牧业生态工程设计与建设过程中，如何巧妙地搭配组成种群，最大限度地发挥组成种群间共生互补关系，最大限度减弱和克服抗生作物，使组成和谐高效的人工生态系统，是建造畜牧业生态工程的关键。这方面比如"林一蛙结构""稻鱼共生"等都是一些合理而高效的复合系统。

（二）生态位原理

传统的生态位定义为"不同生态因子都具有明显的变化梯度，不同梯度可以各种生物所占据、适应、利用的部分称为生物的生态位。由于各种生态因子对生物作用的综合性，所以，对某一种生物种群来说，生态位是一个超体积和超空间的向量集"。随着生态学发展，其概念也不断深化。鉴于当今生态学的主要研究对象已从单纯的自然生态系统转移到社会—经济—自然复合生态系统，生态位概念也进一步拓宽。首先引入了生态元概念，即复合生态系统中进行生态学过程的功能单元。随之，把生态位定义为在生态因子变化范围内能够被生态元占据、利用或适应的部分，称之为生态元的生态位。生态元既可以是细胞、器官、个体、种群、物种、生物群落等各个生物组织层次，也可以是农户、养殖场、食品加工厂等其他功能单元。

不同生态元之间其生态位可能相同也可能不同，或者部分相同，部分不同。在同一时间、同一空间各生态元的生态位相同而且不能充分满足需要时，生态元之间就会发生竞争。如同一空间内两种动物均以某种植物为食时，就会产生生存斗争，彼此施加不利影响。为了避免或减少对相同生态位的竞争，大多数生态元都会发生空间和时间分化现象。另外，由于一种生物种群对环境的影响，可以形成另种生物种群的生态位。如树木的枯落物积于地表，其丰富的有机质和阴湿的环境、微弱的光照、疏松的地被物层，给蚯蚓构成了一个理想的生态位。

在畜牧业生态工程设计中，根据生态位原理，人们可以把各种不同种群合理搭配，合理利用现在生态位，使生态位效能得到充分发挥，常见途径有：引入新的生态元，如苇一鱼一鸭结构；去除有害生态元，如稻田养鱼除草、食害虫；替代低效生态元，如以高产优质畜禽品种取代低劣品种。这种互为条件、互相防护的"复合群体"使农业生态系统资源利用更充分，生物量产出增加，自身防护性能提高。

（三）环境节律与生物机能节律配合原理

自然环境因子中的光照、温度、湿度有日、月、年的周期变化，这种周期性变动在不同生态系统中是不同的，这种周期性波动，称之为环境节律。作为人工生态系统的农业，人们对农业投入的物质和能量因受其社会条件变化的影响也有其特殊的变化，这种波动实际也属于农业的环境节律范畴。另一方面，每一种生物的生长、发育，以及其对自然资源的需求是不一样的，生物种群在每一昼夜也在不断变化，这种波动变化称之为生物的机能节律。不同生物种群的机能节律具有其特殊规律。

生物的机能节律与自然资源的变化节律和谐，是生物生产量提高的关键。自然生态系统的节律配合关系，是经过漫长的自然选择而形成的，生物种群机能节律与环境节律配合得十分合理而稳定，生物种群以自己的机能节律变化，及时有效地利用环境资源，完成自己的生命周期。例如，森林中的松鸡等鸟类，繁衍后代的时间则正好与森林植物果实（种子）成熟的季节相吻合，以便雏鸟有足够的食物。而人工控制下的生态系统，其形成历史比起自然生态系统来说，则是十分短暂的，加之人类对生物群体控制的不足，使这两个节律配合的不尽合理，造成了对环境资源利用不充分，限制了系统生产力的充分发挥。要想提高畜牧业生态工程的功能，必须应用环境节律与生物机能节律配合原理，在生物种群安排上，尽量使各种群的机能节律错开，以便合理利用资源，防止竞争消耗。

地球上绿色植物转化固定太阳能形成第一性产品，植物被草食动物所食，草食动物为肉食动物所食，它们的残体又可为小动物、真菌、细菌所吞食或分解。以这种吃与被吃关系形成的关系称之为食物链关系。比如，树叶为昆虫所食，昆虫为蛙吃掉，鼬又以蛙为食，形成了一条捕食性食物链。

当然自然界生物间的关系往往要复杂的多，很多食物链交织在一起，形成复杂的食物链网络，这种结构组成了生态系统物质能量的传递、富集与分解。在生态系统中，这种网络结构越复杂，生物间互相制约的机制越强，系统越稳定。农牧生态系统重要的问题就在于其结构简单，它的稳定需要人类以很大的物质和能量投入来调控。在畜牧业生态工程中，一方面要建造合理的食物链结构，以保证所建造人工生态系统稳定和高效，另一方面，可用人工食物链环节取代自然食物链环节，以提高人工生态系统的效益。

这条取代的食物链就较上述的捕食性食物链在经济上有一个很大的提高。另外，一些价值不高和不能直接为人类所利用的农牧副产品或畜禽粪便，假如人工增加一些以此为食的食物链种群，将其转变为人类利用价值较高的产品，从而提高人工生态系统的经济效益和社会效益。草食动物、食用菌、蚯蚓等种群常被加在这种人工加环的食物链中。

（四）物种多样性原理

生态系统中的顶极群落，是最稳定而高效的。其主要原因是组成生物种类繁多而均衡，食物链纵横交织，其中一种偶然增加或减少，其他种群就可以及时抑制代偿，从而保证系统具有很强的自我组织能力。以单纯追求某一种产品产量为目标，以高度受控的工业系统经营方式建造的人工生态系统，生物种群单一，受自然因素影响强烈，这种系统完全失去或大部分失去自我调控能力，在很大程度上依赖于人工投入能量物质来维持其稳定机制，这势必造成能耗加大，成本提高，环境质量恶化。因此，畜牧业生态工程应当根据物种多样性原理，尽量建造成稳定性较强的复合群体。如浙江、江苏的高效益生态养猪就是以饲料、能源的多层次利用为纽带，以养猪为中心的多物种有机结合的不同循环类型的生态系统。

（五）种群置换原理

自然生态系统的生物种群几乎都是自然选择的野生种群，而人工生态系统的主要种群则是长期人工选择下形成的人工种群。前者是为了自身的繁衍，后者则是有利于给人类提供所需产品。畜牧业生态工程则应最大限度地利用经济、生态效益均比较高的生物种群，并通过人工调控其结构的方法减少耗损，这样形成的复合群体其效益比自然群落更高些。例如，在一些人工生态系统中，以豆科作物、高产牧草代替野生草本植物；以人工栽培的食用菌取代自然界的真菌类；以人工培育禽类品种置换野生鸟类等都取得了较高的生态效益和经济效益。

（六）景观生态学原理

景观生态学是近年来发展起来的一门生态学分支科学，它以整个景观为研究对象，研究的基本核心是景观要素间的相互关系，重点在于解决空间异质性的维持和发展，各异质组分之间在时间和空间上相互作用及能量物质转换循环机制。在畜牧业生态工程总体设计时，要根据景观生态学原理，按地貌、土壤、植物、动物、水文等要素，合理地协调建成异质的"团块""廊道状分布，使各组分间合理配比。在考虑生产上的合理与高效的同时，充分体现景观的多样性，发挥各组分之间的相互防护、相互隔离、边界效应等"相生"作用。例如，在丘陵区设计畜牧业生态工程，动物饲养区、饲料加工、植物生产区、污物处理等都要按照景观生态设计要求，根据丘陵区地形特征、水系走向、交通线路、居民区特点，进行不同的等高分布和交叉结构设计，使既便于综合养殖生产活动，又形成自然环境和社会谐调的景观。畜牧业生态工程建设景观生态设计的主要类型有：综合利用类型，多层利用类型，补缺利用类型，循环利用类型和自净利用类型等。

（七）"三元协同"法则

生物控制、环境控制和结构控制是人工生态系统功能提高的三要素，简称"三元"，它们之间存在着互相促进、互为条件的密切协调关系。生物控制指通过对生物种群遗传特性的改变和饲养，增加生物种群对环境资源的转化效率，加速能量流和物质流的"流量"和"流速"，增加生物种群的生产力。环境控制指的是为了增加生物种群产出而进行的一系列建造良好生态环境的所有措施，目的在于改变不利环境条件为有利，或者削弱不良环境因子对生物种群的危害程度。结构控制主要指改变不合理的种群结构为"最佳"结构，用不同种群合理匹配，建成新的复合群体，多层次合理利用资源，增加系统生产力。"三元"之间任何一"元"发生变更，其他"元"也必然随之变更。人工生态系统调制的重要任务之一，就是要及时合理地进行"三元"协调，使其结合功能最高。根据"三元"协同法则，在设计畜牧业生态工程时，就可以使其能流在一定程度上按人们所希望的方向流动。

（八）生活要素组合理论

农牧业生产的实质是一个生物学过程，是在一定社会、经济、技术条件调节与控制下的生物学过程。农业的生产潜力决定了农业生产生物的潜力，而生物潜力的挖掘与否及挖掘程度，又取决于社会经济及技术条件。农业生物在其生长发育过程中，总是在其生长环境中有顺序、按比例地吸收各种生活要素并最终形成一定的生物产量。这就是农业发展的生活要素规律。生物吸收的要素数量与结构不会随社会形态、市场价格、土地所有制形式的变化而变化。农业生物运动与发展的这一客观规律称之为生活要素组合理论。该理论的基本内涵包括：一是每个地方都有其最适宜的生物种类、数量与结构；二是每一种生物都有其最有顺序、按比例地吸收或利用各种生活要素；三是数量相对较多的生活要素会造成浪费，数量相对过少的生活要素则构成生物生长发育的限制因子；四是生活要素之间具有交互、补偿作用；五是自然界生活要素的组合结构与水平，决定了农业生产潜力；六是农业系统中人工投入的生活要素不足，进而转变和消除限制因子；七是生活要素同生产要素的最佳匹配，才能高效益地实现农业生产力；八是农业生物的生活要素主要有光照、热量、水气、空气、土地及各种营养物质、媒介生物等。农业生产的生产要素包括生产力的三要素（劳动力、劳动对象和劳动资料）、科学技术、管理及调控能力等。

在畜牧业生态工程设计时，应用生活要素组合理论，搞清不同地区、不同畜禽及作物的生活要素的数量、结构需求及时间分配，确定限制因素（相对数量较少的生活要素），以选择合适的生物结构，进行要素组合模型与生物类型及结构的最佳匹配，提高资源的产出率和人工投入的产投比，形成稳定、高效的区域化、专业化的商品生产。

三、畜牧业生态工程设计

畜牧业生态工程模式设计过程大致包括环境工程设计、生物种群选择、生态工程结构设计、总体工程修正优化四部分。

（一）环境工程设计

生物的环境一般可分为物理、化学、生物学和群体（或称社会）四个方面。环境因素，不论是自然因素或人为因素，可以各种各样的方式，由不同的途径，单独或综合地对生物机体发生作用和影响，并且通过生物机体的内在规律，引起各种各样反应。生态养殖的主体是动物，环境是动物的生存条件，动物与外界环境经常进行着物质交换和能量交换；动物依赖外界环境而生长、繁殖和生产各种产品；动物接受外界环境的刺激，增强体质和提高生产力。但另一方面，外界环境也存在对动物机体有害的各种因素和刺激，若那些有害的因素超过动物机体所能忍受的限度，则动物生理机能失调，轻则影响健康和生产力，重则引起疾病甚至死亡。环境工程设计与建设的目的就是充分利用那些有利因素，消除和防止那些有害因素，以保证生物正常生长发育和提高生产性能。

以动物为中心的环境工程是畜牧业生态工程的重要组成部分，环境工程设计与整个生态工程是有机联系的。环境工程包括内容很多，以生态牧场设计为例，大致包括场址选择与分区设计、家畜环境控制与畜舍类型设计、畜牧生产废弃物处理与利用设计、改善自然环境的水土工程设计等。

1. 场址选择与分区设计

选择生态养殖场的场址时，应根据养殖场综合经营的种类、方式、规模、生产特点、饲养管理方式以及生产集约化程度等基本特点，对土质、水源以及居民点的配置、交通、电力、物资供应等条件进行全面的考察。良好的生态养殖场环境条件是：保证场区具有较好的小气候条件，有利于畜舍内空气环境的控制；便于严格执行各项卫生防疫制度和措施；便于合理组织生产，提高设备利用率和工作人员劳动生产率；分区合理，各综合经营项目协调发展。

在所选定的场地上进行分区规划和确定各区生产、建筑物的合理布局，是建立良好牧场环境和组织高效率生产的基础工作和可靠保证。一个牧场通常分三个功能区，即生产区、管理区和病畜处置区，分区规划的原则大致是：

在满足生产的前提下，尽量节约用地，建筑物少占或不占可耕地。

因地制宜，合理利用地形地势。例如，利用地形地势解决挡风防寒、通风防热、采光，有效地利用原有道路、供水、供电线路以及原有建筑物等，以创造最有利的牧场环境、卫生防疫条件和生产联系，以达到提高劳动生产率、减少投资、降低成本的目的。

全面考虑畜禽粪便和牧场污水的处理与循环利用。与种植业、沼气、蚯蚓养殖等有机结合。

采用分阶段、分期、按单元建设的方式，规划时对各区应留有余地，尤其生产区规划最应注意，使其既符合总体规划要求，又保证发展的需要。牧场分区规划时，首先应从人畜保健角度出发，考虑地势和主风向，合理安排各区位置，以建立最佳生产联系和卫生防疫条件。

2. 畜禽环境控制与畜舍类型设计

每一种生物对每种环境因子都有一个适应范围，这个范围的上限，就是生态学的最大量，下限就是最小量，上限与下限之间的幅度就是耐受限度。在耐受限度内，有一个最适合于该种生物的区域，称为最适范围。就一个物种而言，当环境因素的强度处在最适范围内时，该种生物的数量最多；当环境因素超出最适范围而趋向上限或下限时，生物数量就减少；当超出上限或下限时，物种就灭绝。

家畜的生存环境中，常有一两种因子居于特别重要的地位，对畜禽起着决定的主导作用，称之为主导因子。温度、光照往往是主导因子。家畜环境改善控制与畜舍类型设计，主要是针对当地主导因子而言的，它包括两层意思，即低限度的控制，旨在缓和主导因子下限对家畜的影响，以降低家畜环境应激而造成的生产力下降、产品质量降低、饲料的额外消耗和发病率、死亡率的提高；高限度控制，旨在为家畜创造适宜环境，以获取高的生产效率和低的发病率及死亡率。

设计、建筑适宜的畜舍是改善和控制家畜环境的主要手段，但不是说有了畜舍就可以为家畜建立理想的环境，只有通过畜舍有效的环境控制，同时配合日常的精心环境管理，才能取得满意的效果。有关畜舍设计与环境控制需遵循的几条原则是：

第一，畜舍及改善家畜环境的工程技术措施，实质在于协调家畜和其周围环境之间的热交换和热平衡。各地在选择畜舍形式与结构、确定环境控制程度及采取相应措施时，应根据不同的气候特征，因地制宜，不能生搬硬套。

第二，注意节能、节粮、充分利用有利的自然条件和家畜自身对环境的适应能力来改善家畜的环境。我国能源紧缺，用作饲料的粮食也极其有限，这就决定了我国不能走完全依赖电能与燃料控制环境的道路，也不能走粮食过剩以额外的饲料消耗来换取节省基建投资和代替电能与燃料的途径。利用自然条件和动物某些行为习性及自身对环境的适应能力，来改善家畜的环境，是符合我国国情和国力的。如，根据猪遇冷找窝、相互依偎取暖的行为习性，在不保温的简易舍内设置临时局部封闭的保温防风窝，在这里靠猪自身热形成适宜的温热环境，有利于猪生长发育。

第三，任何改善和控制环境的工程措施和技术措施在经济上必须合算。即必须考虑增产收益能否补偿为改善环境而耗费的投资，不能只追求理论上的合理，而不计代价。如，封闭的环境控制舍，对于纯靠精饲料饲养的家畜及幼体效果很好。但由于造价高，需依靠能源控制环境，在低耗高效的生态养殖场中很少采用。动物为维持个体的生存，需要呼吸、采食、饮水、排泄；为了种族的生存，必须繁衍后代。动物生产过程正是这两个过程的体现。因此，动物生产不仅有别于工业生产，也不同于农业生产的其他部门。它的特点是，在为其改善环境的同时，本身又产生许多污染环境的物质，这就增加了家畜环境的复杂性与改善和控制环境的艰巨性。这需要畜牧学家和畜牧生产者与农业工程专家密切合作，使畜舍建筑的设计、设备的研制顺应家备的行为习性和家畜对环境反应的生理学基础,以及环境的物理条件对家畜生理过程。

3. 畜牧生产废弃物的处理和利用设计

畜牧生产的废弃物有粪便、污水、畜产品加工废料等,对其处理的基本原则是:畜牧生产所有的废弃物不能随意弃置,不能弃之于土壤、河道而污染周围环境,酿成公害,应加以适当的处理,合理利用,化害为利,并尽可能在场内或就近处理解决。

动物粪便处理与资源化是生态养殖的主要内容。动物粪便通过土壤、水和大气的理化及生物作用,其中微生物可被杀死,并使各种有机物逐渐分解,变成植物可以吸收利用的状态,并通过动、植物的同化和异化作用,重新转化成为构成动、植物体的糖类、蛋白质和脂肪等,从而构成了粪便的自然界循环过程。这种农牧结合、互相促进的处理办法,既处理家畜粪便,又保护了环境,对维持农业生态系统平衡起着重要作用。

(二) 生物种群选择与匹配

农牧生态系统是以人工建造的生物群落为主的生态系统。就畜牧业生态工程而言,它的效益高低主要由生物种群的组合决定的,种群的选择与合理匹配直接决定着结构合理与否。

1. 种群选择

种群的选择一般根据当地自然环境和社会环境两个方面来确定。

(1) 依据自然环境选择适宜种群

自然环境包括气候、土壤、植物、水文、地形地貌等,这些因素在各个生态区域内从宏观上看是比较稳定或变化不大的,它直接左右着种群的分布。如牦牛只分布在以青藏高原为中心的高山地区,这种适应于高山草原生态环境的特征是长期适应生存的结果。所以,在种群选择时应以适合当地自然环境条件的传统种群为主,同时也要考虑把一些经过多次试验,生产性能和适应性表现良好的种群选出。

总的原则是充分合理利用当地资源。一是考虑种植业、林业、牧草、畜牧业、渔业等综合协调发展;二是考虑各种群间在时间和空间上相互作用及能量物质转化循环效率。这样,既高效充分地利用了自然资源,又确保有较高环境质量。南方基塘生态工程所呈现的田塘交错、塘鱼基桑、鱼蚕两旺和谐高效田园景观,就是成功一例。

(2) 依据社会环境修正适宜种群

以自然环境选择的适宜种群,还应适应社会因素的影响。社会因素环境主要包括政策法令、生活水平、市场变化等,它们对种群的影响往往有突然性和不稳定性。这种大起大落有时对种群结构的破坏是严重的。

根据社会、经济和自然环境等诸因素要求,可以筛选出许多适宜种群。对这些适宜种群需进行综合评审,评审指标不易过多,通常从产量、能量、价格、产投比、再利用率等几个方面综合评判即可。通过综合评审优选出的种群,合理匹配,才能形成合理布局的优化种群结构。

2. 种群匹配

在人工生态系统中复合种群的应用已为很多人所接受并显示出良好效果。在种群选择好后，确定主种群和副种群，并合理匹配组合成高效的复合种群是养殖生态工程设计的主要内容。在主种群确定之后，根据种群间共生、互生、互补等相互关系，选择匹配副种群时，主要从下列几方面考虑：

（1）主、副种群间食性要有分化

动物间多层次组合和水生生物垂直分布是动物生态养殖的主要形式。主养动物和副养动物食性要有一定差异和一定互补性，如青、草、鲢、鳙、鲤混养在水体中，就是一个高效的匹配结构。青鱼肉食性以底栖的螺蛳、河蚌等为食物；草鱼草食性，以草为食，其粪便使水中浮游生物大量繁殖；鲢鱼以浮游植物为食，鳙鱼以浮游动物为食；以上这些鱼的粪便及食物残屑又成了鲤鱼的好饲料。这种高效的种群间食物链互作结构，已在养鱼业中普遍应用。

（2）尽量扩大空间分布

根据生态位多层次性原理和生物与环境的相互作用原理，在一种或几种生物存在的情况下，会为另一种生物创造生存环境与条件并为之所占据和利用，成为它的适宜生态位。在副种群匹配时，应注意这些潜在生态位，扩大种群的空间分布。如聚合草和蚯蚓结合，叶片茂盛的聚合草下部的枯落叶，积于地表，加之微弱的光照、阴湿的环境为蚯蚓的生存提供了理想的环境，蚯蚓的活动又促进了聚合草的发育。

（3）主、副种群间没有或很少有共同性疫病，或一种动物对另一种动物的某些病虫害有抑制和防除作用。

（4）主、副种群生物各自形成小环境应对对方，两个种群的分泌物、排泄物最好应互相有促进作用，起码互无影响。

（5）多种群匹配时，收获期应早、中、晚配合。按市场需要，产品多样化与全年均衡供应。

（三）生态工程结构设计

生态种群工程结构建设，主要是指人工有效控制和建造的生物种群结构。种群结构是复合群体系统功能的基础，通常指的是生物种群在系统内从空间到时间上的分布和食物链上的组成。生态工程设计的目的就是以最佳的种群结构对环境资源最大限度地适应与利用。通过有效的控制措施，在同样物质、能量输入的情况下，增加产出。生态工程结构设计内容包括空间结构设计、时间结构设计和食物链结构设计等。

1. 空间结构设计

空间结构包括平面结构和垂直结构。

（1）平面结构设计

目前对平面结构研究的较多，各地搞的产业结构调整大多属这种类型。平面结构指的是在一定生态区域内，各种群或生态类型所占比例与分布特征，这是系统结构的基础，它本身又是由许多亚系统部分组成的。植物生产、动物生产及二者生态接口生产是结构的第一层次。在第一层次确定后，再进行下一个层次，这样层层相扣，定位定量，便于结构的调控。

平面结构设计的关键是改变传统农业生态系统结构控制范围，如珠江三角洲的桑基（蔗基）鱼塘，江苏的粮－猪－鱼模式等，都是以结构控制作为中枢的，使有限的耕地（水面）获得更多的产出。通过结构控制，扩大资源的合理利用，这对于一个人均耕地不足1.4亩的大国来说，有着重要的现实意义。

最佳平面结构要求种群不但适应自然资源特点，也要满足国家计划和人民生活需要等社会要求，同时还能促进本系统的良性循环。

（2）垂直结构设计

畜牧业生态工程的垂直结构设计，是一种不同种群组合、匹配并进一步组成高效能复合种群的过程。可分为植物与动物、动物与动物、植物与真菌等多种配合方式。动物间的多层次组合和水体水生生物垂直分布是生态养殖垂直结构设计的主要内容。垂直结构设计一般遵循下列几个原则：

1）模拟、借鉴自然生态系统

自然生态系统中大多数的群落，从垂直分布来看是十分复杂的。在陆地的不同高度和水体的不同深度都有不同的种群占据着各自适宜的小生境，形成一个分层明显的复合群体。正是由于自然生态系统中按不同的小生境梯度形成了一个个最：大限度的层层利用自然资源的合理格局，才保证了其系统的稳定和平衡。在生态工程空间结构设计中，应借鉴自然生态系统中的垂直结构模式，把不同种群合理组成复合群体，使复合群体对资源利用最充分，对不良外界环境条件抗逆性最强，经济产品的综合产量最高。

2）加厚利用层

加厚利用层就是在单位平面上适当地加厚垂直利用面的厚度，使生物有足够的资源转化空间，在不同的垂直梯度中合理安排不同种类，使外界投入的能量和物质，经过多次的吸收转化，最大限度地减少无效耗损，尽可能多地转化成经济产品。如猪－鸭－鱼综合养殖，池塘坝堤上建舍养猪，猪粪肥水，水面养鸭，水中养鱼，由于利用层延伸，经济效益成倍增加。

3）各种间互补

即两种或两种以上生物共同生活在一起，互相间在功能上有互相补充、互相促进作用。种间互补作用包括种间营养互补、光热等生态因子互补、食物链互补、抗性互补、分泌物和排泄物互补等。种间互补是选择复合群体组分的重要标准，否则，不但不能达到多层次利用资源的目的，还会导致系统效益降低和系统瓦解。这方面我国已有一些成功的经验，如稻鱼共生结构，就是利用稻田多水特点，在水田中放养鱼类，利用鱼类吃杂草，鱼粪肥水，促进水稻生长。这种巧妙的植动物复合结构做到了互利互惠，增加了系统"产出"，减少"输入"，是一种合理的互作种群结构。

（3）植物生产和动物生产的关系

植物生产为第一性生产，绿色植物的产品为一级产品，这种产品有些作为商品直接输出，另一些则要经过1~2次或更多次动物生产转化，才能形成高价值产品。动物生产为二级或三级生产，也就是说某些一级产品是第二性生产的资源，二级产品属第三性生产的资源。可见，二、三级生产的结构是由第一级产品所决定的。因此，农牧生态系统的植物生产结构调控是至关重要的，某一生态区域植物生产往往决定着动物种群的组成与数量。但畜牧业生态工程强调的是二、三级产品，而不是单纯的第一性生产，所以动物生产结构调控信息反馈给植物生产种群，并加以修正，使之符合动物生产结构的要求。

以牧为主的农牧生态系统中，动物生产对植物生产种群的要求是一级产品向二级、三级产品转化的效率要高。即一级产品作为商品直接输出后，其剩余物的数量和潜在能量要多，这样转化成的二级产品（肉、蛋、奶）时，转化效率就高。

2. 时间结构设计

上述的空间结构设计是在系统结构的平面或立面上提高资源利用率。时间结构设计是通过协调生物种群生长规律与自然资源和社会资源的时间节律，提高整个系统对资源的利用效率。一个自然生态系统，它的生物种群机能节律与环境节律的配合是十分合理与稳定的，即生物种能以自身机能节律的变化，及时有效地利用环境资源，完成其生命周期，这是经过长期自然选择的结果。畜牧业生态工程是人工控制、调控建造而成的，由于人们对自然规律尤其是生物群体控制水平掌握得不够，目前不能像自然生态系统那样，使不同种群的时间搭配十分合理。如两栖类（蛙）和爬行动物（鳖）随着冬季来临，温度降低，生长发育逐渐停止，并进入休眠状态。人工生态系统则完全可以利用人工调控资源，如通过环境工程，将温度调整到生物适宜生长发育温度，延长资源转化时间，从而提高生物量。畜牧业生态工程时间设计就是根据各种资源的时间节律和各种人为手段技术，合理安排种群，使之能有效地利用各种资源，最大限度地把自然资源转化成农畜产品，提高农牧生态系统的经济效益。

时间结构类型在畜牧业生态工程中，大致有两种：

（1）种群搭配型

农业种群与自然种群的最大区别之一，就是对自然资源的利用不尽合理。不同的生物生长发育周期有长有短，同一生物不同生长发育阶段对生活空间及营养需要都有不同要求。若要满足其个体最适宜的生存空间，整个生育周期都按个体最大需要来确定种群大小，就容易造成资源浪费。一般农业生物种群幼龄期需要空间和资源相对较少，常规单一经营浪费很大。实践证明，可以根据不同种群的不同期间资源、利用情况，或一些种群幼龄和成龄的不同要求，确定其时间和数量变化序列，按种群机能节律，选择两个以上在时间上互补的种群，构成相互搭配的合理种群。例如，养鱼生产中的混养和轮养，就较全面而又合理地利用水体资源。发挥养殖鱼类间的互利作用，多鱼种或多规格套养，在一个生长季节中多次捕捞多次补放，全面地利用水体空间。

(2) 生物控制型

根据雪佛德的耐度定律，一个生物种群能够出现和生存下来，必然要依赖一种复杂的情况全盘存在。若使一种生物种群削减，则只需对其中任何一项因子性质加以改变或数量予以增减，使其达到该种生物耐力的界限之外即可。农业生物种群常出现的几个限制因素就是温度、光照等。若能采取一些人工设施改变这一两个限制因子，就可以使生物生长发育延长。近几年我国北方采用的暖棚养鸡、养猪，就是利用塑料大棚吸热保温，使温度这一限制因子控制在生物较快生长发育的温度内，通过生物控制，延长和提高资源的转化。再如，早春利用温室或温泉水室内育鱼苗，当室外水温达到要求时立即放养，延长了鱼的生长期，增加了产量。这些都属于生物控制型的范围。

总之，根据农业生物种群季节性和周期性的特点，在时间结构配置时，应注意以下几条原则：一是长生长周期种群与短生长周期种群搭配，以提高前期的经济效益；二是生产种群在四季中的合理搭配，使农牧产品按社会需求，避开上市高峰，四季均衡供应；三是有时间性动、植物生产与无时间性动、植物生产合理搭配；四是分析该区主要限制因子，自然环境与生物控制相结合，调节生物的季节与周期。

3. 食物链结构设计

在自然生态系统中，生物量在逐营养级转化过程中存在着"十分之一规律"。即系统的食物链越简单，它的净生产量就越高。但在人工生态系统中，尤其农业生态系统的建造是为了给人类提供更多的所需品。即人类不仅需要粮食、水果、木材等绿色植物生产的一级产品，也需要肉、蛋、奶等以一级产品为资源生产的二级产品或三级产品。系统分析一下一个食物链单纯的农田生态系统，可以看出，净生产量提高与经济效益增加并不显著。绿色农作物净生产量增加100%，其中提供人类直接需要的部分，只占总量的20%30%，其余70%-80%直接或间接又回到了自然界。由此看来，这个系统所供人类直接需要的部分并不多，经济效益也不太高，但这80%左右不能供给人类直接需要的一级产品，大部分是二、三级产品的资源。根据食物链原理，在加入新的营养级后，这些副产品经新加环节的转化，就可以增加系统的经济产品产出，这就是食物链加环。食物链的"加环"和"解链"是生态学原理在农业上应用的一个重大突破。根据生态学家云正明、刘金铜等研究，农业生态系统的食物链结构可分为三种类型。

(1) 加环食物链

根据农牧业生产的特点，在原有食物链的一定部位，加上一个或数个营养级，形成格局更复杂的食物链。原食物链加环后使得农牧生态系统的产品增加了几倍，实现了系统净生产量的层层利用。食物链加环，根据不同性质，又可以分生产环、增益环、减耗环、复合环等几种。

(2) "解链"食物链

农牧产品大多为人类所食用，但在当今随着科学的飞速发展，环境污染日趋严重，一些有害物质往往随着食物链的传递，逐级富集并进入人体。通过解链食物链设计，可以防止和减少这种趋势。所谓解链食物链就是当有害物质沿食物链富集达到一定浓度前，改变传递方向，及时地使之与人类相联系的食物链环节中断。例如城乡垃圾是重要污染源之一，用蚯蚓处理有机垃圾是一条处理垃圾的有效途径，而且蚯蚓是动物养殖业中的良好动物蛋白源。但处理污染物垃圾的蚯蚓不可避免要富集大量有害物质，要充分利用蚯蚓，又不给人类带来严重危害的有效方法，就是设计一种解链食物链。具体方法是用蚯蚓作貂、银狐等毛皮兽的饲料，貂皮作为商品用于人类。这样既利用了各种资源，又防止危害人类身体健康。

（3）产品加工链

农牧生态系统是一个"人—自然环境—生物"相互作用复合系统。人既是消费者，又是重要的生产者。农牧产品输出分有效输出和无效输出，前者指能直接为人类消耗部分，后者是不能为人类消耗部分，常规农牧业基本上以原产品输出为主，无效输出部分比例高。产品加工链就是在农牧生态系统输出产品之前，引入加工环节，使产品变成成品、精品输出。这样经加工环节转化，增大系统有效部分输出，提高系统功能。其他无效输出部分直接返回土壤库，减少系统的物质能量输入，减少城乡污染，同时开发利用了广大农村的劳力资源。

（四）总体工程修正优化

畜牧业生态工程是一个农、牧、渔、加工等各业有机结合的大系统。各层次、组分之间存在着互为因果的协调关系。要最大限度地发挥其总体功能，其系统总体结构必须合理。因为一个系统的整体功能不等于各组分单独功能的总和，全部组成最优化加起来往往不是整个系统的最优化。

畜牧业生态工程设计本身是个选择优化工艺流程和合理生产结构的过程，可能设计有各种各样的方案，如何选择一个最佳结构呢？这需要运用系统分析的方法，对最佳结构设计进行计算。经过比较修正决策，确定优化方案。其步骤是：

1. 方案评价

在决策前，先根据要达到的目的，对各种结构方案进行评价比较。评价指标体系组成包括产量、能量、经济效益、产投比、环境与景观效益和发展前途与稳定程度等。

2. 综合决策

各项评价指标经专家系统评审加权后，称之为综合决策指数。它是畜牧业生态工程最佳结构决策的基本指标。

3. 社会修正

在方案择优过程中，不能完全按综合决策指数进行，还应考虑到地区的流通、调剂、互通有无，以发挥各地区的优势。

4. 模拟运行

对设计方案进行计算机模拟运行，看它的流畅程度，后交给试验区有关部门和技术人员进行可行性讨论或小面积的实施。发现问题及时反馈修正，最后确定可行的优化实施方案。

第二节 集约化畜牧业与资源循环利用

一、畜牧业的发展现状与成效

(一)畜牧产业的发展与集约规模化

畜牧业的发展,一方面表现在数量和占有率的增长上,同时还可以从生产规模和集约化程度上得以充分的体现。2005年全国各类畜禽规模化养殖小区达4万多个,年出栏50头以上生猪的规模化养殖比重达34%,比2000年提高11.1个百分点;出栏2000只以上肉鸡的规模化养殖比重达74.2%,提高15.8个百分点;饲养5头以上奶牛的规模化养殖比重达55.2%,提高5.1个百分点。伴随着城市经济的发展,我国的大中型畜禽场近80%集中分布在东部沿海地区及大中型城市及其周边地区,畜牧业的集约化程度不断提高。当前主要是以饲养猪、鸡、奶牛等畜禽为主,有奶牛饲养场、大型机械化养猪和养鸡场等,为人民生活直接提供肉、蛋、乳等畜禽产品,由此显现了我国养殖业较高的规模化发展水平以及畜牧业现代化发展初具规模。

(二)畜牧业在国民经济中的地位

畜牧业的发展促使其在国民经济中的地位不断提升,成为国民经济重要支柱之一。经过数十年的努力,我国畜牧业已经发展到一个新的高度,畜牧业在农业总产值中的比重由1978年的14.98%增长到2005年的33.74%。据测算,当时农民人均来自畜牧业的收入超过600元,约占农民家庭经营现金收入的30%。一些畜牧业发达地区,畜牧业现金收入已占到农民现金收入的50%左右,成为农民增收的重要渠道。有关资料指出,2005年从事畜牧业生产的劳动力达1亿多人,与畜牧业生产密切相关的饲料工业、畜产品加工、兽药等产业的产值超过了8000亿元。从中可以看出,畜牧业在自身得到发展的同时,还推动了相关产业如种植业、饲料、加工等行业的发展,吸纳了大量的农村富余劳动力,发展了农村经济,增加了农民收入。

(三)畜牧业发展带来的若干问题

畜牧业的发展,带来了可观的经济效益,改善了国民的生活质量,推动了农村经济的发展步伐。但事物的发展往往具有双面性,单纯追求畜牧业的片面发展而忽视了其可持续发展的重要性,产生了一定的负面影响。如果把向大自然索取和排放废物都控制在生态承载力的限度或阈值之内,那么人类活动就不至于造成对自然的破坏。但是,当前随着畜牧业规模化和集约化的程度不断提高,可持续发展的重要性被忽视,导致生态环境遭破坏、产品质量降低、人畜共患疾病爆发、资源短缺等一系列问题相继突显，特别是生态环境破坏问题尤为严重。

畜牧业实质是通过人工模拟动物自然生长过程，利用动物营养学等科学技术提高了生产率，该行为改变了自然界进化过程中已有的发展模式。然而，根据自然规律，动物营养过程不是孤立的，而是与周围环境息息相关。集约化大规模生产方式的应用，得到较多畜禽产品的同时却把粪便等畜牧业污染物不经处理就直接还给了自然界，这些污染物毒害性大，数量多，而且又很集中，使自然生态系统很难消纳，从而对环境造成了严重的破坏。因此，许多畜牧业发达国家将废弃物的利用作为一门"粪便科学"对其开展深入研究。当前，规模化畜牧业对生态环境的危害主要集中于禽畜粪便、污水、氮、磷等微量元素、微生物、药残、重金属等，对空气、土壤、水源等造成了巨大的伤害，在一定程度上延长了生态环境的恢复周期。

二、畜牧业的污染现状与危害

随着科学技术的进步与应用，农业现代化的进程也在不断地加快和拓展，其在缓解人口不断增长而带来的粮食供求矛盾的同时，也随之出现了一系列的环境问题。从农业产业的性质及其持续发展的历史来看，由于相关的技术和理论的不断更新，农业生产对生态环境造成破坏或危害必须且可能减少到最低程度。然而，长期以来农业生态系统营养循环体系的缺失与破坏，对农业生产和农村发展造成的不利影响是多方面的。因此，1997年美国专家 TimothyWrite 就提出了"绿色革命正在消失，人类将面临另一场新的农业革命"的论点。事实上，人类的活动对环境的破坏是多方面的，而农业生产对环境的影响所占的比重则逐步增大，尤其集约化畜牧业废弃物引发的面源污染所造成的生态环境问题日趋严重。近30年来，农业面源污染及其治理正成为国内外环保界关注的新课题。特别是由于规模化养殖迅速发展和污染防控研究和措施的相对滞后，畜牧业废弃物污染的不断扩展且日益加重，人们对生态环境的关注比以往任何时候更加强烈。着力扭转集约化畜牧业废弃物污染面日益扩大的被动局面，加强废弃物资源循环利用的研发与推广，已引起了国内外学界及企业和政府决策部门门的高度关注，同时也在逐步加大人、财、物的投入，予以切实解决。

（一）畜牧业废弃物的污染现状与分析

数量大、区域广的面源污染防控是个世界性的难题，各国都面临着同样的困扰。从形成的机理分析，农业面源污染是指农村地区在农业生产和居民生活过程中产生、未经合理处理的污染物对水体、土壤和空气及农产品造成的污染。众所周知，规模化养殖的现代畜牧业为发展农村经济、丰富菜篮子和增产增收作出了巨大贡献，但也导致粪污规模化的排放，加上有机肥加工与利用脱节等因素的影响，使得备禽粪便污染等成为迫切需要解决的环境问题。集约化养殖的废弃物进入环境必将成为面源污染的主要成因之一，也是城乡环境污染的主要来源，特别是田间地表径流中的过量养分、残留农药、病原体及其他污染物进入地表水，引起"水华"现象，破坏水体生态系统和水生物，危害饮用水安全，进而损害人畜健康，影响经济社会的可持续发展。早在20世纪60年代，美国等发达国家的学者已经发现面源污染的危害，一直加以关注和呼吁，并于20世纪70年代得到了一定的重视。我国于20世纪80年代初也开始调研农业面源污染的危害并加以防范。

据相关资料表明，30%～50%的地球表面已受面源污染的影响，在世界范围内不同程度退化的12亿公顷耕地中，约12%是由于农业面源污染引起的，尤其是畜牧业废弃物的滥排，加剧了扩展的速度。美国的农业面源污染波及了64%的河流、57%的湖泊，美国环境保护总署（EPA）把农业列为全美河流和湖泊污染的第一污染源。欧洲发达国家的地表水中，农业排磷占总磷污染负荷的24%～71%，硝态氮超标（>50毫克/升）现象十分严重，农业生态系统的养分流失（主要为氮、磷）是主要来源。荷兰农业的氮、磷污染负荷分别占60%和50%。丹麦270条河流中94%的氮负荷、52%的磷负荷由面源污染所引起。瑞典由河流输入的氮，60%～87%来自农业面源污染。经过10多年的有效治理控制，美国的农业面源污染已大幅减少。据统计，2006年美国农业面源污染面积比1990年减少了一半以上。

改革开放以来，在相关政策引导和科技进步的支撑下，我国畜牧业得到了长足发展，产量逐年增加，成为农村经济新增长点和重要的支柱。但随着畜牧产业的快速发展，规模越来越大，集约化和产业化程度不断提高，禽畜废弃物量也逐年攀升，给生态环境带来了巨大的压力。根据《中国农村统计年鉴》提供的相关数据，1999年我国猪出栏数为51977万头，牛12698万头，羊29032万只，到了2006年，猪出栏数为65050万头，牛13944万头，羊36897万只。以1999年为基数，生猪养殖量平均每年以3.92%的速率增长，牛养殖量平均每年以1.34%增长，羊养殖量平均每年以3.49%速度增长，禽类养殖量平均每年以4.6%的速度增长。养殖规模的逐年扩大导致畜禽废弃物的排放量也大幅增加。如何合理有效地消纳及资源化循环利用废弃物e成为城乡生态环境保护的重要事项。

在发展规模化养殖之时，必须配套污染防控措施，强化废物（粪便、污水）循环利用。现今关乎健康养殖的废物利用的循环体系仍无法完全链接。国内的大部分规模化畜牧场均建在城郊，离城市较近，比较靠近江河与湖塘，加上不少养殖企业多采取直接排放方式，水体的富营养化随之泛滥，甚至连地下水也不能幸免。由于近年畜牧场规模扩张比较快，数量多，粪污处理设施较为落后，忽视了对废弃物的有效处理，加上先进技术支持力度欠缺，养殖场成为目前农业面源污染、城乡污染的主要来源。

据对130多个湖泊的调查资料的统计分析，高营养化的湖泊已达51个，占湖泊总数的40%。我国面源污染的分布情况与受污程度各不相同，呈现明显的地域差别，沿海经济发达地区污染较为严重，而西部地区则相对较轻。畜禽养殖污染也呈现相同的规律，污染较为严重的是山东、河南等畜禽养殖集中地区。经济发达省份和东部沿海地区的畜禽污染也比较严重，而西部地区污染状况则相对较轻。目前，北京、上海、山东、江苏、浙江、福建、广东、湖北的农业面源污染处于较高风险水平。

(二)规模化畜牧业对生态环境的影响

1. 畜牧废弃物对土壤的污染

废弃物对土壤环境造成很重压力。土壤的基本机能是具有肥力，可以生长植物和分解物质，这两方面构成了自然循环的主要环节，因而土壤是地球上生命活动不可缺少的场所，是自然界物质循环的主要承载者，它的机能健全与否直接影响作物的生长和产品质量，并通过产品影响人畜健康。畜牧粪便是土壤的主要污染源。据研究，中国畜禽粪便的总体土地负荷警戒值已经达到 0.49（<0.4 为宜），达到较严重的环境压力水平。按照实际生产水平，畜禽的粪便排放量每头牛为 55-65 千克/天，每头猪为 3.5～11 千克/天，每只鸡为 0.10-0.15 千克/天，每只羊为 2.66 千克/天，全国畜禽粪便的年产量高达 18.84 亿吨。据德国、比利时、美国和中国规模化养猪生产线粪便污水产生情况综合分析表明，每生产 1 头育肥猪（180 天，100 千克）约产生 4 吨粪便污水，约含 120-～150 千克的总固体（TS）。在规模化畜禽生产中，畜禽粪便的排放量大且相对比较集中，如果不及时处理，必将造成污染。此外，随着种植业结构发生根本性的变化，现代化农业化肥被大量使用，在广大农村取代了以畜禽粪便为基础的有机肥，畜禽粪便失去了还田利用的主要出路，从资源转变成污染源。虽然畜禽废弃物中的家畜粪便易被分解，可提供有机物，使土壤维持其原有的机能，但超过了土壤的自净分解能力也会使土壤有机物质过多，影响作物生长，造成土壤污染。

病原菌微生物对土壤的污染。土壤本身含有许多微生物，这些微生物构成了土壤的有机生物环境，对土壤的理化性质起到保护作用。如果粪肥不经处理或处理不当，其所含的病原微生物，特别是大量病原微生物和寄生虫卵，可在土壤中长期存在或继续繁殖，保存或扩大了传染源，这不仅破坏了土壤微生物平衡，使种群结构失调，还导致大量蚊虫滋生造成疫病传播，影响人类和畜禽健康。据报道，猪场的粪污施入周围农田后，在耕作层土壤中检出了变形菌群落、病原硫化大肠杆菌 0.75 和 0.27，寄生虫卵达 20 个/千克土壤。常见的此类病原微生物主要有大肠杆菌、沙门氏菌、粪链球菌等，引起的介水性传染病主要有猪丹毒、猪瘟、副伤寒、炭疽病和钩端螺旋体病等。张淮（1988 年）在科技日报上提出，中国南方的养殖模式是容易产生新的流感病毒的场所。许多的疾病已成为人畜共患。世界卫生组织和联合国粮农组织的资料报道，由动物传染给人的人畜共患的传染病至少有 90 余种，其中可由猪传染的有 25 种，由禽类传染的有 24 种，由牛传染的有 26 种，由羊传染的有 25 种，由马传染的有 13 种，这些人畜共患疾病的载体主要是家畜粪便及排泄物，因此保证畜禽健康也是保证人类自身健康的一个重要环节。

大量的化学元素的富集污染。氮、磷、钾等元素是作物生长必不可少的营养元素。畜禽废弃物中含有丰富的氮、磷、钾、氯等元素，如果不加限制地还田，不仅起不到肥田的效应，反而会导致作物"疯长"，产品质量下降，产量减少。胡凤娇等研究发现畜禽对饲料中植酸消化率低，有 70% 以上的磷会排出体外，磷与土壤中的钙、铝等元素合成不溶性复合物，造成土壤板结，影响农作物的生长。同时，为了促进畜禽生长，提高饲料利用率，抑制有害菌，往往在饲料中添加大量的微量元素，如铜的含量高于250毫克/千克，其他还有镉、锌、铅等金属元素。据统计，全国每年使用微量元素添加剂约为15～18万吨，其中约有10万吨未能被动物利用而随粪便排出体外，而这些无机元素在备体内的消化吸收利用极低，在排放的粪便中含量相当高。林春野报道，当土壤中可给态铜、锌分别达到100-200毫克/千克和100毫克/千克时即可造成植物中毒。因此长期使用此类添加剂会造成土壤污染，而且被作物吸收后，这些元素的浓度超过标准时就会影响人类的健康。如日本发生的"水俣病"，就是因为人食用汞超标产品。

此外，畜禽粪便还会造成农田土壤次生盐渍化。据王辉调查发现，江苏省目前干畜禽粪便中盐分含量较高，介于1.8～24.2克/千克之间，平均为9.7克/千克。如果在盐分含量环境背景值较高的地区，规模化养殖畜禽粪便还会导致农田土壤次生盐渍化。同时规模化畜牧业中还普遍使用大量的抗生素而导致药物残留，这方面的因素对生态环境也造成一定影响。

2. 畜牧业废弃物对水体的污染

当前，面源污染已成为当今世界普遍存在的一个严重的环境问题，并成为水体保护的主要障碍因子，而农业面源污染是造成水体环境隐患的最主要的面源污染形式。规模化养殖的畜禽粪便、畜产品加工业污水的任意排放极易造成水体的富营养化。福建省环保局的调查证明，2004年闽江流域畜禽养殖废水排放量30.17万吨/天、化学需氧量排放量760.57万吨/天，氨氮排放量76.57万吨/天，其中猪场废水占80%。杨国义报道，市郊畜禽粪便的流失率为30%-40%。按流失率为30%计算，2001年广东省畜禽粪便的流失污染负荷为：粪便量4203.04万吨，是工业固体废弃物（1990.30万吨）的2.1倍，生化需氧量131.14万吨，化学需氧量151.67万吨，NH3-N 15.53万吨。由此可见，大量的有机物不经处理排入水流缓慢的水体，如水库、湖泊、稻田、内海等水域，将导致水中的水生生物如藻类等获得丰富的营养后大量繁殖，大量消耗水中氧，威胁鱼类生存；在稻田使禾苗徒长、倒伏，稻谷晚熟或不熟；在内海由于藻类大量繁殖，水变浅，影响捕捞业。另外，由于水生生物大量发育生长，溶解氧耗尽，导致植物根系腐烂，鱼虾死亡，在水底层厌氧分解，产生硫化氢、氨气、硫醇等恶臭物质，使水呈黑色，这种现象称为水体的"富营养化"。水体富营养化是家畜粪便污染水体的一个重要标志。江苏省太湖"蓝藻"的爆发就是一个很深刻的教训。此外，粪便未经无害化处理排入水中易造成传染病的介水流行，最常见的有猪丹毒、猪瘟、副伤寒、布氏杆菌、钩端螺旋体、炭疽等。

3. 畜牧业废弃物对空气的污染

在畜牧养殖生产过程中会产生大量的有害气体、粉尘和微生物等。以年出栏5000头的猪场为例，其每天通过粪便向空气排放的氨气达67千克以上，饲料粉尘近20千克。同时猪粪便中含有大量降解的或未降解的有机物，主要是碳水化合物，这些物质排出体外后会迅速腐败发酵，分解产生的恶臭物质，如氨气、硫化氢、甲硫醇、硫化甲基、苯乙烯、乙醛和粪臭素等。据测定，猪粪中含有75种之多的臭味化合物，在畜禽舍内采样测定，畜舍内氨气含量一般为6～35毫克/升，高者可达150～500毫克/升，鸡舍内硫化物浓度为 0.4～3.4 毫克 1 升。除此之外，猪场每小时还向大气排放约 1.5 亿个菌体。如此多的有害气体、粉尘及病原菌存在于空气中，严重影响空气质量，并通过空气气流弥散与尘埃结合悬浮在空气中，形成微生物气溶胶，在风的作用下到处传播，使得其危害范围扩大。处于其中的人们和动物，吸入空气，将会损害肝脏、肾脏，刺激呼吸道、眼黏膜，降低黏膜抗病力，改变神经内分泌功能，降低代谢机能和免疫功能，使生产力下降，发病率和死亡率升高。此外，氨气中的氮可被氧化为二氧化氮而溶于水变成硝酸，使周围环境 pH 值下降，从而影响土壤的机能。

三、废弃物资源化利用的政策

从农村经济发展和农民增收角度考虑，我国规模化养殖迅速发展理应是一件好事，关键在于要妥当处理废弃物。当前畜牧业的产值和增加值以每年 8% 左右的速度增长，畜禽粪便的排放总量也在急剧增加。因此，畜禽粪便污染问题如不及时解决，必将陷入畜牧业发展越快而其污染越严重的怪圈之中无法摆脱。

要着力解决规模化畜牧业污染的问题，就必须依靠科技，根据循环经济的发展原则，通过相关技术的集成和攻关，走清洁生产、健康养殖、循环利用、减少污染的生产道路，发展生态型畜牧产业。其内涵就是要根据家畜生态学和生态经济学原理，应用现代科学技术和系统工程的方法，全面而又系统地规范进行畜牧业生产活动，把畜牧业放在个大农业生态循环圈中去考虑，使畜牧业生产向着高产、优质、高效、生态和安全综合协调的方向发展，以此达到畜牧业可持续发展的目的。为了促进规模化畜牧业的健康、可持续发展，必须进行科学规划，合理构建模式，力求从源头控制到生产过程综合利用及末端治理全过程防治污染，走出健康养殖、循环利用、合理承载、防控污染的可持续发展之路。

基于上述观点和原理，福建省结合区域特点与生产实践，以集约化生猪养殖场为研究对象，依据循环经济的"4R"原理，因地制宜构建模式，因势利导优化结构，依照规模化养猪场产生的粪污资源特性合理设置循环利用环节，使整个生产系统内实现多层次循环与废弃物再利用，以求降低能耗，达标排放，减少污染，提高效率，增加收益。其运作要点是：通过技术集成等实现废弃物的稳定再利用，通过在场区内部设置合理产业链实现废弃物安全再利用，进而构建集约化畜牧养殖循环农业发展新模式。

如何化解集约化畜禽养殖业废弃物的危害，怎样构建循环农业的可持续发展模式，无疑是值得人们关注与思考的。这不仅是农村环保事业的需要，而且是农业循环经济的要求，就发展对策而言，要切实注重以下八个主要环节：

（一）科学规划，讲求合理布局

首先必须依据现行土地利用规划，做好用地论证和布局，提供用地保障，同时坚持鼓励利用废弃地和荒山荒坡等未利用地，尽可能不占或少占耕地和基本农田；其次根据现有的土地确定畜禽养殖的规模，控制养殖场与水源、居民的距离，确定化粪池容积等：

再次，不仅要进行系统规划和合理布局，还要对建筑进行标准化和规范化设计，绿化场内环境，集中堆放和处理粪污，做到就地消纳养殖场产生的粪污，以减少污染源，防止污染物扩散。

（二）健康养殖，开发绿色产品

由于受观念、技术、资金等限制，养殖投入不一，管理水平参差不齐，致使产品质量优劣同存，加之消费市场一时难以形成优质优价的运行机制，畜产品缺乏市场竞争力。但从畜牧业发展前景看，严格控制、优化生产过程中的各个环节，从产地和市场两个环节入手，实行从饲养到餐桌的全过程控制，按照饲料要净化、品种要优化、投入品要无害化的要求组织生产，使畜产品达到绿色优质是大势所趋。

（三）适时防控，力求持续运作

当前解决规模化畜牧业发展与污染的矛盾问题，应调整工作重心，从单纯治理转移到治理与监督管理并重，建立相应的机制，采取经济、行政与法律措施，加大环保执法力度，对畜牧养殖场进行环境影响评价。此外，加强饲料供给、药物使用等方面的监控，在保质保量的基础上实现规模化畜牧业的可持续发展。

（四）清洁生产，减少药残污染

实施清洁生产，涉及绿色种植、绿色饲料加工、养殖环境保护、疾病绿色防治及产品绿色加工、包装、运输等一系列的畜禽养、加、运、销整个过程，向社会提供清洁畜禽产品。在严格控制兽药、抗生素等有害物质的滥用及污染的基础上，要积极开发与推广应用低毒、低残留新型饲料添加剂，重视中草药等添加剂的研发与应用，以彻底替代化学饲料添加剂。

（五）合理循环，提高利用效率

通过生态工程充分地利用物质资源，充分地利用生态系统中物质与能量多层次循环利用技术及生物种充分利用空间资源技术，提高生产效率，以沼气综合利用为纽带，发展农户养、种、加产业相结合的多种立体生态农业模式，如"鸡—猪—沼—菜""粮—糟—猪—沼—渔"等模式。要因地制宜，把畜禽养殖与种植业同步地按比例协调发展，建设良性生态农业，走生态农业之路，把畜禽粪便变害为利，变废为宝。

第六章 生态循环养殖技术创新

第一节 生态循环养畜

家畜,尤其是猪在我国畜牧业中占十分重要的地位。生态循环养畜是生态循环养殖体系中一个重要组成部分。发展生态循环养畜是农畜商品经济发展和净化环境的需要。当前,我国的生态循环养畜是以饲料能源的多层次利用为纽带,以家畜饲养为中心的种植、养殖、沼气、水产等多业有机结合的生态系统。这种突出种养结合的生态循环养殖系统,在动物养殖业效益较低的情况下,对稳定畜牧业发展,促进农、林、牧、副、渔全面发展,解决畜牧发展与环境的矛盾,有着重要作用。

一、生态循环养畜的特点

(一)高效生态循环养畜适合中国国情

自20世纪80年代以来,由于中外合资畜牧企业的出现及从国外引进全套养殖设备,家畜工厂化养殖在沿海及部分城市兴起。这种全封闭或半封闭、高密度养殖方式确能大大提高生产率。但这种高刻度养畜必须有一整套环境工程设施。需高投入、高能耗,如广东引进美国三德万头猪生产线,猪舍及部分设备70万美元,国内配套设施40万元。每出栏1头100 kg肉猪耗电近30度,全场日耗水150~200 m^3。若某一个环节上出现问题,就有可能导致全场崩溃。所以,这种高投入、高能耗的养畜方式,只能产品外销才能获取利润。再从传统的动物养殖方式看，以养猪业为例，由于养猪资金的利润率和贷款利润率差不多，养猪劳动收入又低于其他行业的平均收入。据调查，一些已具相当规模和集约水平的猪场目前多处于微利和亏损之间，养猪的利润只有1%，有的甚至没有利润，导致许多猪场倒闭或转产。生态循环养畜系统按不同生态地理区域，把传统的养殖经验和现代的科学技术相结合，运用生物共生原理，把粮、草、畜、禽、鱼、沼气、食用菌等联系起来构成一个生态循环体系，以最大限度地利用不同区域内各种资源，降低成本，搞好生产效率。这是适应中国国情的。

（二）有利于净化环境

畜禽粪便等废弃物对环境的污染，日益受到人们的关注。据测算，1头猪年产粪尿2.5 t，若以生化需要量（BDD）换算，相当于10个人年排出的粪尿量，那么养100万头肉猪就相当于1 000万人的粪尿量，其污染负荷若对一个城市来说将是不堪设想的。这也就是20世纪60年代后一些欧洲国家出现的"畜产公害"。生态循环养畜强调牧、农、渔有机结合，畜禽粪肥除用作肥料，还可作为配合饲料中的一部分，直接为鱼等动物所取食利用，这不仅降低了生产成本，而且为粪便处理提供了可行途径，净化了环境，体现了高的生态效益。

（三）有利于物质的多层次利用

沼气和食用菌是生态循环养畜生物链中最常用的生态接口环节。畜禽饲料能量的1/4左右随粪便排出体外，利用高能量转化率的沼气技术，不仅可以保护养殖场环境、改善劳动卫生状况，解决当前能源紧缺，同时沼渣可作为新的饲料、培养食用菌或作肥料。最近研究表明，可以从沼渣中提取维生素B12。食用菌则既是有机废物分解者，又是生产者，促进了生物资源的循环利用。经培养食用菌的菌渣，其粗蛋白质和粗脂肪含量提高了1倍以上，用菌渣喂猪、牛其效果与玉米粒相同。用某些菌种处理小麦秸秆制成的菌化饲料喂奶牛，可提高产奶量15%。经沼气或食用菌生态接口环节形成的腐屑食物链，可增加产品输出，搞好生物能利用率，提供新的饲料源。所以，生态循环养畜工程实现了物质的多层次利用，系统效益自然得到提高。

（四）牧渔结合有效地发挥水体的作用

陆地的畜禽养殖和水体鱼类养殖相结合，延长了食物链，增加了营养层次，可充分利用和发挥池塘、湖泊等水体的生产力。如西安种畜场利用猪粪尿发展绿萍等水生植物，最高年产量达5万kg/亩，折粗蛋白质量为669 kg，相当于9亩大豆的蛋白质产量。光能利用系数达6.6%，直接为养畜、鱼类提供了优质饲料和饵料。同时水塘具有蓄水集肥等作用，可有效地减少物质的流失，使之沉积在塘泥中为初级生产提供优质肥料。

二、生态循环养畜模式

近几年来，各地运用生态系统的生物共生和食物链原理及物质循环再生原理，创立了多种生态循环养畜模式，形成了不同特点的综合养畜生产系统。现将几种主要模式介绍如下：

（一）粮油加工—副产品养畜—畜粪肥田模式

（1）粮食酿酒—糟渣喂家畜—粪肥田。

（2）粮食酿酒—糟酒喂家畜—粪入稻田—稻鱼共生。

（3）浆渣利用模式。

（二）粮食喂鸡—鸡粪喂猪—粪制沼气或培育水生植物或入塘养鱼模式

（1）粮食喂鸡—鸡粪喂猪—粪入渔塘—塘泥肥田。

（2）鸡、兔粪喂猪—粪制沼气—沼渣肥田。

（3）鸡粪喂猪—粪制沼气—沼液养鱼、沼渣养蚯蚓—蚯蚓喂鸡。

（4）鸡粪喂猪—粪尿入池培育绿萍—绿萍喂畜或鱼。

（三）秸秆、草喂草食动物—粪作食用菌培育料或制沼气或养蚯蚓再利用模式

（1）秸秆、野草喂牛—粪作蘑菇培养料—脚料养蚯蚓—蚯蚓喂鸡—鸡粪喂猪—猪粪肥田。

（2）种草喂牛、羊、兔—粪制沼气—沼渣培养食用菌沼液养鱼。

（3）种草养牛—粪养蚯蚓—蚯蚓喂鱼—塘泥种草。

三、糟渣养猪技术

糟渣（包括饼粕）是一类资源量很大的农副产品。糟渣养猪是生态循环养殖的主要内容。生态循环养殖的中心内容就是把加工业、养猪业、种植业紧密地结合起来，形成一个有机的生态循环系统，扩大能流和物流的范围，把各种废弃物都利用起来，作为养猪业的饲料资源，从而保持生态平衡，争取较高的经济效益和生态效益，实现良好循环。

（一）加工副产品的种类和营养价值

加工副产品种类很多，这里仅列举一些主要种类介绍如下。

1. 豆饼

豆饼是大豆榨油后的副产品，是一种优质蛋白质饲料。一般含粗蛋白质43%左右，且蛋白质品质较好，必需氨基酸的组成合理，种类齐全，富含赖氨酸和色氨酸；粗脂肪含量为5%，粗纤维6%；含磷较多而钙不足，缺乏胡萝卜素和维生素D，富含核黄素和烟酸。

2. 棉籽饼

棉籽饼为提取棉籽油后的副产品。一般含粗蛋白质32%~37%，含磷较多而含钙少，

缺乏胡萝卜素和维生素 D。但棉籽饼含有棉酚，对动物具有毒害作用。

3. 花生饼

一般含粗蛋白质 38% 左右，赖氨基酸与蛋氨酸的含量比豆饼少，尼克酸的含量较高，是猪的良好蛋白质补充饲料。

4. 粉渣和粉浆

粉渣和粉浆是制作粉条和淀粉的副产品，质量的好坏随原料而有不同，如用玉米、甘薯、马铃薯等做原料产生的粉渣和粉浆，所含的营养成分主要是残留的部分淀粉和粗纤维，蛋白质含量较低且品质较差。无机物方面，钙和磷含量不多，也不含有效的微量无机物。几乎不含维生素 A、维生素 D 和 B 族维生素。

5. 酒糟和啤酒糟

酒糟是酿酒工业的副产品，由于所用原料多种多样，所以其营养价值的高低也因原料的种类而异。酒糟的一般特点是无氮浸出物含量低，风干样本中粗蛋白质含量较高，可达到 20%～25%，但蛋白质品质较差。此外，酒糟中含磷和 B 族维生素很丰富，但缺乏胡萝卜素、维生素 D，并残留一定量的酒精。

啤酒糟是以大麦为原料制作啤酒后的副产品。鲜啤酒糟的水分含量在 75% 以上，干燥啤酒糟内蛋白质含量较多，约为 25%，粗脂肪质含量也相当多。此外，由于啤酒糟里含有很多大麦麸皮，所以粗纤维含量也较多。

6. 豆腐渣

豆腐渣是以大豆为原料加工豆腐后的副产品，鲜豆腐渣含水 80% 以上，粗蛋白质 4.7%，干豆腐渣含粗蛋白质 25% 左右。此外，生豆腐渣中还含有抗胰蛋白酶，但缺乏维生素。

7. 酱油渣

酱油渣是以豆饼为原料加工酱油的副产品。酱油渣含水 50% 左右，粗蛋白质 13.4%，粗脂肪 13.1%。此外，酱油渣含有较多的食盐（7%～8%），故不能大量用来喂猪。

（二）利用加工副产品养猪

1. 豆饼

豆饼是猪的主要蛋白质饲料，用豆饼喂猪不会产生软脂现象。在豆饼资源充足的情况下，可以少喂动物性蛋白质饲料（如鱼粉等），甚至可以不喂，以降低饲料成本。豆饼宜煮熟喂，以破坏其中妨碍消化的有害物质（抗胰蛋白酶等），提高消化率并增进适口性。豆饼的喂量，在种类猪的日粮中占 10%～25%。

2. 棉籽饼

棉籽饼的最大缺点是含有棉酚，喂量过多、连续饲喂时间过长或调制不当，常易引起中毒。棉籽饼可分机榨饼和土榨饼两种。机榨饼比土榨饼（未经高温炒熟）含毒量低，在有充足青饲料的条件下，未经处理的机榨饼只要喂量不超过 10%，一般不会发生中毒现象。土榨饼含毒量高，用作饲料时必须经过去毒处理。棉籽饼的脱毒方法，目前公认的最方便有效的方法是硫酸亚铁法，用1%硫酸亚铁水溶液浸泡一昼夜后，连同溶液一起饲喂。也可对棉籽饼进行加热处理，蒸煮2～3 h即可使棉酚失去毒性。此外，用100 kg水加草木灰12～25 kg（或加1～2 kg生石灰），沉淀后取上清液，浸泡棉籽饼一昼夜，水与饼之比为2∶1，清水冲洗后即可饲喂。去毒后的棉籽饼育肥猪可占日粮的20%，但喂1～2个月后，须停喂7～10 d，并多喂青饲料和适当补充矿物质饲料。母猪可喂到15%，妊娠母猪、哺乳母猪以及15 kg以下的仔猪最好不喂。

3. 花生饼

花生饼也是猪的优质蛋白质饲料，可单独饲喂，也可与动物性蛋白质饲料饲喂。由于花生饼的氨基酸组成中缺乏赖氨酸和蛋氨酸，补喂动物性蛋白质饲料以补充缺乏的氨基酸效果更好。猪喜食花生饼，但喂量不可过多，否则可致体脂变软，一般花生饼在猪日粮中的比例以不超过15%为宜。

4. 粉渣和粉浆

由于粉渣和粉浆的营养价值低，如长期大量用来喂猪，可使母猪产生死胎和畸形仔猪，仔猪发育不良，公猪精液品质下降等。因此在大量饲喂粉渣时，必须补充蛋白质饲料、青饲料和矿物质饲料。干粉渣的喂量，幼猪一般在30%以下，成猪在50%以下。

5. 酒糟和啤酒糟

酒糟不适于大量喂种猪，特别是妊娠母猪和哺乳母猪，否则易出现流产、死胎、怪胎、弱胎和仔猪下痢等情况。这主要是由于酒糟中含有一定数量的酒精、甲醇等的缘故。为了提高出酒率，常在原料内加入大量稻壳，猪采食后不易消化，因此酒糟最好晒干粉碎后再喂。

酒糟所含养分不平衡，属于"火性"饲料，大量饲喂易引起便秘，所以喂量不宜过多，最好不超过日粮的1/3，并且要搭配一定量的玉米、糠麸、饼类等精料，并补充适量的钙质，特别是要多搭配一些青饲料，以弥补其营养缺陷并防止便秘。

啤酒糟体积大，粗纤维多，所以应限制其喂量，在猪日粮中的比例以不超过20%为好。

6. 豆腐渣

豆腐渣含水多，容易酸败，生豆腐渣中还含有抗胰蛋白酶，喂多了易拉稀。饲喂前要煮熟，破坏抗胰蛋白酶，并注意搭配青饲料和其他饲料。

7. 酱油渣

酱油渣含有较多的食盐，所以不能大量用来喂猪，否则易引起食盐中毒。干酱油渣在猪日粮中的用量以5%左右为宜，最多不超过7%，一般作为猪的调味饲料使用。同时注意不用变质的酱油渣喂猪。

四、猪饲养技术

(一) 我国的优良猪种

1. 民猪

(1) 产地：原产于东北和华北部分地区。

(2) 体型外貌：按体型大小和外貌结构分为大民猪、二民猪和荷包猪，以二民猪数量最多。头中等大，面直长，耳大下垂，背腰较平，腹大下垂，四肢粗壮，体质强健，后躯斜窄，乳头7对以上，全身被毛黑色，冬季密生绒毛，猪鬃良好。

(3) 繁殖性能：初产母猪约产仔12头，经产母猪产仔15头左右，仔猪初生约1 kg，30日龄窝重约60 kg，60日龄个体重约12 kg。

(4) 主要优缺点：主要优点是繁殖力高，护仔性强，抗寒、抗病力强，耐粗，花板油多，肉质好。缺点是饲料利用率较低，体躯斜窄，后躯欠丰满。

2. 金华猪

(1) 产地：原产于浙江省金华地区。

(2) 体型外貌：金华猪的毛色除头颈和臀尾为黑色外，其余均为白色，故有"两头乌"之称。体型较小，耳中等大、下垂，背微凹，腹微下垂，臀较倾斜，乳头多在8对左右。

(3) 繁殖性能：母猪产仔12头左右，仔猪初生重约0.75 kg，60日龄断奶个体重约10 kg。成年公猪体重120 kg以上，成年母猪100 kg左右。

(4) 主要优缺点：优点是性成熟早，繁殖力高，皮薄骨细，肉质细嫩，脂肪分布均匀，具有腌制火腿的特殊优点。缺点是体型较小，仔猪初生重小，生长较慢，大腿欠丰满。

3. 太湖猪

(1) 产地：原产于江苏、浙江和上海市交界的太湖流域。

(2) 体型外貌：太湖猪个体稍大，头大额宽，额部和后躯有明显皱褶，耳特大、软而下垂，近似三角形，背腰微凹，胸较深，腹大耳垂，臀宽倾斜，四肢稍高，被毛稀疏，毛色全黑或青灰色，乳头一般为8～9对。

(3) 繁殖性能：初产母猪产仔约12头，经产母猪约15头，高的可达20头以上，初生重0.7 kg左右。

(4) 主要优缺点：太湖猪产仔多，性情温顺，母性强，早熟易肥，但后躯发育差，大腿欠丰满，四肢较弱，增重较慢。

4. 荣昌猪

(1) 产地：原产于四川省荣昌、隆昌两县。

(2) 体型外貌：全身白色，两眼周围和面部有小块黑毛，故有"眼镜猪"之称，也是荣昌猪独有的特征。前额部有"旋毛"，耳中等大而下垂，背腰微凹，腹大而深，臀部稍倾斜。

(3) 繁殖性能：经产母猪产仔12头左右，初生重0.75-0.85 kg。成年公猪体重约

150 kg，成年母猪约 140 kg。

（4）主要优缺点：荣昌猪具有生长快、早熟易肥、皮薄、肉质细嫩、饲料报酬高、鬃毛品质特别好等优点。主要缺点是前胸狭窄，后躯欠丰满，对寒冷潮湿环境敏感。品种内个体差异大。

5. 哈尔滨白猪（简称哈白猪）

（1）产地：原产于黑龙江省南部及中部地区，以哈尔滨市及其周围各县饲养较多。哈白猪是用约克夏猪与当地民猪在长期的杂交改良下形成的。

（2）体型外貌：被毛全白，头中等大，嘴中等长，颜面微凹，两耳直立或稍倾斜，结构匀称，背腹平直，腹部下垂，腿臀丰满，四肢粗壮，乳头 6～7 对。

（3）繁殖性能：经产母猪平均产仔数为 11.3 头，初产重为 1.2 kg，60 日龄断奶体重 10～15 kg。

（4）主要优缺点：主要优点是繁殖力高，仔猪初生重大，哺育性能好，抗寒，耐粗，生长发育快，耗料少，屠宰率高，适应能力较强。缺点是体型外貌尚不大一致。

6. 长白猪（兰德瑞斯猪）

（1）产地：原产于丹麦，系 1895 年由英国大白猪与丹麦本地猪杂交后经长期选育而成，是世界分布最广的著名瘦肉型猪种之一。

（2）体型外貌：全身被毛白色，头狭长，嘴筒直，面无凹陷，耳大向前平伸，体躯特别长，肋骨比一般猪多 1～2 对，背腰平直，后躯发达，大腿丰圆，乳头 7～8 对，皮薄，骨细结实。

（3）繁殖及生产性能：母猪产仔 12 头左右，仔猪初生重 1.5 kg 以上，60 日龄断奶重 15 kg 以上，育肥猪 6 月龄体重可达 90 kg，屠宰率 72%～74%，胴体瘦肉率 58% 以上。成年公猪体重 250～350 kg，母猪 200～300 kg。

（4）主要优缺点：长白猪的特点是体躯长，具有高度的早熟性和高的瘦肉率与饲料报酬，繁殖力高，遗传性能稳定，杂交效果显著。但由于长白猪是在优厚的饲养管理条件下育成的，所以对蛋白质水平要求高，耐粗性差，在较差的饲料管理条件下难以适应，易发生皮肤、四肢和生殖道等疾病。

7. 大型约克夏猪（大白猪）

（1）产地：原产于英格兰约克郡地区。

（2）体型外貌：为肉用型猪种，毛色全白，头颈较长，脸微凹，耳薄而大、稍向前立，体躯长，肌肉发达，胸宽深，背稍呈弧形，腹下线平直，四肢较高，体格匀称。

（3）繁殖和生产性能：母猪产仔数为 11 头左右，初生重为 1.25 kg。在我国饲养条件下，一般生后 6 个月体重可达 90 kg，成年公猪体重 250～330 kg，成年母猪 200～250 kg。

（4）主要优缺点：大约克夏猪是世界上著名的瘦肉型品种之一。在我国分布较广，有较好的适应性。具有生长快、饲料利用率高、瘦肉率高、产仔较多、杂交效果好等特点。用大型约克夏作父本与本地母猪进行杂交，在日增重、饲料报酬等方面均有明显的杂交优质。

8. 杜洛克猪
（1）产地：原产于美国。
（2）体型外貌：被毛棕红色，头较小而清秀，脸部微凹，耳中等大小、稍向前倾，身腰较长，肌肉丰满，大腿发达。
（3）产仔性能：母猪窝产仔约11头。
（4）主要优缺点：杜洛克猪的主要优点是饲料报酬高，胴体品质较好，瘦肉率高，早熟生长快。

9. 汉普夏猪
（1）产地：原产于美国。
（2）体型外貌：被毛黑色，在颈结合部有一白带（包括肩和前肢，故称银带猪），嘴较长而直，嘴较长而直，耳中等大小，直立，体躯较长，肌肉发达。
（3）繁殖性能：母猪平均窝产仔数为10头。
（4）主要特点：汉普夏猪性情活泼，胴体瘦肉比例大，眼肌面积及后腿肌肉面积大，繁殖性能良好，母性强。在杂交组合中，适于做母本。

10. 巴克夏猪
（1）产地：原产于英国。
（2）体型外貌：除鼻端、尾梢及四肢下端呈白色（即"六白"）外，其余全为黑色。头短小，嘴筒短，颜面稍凹，耳中等大略向前倾。颈粗短，胸宽深，体躯长、宽、深，似圆筒状。四肢短直有力，后腿发达。
（3）繁殖性能：母猪产仔一般8头左右，初生重为1.3 kg。
（4）主要优缺点：巴克夏猪早熟易肥，屠宰率高，初生仔猪体重大，母猪泌乳力高，遗传性能稳定，适应性较强，性能温顺。但产仔数少，护仔性较差。

（二）仔猪的饲养管理要点

1. 哺乳仔猪的饲养管理技术

哺乳仔猪的生理特点是生长发育快，物质代谢旺盛；体温调节机能不健全；消化道不发达，消化机能不健全。根据哺乳仔猪的这些生物特点，养好仔猪的关键措施，就是使仔猪过好"三关"，以提高其成活率和断奶窝重。

（1）初生关。初生阶段的饲养管理目的是力争仔猪全活、健壮。由于仔猪在胚胎期生活条件稳定，出生后生活条件变化较大，初生猪对外界条件适应性差，抵抗力弱，饲养管理稍有疏忽，就容易造成仔猪死亡。实践证明，仔猪出生后5 d内死亡率较高，常占整个哺乳期死亡总数的58%以上。造成死亡的原因，除由于饿死、冻死、压死以外，病死的也很多。因此，把好初生关是提高仔猪成活率的关键之一。可采取以下几方面措施：①派专人值班接产。尤其是在冬季和早春产仔时更应注意。②防冻防压。冻死和压死是冬季和早春产仔时造成仔猪死亡的重要原因。主要是由于初生仔猪抗寒力差,行动不灵活所致。为此应采取预防措施。实行季节(春季2～3月份)产仔,避开最冷时节;设立专门产房;迅速擦干初生仔猪身上的黏液;猪圈要干燥无贼风。母猪产后1周派专人看护;保持产圈安静,设护仔栏。让仔猪及时吃上初乳。以获得抗体.增强抗病力。③做好仔猪固定奶头的工作。固定奶头时应把发育较差、初生体重小的仔猪固定在前边几对出乳多的乳头上吮乳,把发育较好的放在后边几对出乳少的乳头上,这样不仅可减少弱小仔猪的死亡,还可使全窝仔猪发育匀称。固定奶头时也可掌握"抓两头顾中间"的原则,就是把一窝中最爱抢奶的和抢不上奶的仔猪控制住,强制它们吃指定的奶头,余者仔猪可让它自己去找奶头。

(2)补料关。给仔猪提早开食补料,对于促进仔猪生长发育,提高抗病力、成活率和断奶重是非常重要的。补料技术,主要掌握以下几点:①补料开始时间。以生后7日龄左右开始引食较好,经过10～20 d的训练,在母猪泌乳量开始下降时,仔猪就能正式补上料,以弥补母乳的不足,保证仔猪的正常生长发育。②补料方法。开始引食时可采取"以老带少"的方法,把煮熟的粒料撒于母猪栏内,让母猪带领仔猪吃食;以后采取"以大带小"的方法,以先吃食的大仔猪在运动场内带领未吃食的小仔猪吃料;也可一开始就用湿拌料训练仔猪认食。补料时还应注意:提早饮水;饲料的变换要循序渐进、逐步过渡;抓好旺食期;饲料、食槽和用具要清洁卫生;补料中注意添加矿物质,尤其注意给仔猪补铁等措施。

(3)断奶关。哺乳仔猪长到一定时间,就要离开母猪独立生活,这是一个很大的转变,是影响仔猪成活和增重的最后一关。这一阶段的饲养管理目的是保证仔猪全活,力争少掉膘或不掉膘。主要注意以下几点:①断奶时间。一般在45～60日龄断奶,但也应根据猪的品种、母猪的膘情和泌乳量的多少,以及仔猪的用途等灵活掌握。②断奶方式。其方法主要有:一次断奶,即将母猪与仔猪一次全部隔开。这种方法简单,但由于断奶太突然,仔猪易掉膘,母猪易患乳腺炎;分批断奶,即先断体重大、发育好的仔猪,后断体重小而弱的仔猪,这样有利于弱小仔猪的发育,但断奶期拖得长;逐渐断奶,即在断奶前的5～6 d内,逐渐减少哺乳次数,直到完全断奶,如第1天哺乳4～5次,第2天减为3～4次,第3次减为2～3次,第4次减为1～2次,第5天断奶,这种断奶方式对母仔双方都有利,母猪不易得乳腺炎,仔猪不影响生长发育,为一般猪场所采用。

2. 断奶仔猪的饲养管理技术

从断奶到生后4月龄的仔猪叫作断奶仔猪。要加强断奶仔猪饲养管理,力争断奶仔猪在断奶后健壮成活,并获得较高的日增重,为培育优良的后备猪或商品肉猪打下基础。

仔猪断奶后8～20 d内,往往精神不安,食欲下降,增重缓慢。为了较好地度过这一阶段,应采取"两维持、三过渡"的措施。两维持是指维持原栏管理,维持断奶前的饲料和饲养方式;三过渡是指对饲料、饲养制度和环境要逐渐过渡。

(1)饲料过渡。仔猪断奶后,要保持原来的饲料半个月内不变,以免影响食欲和引起疾病。半个月后逐渐过渡。

（2）饲养制度过渡。仔猪断奶后半个月，每天的饲喂次数应比哺乳期多1～2次。每次的喂量不宜过多，以七八成饱为度，使仔猪保持旺盛的食欲，并应供给清洁的饮水。

（3）环境过渡。如仔猪过渡。仔猪断奶后的最初几天，常表现精神不安、鸣叫，寻找母猪。为了减轻仔猪的不安，最好仍将仔猪留在原栏，也不要混群并窝。到断奶半个月后，仔猪的表现基本稳定和正常时，才可调栏并窝。

（三）肥育猪的饲养管理要点

1. 一贯育肥法

一贯育肥法又叫一条龙育肥法。即从断奶到催肥结束，一直保持高的营养水平。育肥期短，日增重快，饲料利用率高。这种方法要根据猪在各个生长发育阶段的特点，采用相应的日粮配合和饲喂技术。

在小猪阶段，要增加饲喂次数1～2次，日龄逐渐增大后，相应减少日喂次数。为了提高日增重，可采取自由采食法。根据生长发育的需要，精饲料的数量要随体重的增长而增加，并供给充足的粗饲料。

育肥开始时，应做好防疫、驱虫、防寒或防暑等工作。一贯育肥法，一般要求育肥猪6～8月龄时，体重达到90～100 kg。

2. 阶段育肥法

阶段育肥法也称"吊架子"育肥法。是把猪的育肥过程划分为小猪、吊架子、催肥3个阶段，把精饲料重点用在小猪和催肥阶段，在吊架子阶段则尽量利用青饲料和粗饲料，适当搭配精料。这是根据猪的生长发育规律，结合我国以青饲料为主的实际情况，总结出的一种养猪方法。

①小猪阶段（小克郎猪）。从断奶到20～30 kg，饲养时间2～3个月，平均日增重0.2～0.25 kg。在饲养管理技术上，同断奶后3～4月龄的育成猪一样。

②架子猪阶段（大克郎猪）。从体重20～30 kg到40～60 kg，根据青粗饲料质量，饲养时间约5个月，平均日增重0.15～0.2 kg。在此阶段内，猪的耐粗能力逐渐加强，可以消化较粗的青粗饲料，所以在日粮的搭配上，都采取逐渐增加青饲料的办法来"吊架子"，充分利用青饲料中所含的蛋白质、矿物质和维生素来生长骨骼和肌肉，拉大架子。

③催肥阶段。随猪种不同，从体重50～60 kg喂到出栏屠宰，饲喂时间约2个月，平均日增重0.5 kg左右。当架子猪进入催肥阶段以后，应逐渐增加碳水化合物精料，并适当减少运动沉积脂肪。到催肥后期，因体内已蓄积了较多脂肪，加上运动不足，往往会出现食欲下降现象。因此，要采取措施提高其食欲，防止因食欲减退而影响增重。

五、高效生态养猪实例

目前，全国各地以加工业、养殖业、种植业相结合的高效益生态型养猪模式很多，取得的经验也很多，这里仅介绍一例。

河南省偃师县诸葛乡诸葛村，全村970户，44 000人，4 500亩耕地。多年来该村重视生态循环农业的发展，将加工业、养殖业、种植业紧密联系起来，相互利用，相互促进．既保护了生态的平衡，又取得了较高的经济效益。他们的经验是：

第一，玉米深加工后的废弃物——淀粉水渣，为养猪业的发展提供了丰富的物质基础。

该村投资150万元建起了该县第一家玉米淀粉厂，玉米深加工后的淀粉水渣，作为废弃物直接排到水中，不仅浪费了资源，且严重污染了水源。通过试验，淀粉水渣喂猪获得成功。之后全村推广用淀粉水渣喂猪，养猪数量猛增，生猪存栏达4 200头，人均1头。

第二，养猪业发展为农业提供了大量有机肥料，对改善土壤结构，减少化肥污染，降低粮食生产成本起了重要作用。全村年生产猪粪1 200万kg，每亩可施肥1 600 kg，促进了玉米、小麦丰收。

第三，种植业丰收，促进了加工业的发展。由于猪多、肥多、粮多，又促进了淀粉厂的稳定发展，形成了生态的良性循环。每年全村提供给淀粉厂的玉米为130万kg。

诸葛村以生态学理论为基础，通过"加工业—养殖业—种植业—加工业"这样一个封闭式农牧工结合循环模式，净化了环境，保护了生态平衡，走出了一条切实可行的生态型养猪业道路，取得了很好的经济效益、社会效益和生态效益，为生态循环农业的发展提供了经验。

第二节 草牧沼鱼综合养牛

草牧沼鱼综合养牛的中心内容是秸秆（草）养牛—牛粪制沼气—沼渣和沼液喂鱼。

一、作物秸秆营养特点

作物秸秆产量多，来源广，是牛等草食动物冬春两季的主要饲料来源，其营养特点为：

（1）粗纤维含量高，在18%以上，有的甚至超过30%。

（2）无氮浸出物（NFE）中淀粉和糖分含量很少，主要是一些半纤维素NFE的消化率低。如稻草NFE的消化率仅为45%。

（3）粗蛋白质含量低，蛋白质品质差，消化率低。

（4）豆科作物秸秆中一般含钙较多，而磷的含量在各种秸秆中都较低。

（5）作物秸秆含维生素D较多，其他维生素的含量都较低，几乎不含胡萝卜素。

二、秸秆喂牛技术

作物秸秆，如麦秸、玉米秸和稻草等很难消化，其营养价值也很低，直接使用这类秸秆喂牛的效果很差，甚至不足以满足牛的维持营养需要。若将这类饲料经过适当的加工调制，就能破坏其本身结构，提高消化率，改善适口性，增加牛的采食量，提高饲喂效果。秸秆加工调制的方法主要有：

（一）切短

切短的目的利于咀嚼，减少浪费并便于拌料。对于切短的秸秆，牛无法挑食，而且适当拌入糠麸时，可以改善适口性，提高牛的采食量。"寸草铡三刀，无料也上膘"是很有道理的。秸秆切短的适宜长度以3～4cm为宜。

（二）制作青贮料

青贮是能较长时间保存青绿饲料营养价值的一种较好的方法。只要贮存得当，可以保存数年而不变质。

青贮可分为一般青贮、低水分青贮和外加剂青贮。这几种青贮的原理，都是利用乳酸菌发酵提高青贮料的酸度，抑制各种杂菌的活动，从而减少饲料中营养物质的损失，使饲料得以保

存较长的时间。利用青贮窖、青贮塔、塑料袋或水泥地面堆制青贮饲料时，都要求其设备便于装取青贮料，便于把青贮原料压紧和排净空气，并能严格密封，为乳酸菌活动创造一个有利的环境。

1. 一般青贮方法

我国通常采用窖式青贮法（地下窖、半地下窖等）。窖的四壁垂直或窖底直径稍小于窖口直径，窖深以2～3m为宜。这样的窖容易将原料压紧。原料的适宜含水量为60%～80%。为便于压实和取用，应将青贮原料铡短为约1寸。边装边压实，窖壁、窖角更需压紧。一般小窖可用人工踩踏，大窖可用链轨式拖拉机镇压。

装满后立即封窖。可先在上面铺一层秸秆，再培一层厚约1尺的湿土并踩实。如用塑料薄膜覆盖，上面再压一层薄土，能保持更加密闭的状态。封窖后3～5d内应注意检查，发现下沉时，须立即用湿土填补。窖顶最好封成圆弧形，以防渗入雨水。

2. 低水分青贮法

低水分青贮法又称半干青贮法，这种青贮料营养物质损失较少。用其喂牛，干物质采食量和饲料效率（增重和产奶）分别较一般青贮约提高40%和50%以上。低水分青贮料含水量低，干物质含量较一般青贮料多1倍，具有较多的营养物质，适口性好。

制作方法是将原料刈割后就地摊开，晾晒至含水量达50%左右，然后收集切碎装入窖内，其余各制作步骤均与一般青贮法相同。

3. 外加剂青贮

主要从3个方面来影响青贮的发酵作用：一是促进乳酸发酵，如添加各种可溶性碳水化合物，接种乳酸菌、加酶制剂等，可迅速产生大量乳酸，使pH很快达到3.8～4.2；二是抑制不良发酵，如加各种酸类、抑制剂等，可阻止腐生菌等不利于青贮的微生物生

长；三是提高青贮饲料营养物质的含量.如添加尿素、氨作物,可增加青贮料中蛋白质的含量。

这 3 个方面以最后一种方法应用较多。其制作方法一般是：在窖的最底层装入 50～60 cm 厚的青贮原料,以后每层为 15 cm,每装一层喷洒一次尿素溶液。尿素在贮存期内由于渗透、扩散等物理作用而逐渐分布均匀。尿素的用量每吨原料加 3～4 kg。其他制作法与一般青贮法相同,窖存发酵期最好在 5 个月以上。

（三）秸秆的碱化处理

19 世纪末,人们就开始用碱处理秸秆来提高消化率的试验。1895 年法国科学家 Leh-marm 用 2%NaOH 溶液处理秸秆,结果使燕麦秸秆的消化率从 37% 上升到 63%。Beckmann 于 1919 年总结出了碱处理的方法：在适宜的温度下,用 1.5% 的 NaOH 溶液浸泡 3 d。后来的研究又指出,浸泡时间可缩短到 10～12 h。随着进一步的研究,以后又发展了用氨水、无水氨和尿素等处理秸秆的方法,对提高秸秆的营养价值起到了一定的作用。

碱化处理的原理是：秸秆经碱化作用后,细胞壁膨胀,提高了渗透性,有利于酶对细胞壁中营养物质的作用,同时能把不易溶解的木质素变成易溶的羟基木质素,破坏了木质素和营养物质之间的联系,使半纤维素、纤维素释放出来,有利于纤维素分解酶或各种消化酶的作用,提高了秸秆有机物质的消化率和营养价值。如麦秸以碱化处理后,喂牛消化率可提高 20%,采食量提高 20%～45%。

1. 氢氧化钠处理

用氢氧化钠处理作物秸秆有两种方法,即湿法和干法。湿法处理是用 8 倍秸秆重量的 1.5%NaOH 溶液浸泡秸秆 12 h,然后用水冲洗,直至中性为止。这样处理的秸秆保持原有结构与气味,动物喜食,且营养价值提高,有机物质消化率提高 24%。湿法处理有两个缺点,一费劳力,二费大量的清水,并因冲洗可流失大量的营养物质,还会造成环境的污染,较难普及。Wilson 等（1964）建议,改用氢氧化钠溶液喷洒,每 100 kg 秸秆用 30 kg 1.5% 氢氧化钠溶液,随喷随拌,堆置数天,不经冲洗而直接饲喂,称为干法。秸秆经处理后,有机物的消化率可提高 15%,饲喂牛后无不良后果。该方法不必用水冲洗,因而应用较广。

2. 氨处理

很早以前,人们就知道氨处理可提高劣质牧草的营养价值,但直到 1970 年后才被广泛应用。为适用不同地区的特定条件,其处理方法包括无水氨处理、氨水处理及尿素处理等。

（1）无水液氨处理。氨化处理的关键技术是对秸秆的密封性要好,不能漏气。无水氨处理秸秆的一般方法是,将秸秆堆垛起来,上盖塑料薄膜,接触地面的薄膜应留有一定的余地,以便四周压上泥土,使呈密封状态。在垛堆的底部用一根管子与装无水液氨的罐相连接,开启罐上的压力表,按秸秆重量的 3% 通进氨气,氨气扩散很快,但氨化速度较慢，处理时间取决于气温。如气温低于5℃，需8周以上；5～15℃需4～8周；15～30℃需1～4周。氨化到期后，要先通气1～2 d，或摊开晾晒1～2 d，使游离氨挥发，然后饲喂。

（2）氨水处理。用含量15%的农用氨水氨化处理，可按秸秆重量10%的比例把氨水均匀喷洒于秸秆上，逐层堆放，逐层喷洒，最后将堆好的秸秆用薄膜封紧。

（3）尿素处理。尿素使用起来比氨水和无水氨都方便，而且来源广。由于秸秆里存在尿素酶，尿素在尿素酶的作用下分解出氨，氨对秸秆进行氨化。一般每100 kg秸秆加1～2 kg尿素，把尿素配制成水溶液（水温40℃），趁热喷洒在切短的秸秆上面，密封2～3周。如果用冷水配制尿素溶液，则需密封3～4周。然后通气一天就可饲喂。

秸秆经氨法处理，颜色棕褐，质地柔软，牛的采食量可增加20%～25%，干物质消化率可提高10%，其营养价值相当于中等质量的干草。

（四）优化麦秸技术

小麦秸用于喂牛虽有多年历史，但由于原麦秸营养价值低，粗纤维含量高，适口性差，饲喂效果不够理想。

由莱阳农学院（现青岛农业大学）研制出了一种利用高等真菌直接对小麦秸优化处理的生物学处理方法。经过多年经验，初步筛选出比较理想的莱农01和莱农02优化菌株，并研究出简便易行的优化生产工艺。结果表明，高等真菌优化麦秸后，不仅能使纤维素和木质素降解，而且可使高等真菌的酶类与秸秆纤维产生一系列生理生化和生物降解与合成作用，从而使小麦秸的粗蛋白质和粗脂肪的含量大幅度提高，而粗纤维的含量则显著下降。

优化麦秸的方法为：将质量较好的麦秸，放入1%～2%的生石灰水中浸泡20～24 h，以破坏麦秸本身固有的蜡质层，软化细胞壁，使菌丝容易附着。捞出麦秸后，空掉多余的水分，使麦秸的含水量在60%左右。然后采用大田畦沟或麦秸堆垛方式进行菌化处理，每铺20 cm厚的麦秸，接种一层高等真菌，后封顶，防止漏水。一般经20～25 d的菌化时间，菌丝即长满麦秸堆，晒干后即可饲喂。

据试验，优化麦秸喂牛，适口性好，采食量大，生长发育好，平均日增重为681 g，比氨化麦秸和原麦秸分别提高216 g和304 g。

三、沼液喂鱼技术

搞好养猪、养鸡和养牛业的同时，结合办沼气，利用沼肥养鱼，是解决渔业肥料来源，降低生产成本，充分利用各种资源，加快系统内能量和物质的流动，净化环境，提高经济效益和生态效益的一种新途径，也是生态渔业的一种新模式。

人、畜粪制取沼气后有3个方面的优点。一是肥料效率提高。人畜粪在沼气池中发酵，除产生沼气外，在厌氧情况下产生大量的有机酸，把分解出来的氨态氮溶解吸收，减少了氮态损失，因而提高了肥效。二是肥水快。肥料在沼气池中充分发酵分解，投入库中能被浮游植物直接利用,一般施肥后3~5 d水色发生明显变化,浮游生物迅速繁殖,达到高峰。比未经沼气池发酵直接投库的肥料提早4 d左右。三是鱼病减少。投喂沼渣和沼水后,鱼病很少发生。

实践证明,库区发展养牛、养猪、养鸡,用其粪便和杂草制沼气,沼渣、沼水养鱼,是解决水库养鱼饲料来源的有效措施,也是生态渔业的一种模式,其特点是能使各个环节有机结合,互补互利,形成一个高效低耗、结构稳定可靠的水陆复合生态系统。

第三节 生态循环养禽

生态循环养禽,是应用生态工程原理,通过农、牧、渔的有机结合,把规模化养禽业与其他养殖业以及资源利用、环境保护结合起来,充分利用各种资源,提高物质利用率,加快系统内能量的流动和物质的循环,提高经济效益、社会效益和生态效益,促进养禽业的发展。

生态循环养禽的特点如下:

(一)禽类对动物蛋白的需要

蛋白质是生命的物质基础,是构成禽体细胞的重要成分,也是构成禽产品肉和蛋的主要原料。家禽在生长发育、新陈代谢、繁殖和生产过程中,需要大量蛋白质来满足细胞组织的更新和修补的要求,其作用是其他物质无法代替的。

由于禽蛋白质中含有各种必需氨基酸,而禽体内又不能合成足够数量的必需氨基酸满足代谢和生产的需要,必须由饲料中供给。禽类对蛋白质的需要,实质上是对各种必需氨基酸的需要,如鸡生长需要11种必需氨基酸。就不同种类蛋白质饲料来说,动物性蛋白饲料较植物性蛋白质饲料所含的必需氨基酸种类齐全,数量也较多,特别是赖氨酸、蛋氨酸、色氨酸3种限制性氨基酸的含量比植物性蛋白质高得多,其生物学价值也较高。因此,动物性蛋白质饲料是家禽日粮中必需氨基酸的重要来源,但动物性蛋白质饲料来源日趋紧张,如鱼粉主要靠国外进口,成本高。所以,解决家禽对动物蛋白需要的矛盾已迫在眉睫。

生态循环养禽正是解决这一矛盾的关键。例如,用畜禽粪便养殖蚯蚓,再用蚯蚓喂鸡,是实现物质循环、解决禽类动物性蛋白质饲料来源的有效途径。据测定,蚯蚓干体中蛋白质的含量为66%,接近于秘鲁鱼粉,在禽类的日粮中可用蚯蚓替代等量的鱼粉,且成本低,效果好。

实践证明,用蚯蚓喂肉鸡、产蛋鸡和鸭,可以提高增重,节约粮食,多产蛋,降低成本。更主要的是解决了禽类动物性蛋白饲料来源的不足。

此外,在生态循环养禽实践中,也可用禽类粪便养殖蝇蛆,其蛋白质含量为60%,必需氨基酸含量齐全,也是禽类良好的蛋白质饲料来源。

（二）禽类消化特点与禽粪营养价值

搞好生态循环养禽，必须首先了解家禽的消化特点以及禽粪的营养价值，然后加以综合利用。

1. 禽类消化特点

家禽消化道结构与家畜明显不同。家禽有嗉囊和肌胃，喙啄食饲料进入口腔，通过食道进入嗉囊存留，停留时间一般为 2~15 h，而后饲料通过肠道进入肌胃，在肌胃中借助于砂粒磨碎饲料；家禽消化道短、容积小，饲料通过时间短（2~4 h），对营养物质的消化利用率低。此外，家禽消化道无酵解纤维素的酶，故对粗纤维的消化力差，盲肠只能消化少量的粗纤维。

2. 禽粪营养价值

家禽由于消化道较短，消化吸收能力差，很多营养物质随粪便排出体外。因此，禽粪中残存的营养物质很多。目前对禽粪再利用研究较多的是鸡粪。在鲜鸡粪中含有干物质26.49%、粗蛋白8.17%、粗脂肪0.96%、粗纤维3.86%、粗灰分5.2%、无氮浸出物8.27%、磷0.50%、钾0.40%。干鸡粪中所含的营养物质与麸皮、玉米、麦类等谷物饲料相似。

鸡粪中还含有丰富的B族维生素，其中以维生素B%较多。鸡粪中还含有全部必需氨基酸，其中赖氨酸（0.51%）和蛋氨酸（1.27%）含量均超过玉米、高粱及大麦等谷物饲料。鸡粪中还含有多种矿物质元素。因此，开发鸡粪作为畜牧业生产的饲料，是目前国内外鸡粪处理利用研究的热点。

第四节　林下养鸡

随着我国产业结构调整，退耕还林、还草政策的实施，有些地区种植了大面积的林地。随着林木的不断增长，林中土地越来越不适合进行粮食生产。因而，产生大量的林地空闲区，为了提高土地利用率，以林下养鸡为主的林下经济模式在全国迅速发展起来。

由于畜牧业附加值高，发展畜禽生产能增加农民收入，尤其是家禽生产投资低，见效快，成为各地发展的对象。通过林地进行家禽生产，利用空闲地种草进行生态养殖，可以实现：

（1）提高土地利用效率。即有效利用林间空闲土地，又可以减少家禽养殖场在农村土地的占用，提高土地利用效率，减少耕地占用。

（2）提高林地和养殖场的经济效益，实现种、养双赢。林地放牧家禽利用人工种植或天然牧草饲养家禽可以大大降低饲养成本，提高养殖效益。家禽粪便排放在林下可为牧草和树木提供养分，促进牧草和树木的生长，形成能量高效循环利用的农业生态系统。

（3）实现林木、家禽安全生产。林地形成天然屏障，产生隔离区，饲养环境好，减少疫病传播，可以提高家禽成活率，减少药物残留，实现产品绿色、安全。同时，家禽采食昆虫，可以有效减少草地和林地病虫害的发生。

（4）实现家禽环保生产。林地养禽，减少家禽养殖对农村环境的污染，提高农民生存环境质量，符合我国建设新农村的要求。

（5）实现家禽优质生产，提高家禽风味。由于林地养禽属放养方式，家禽一方面通过加大运动，减少有害物质在体内的残留；另一方面由于家禽可以采食林中新鲜牧草，获取常规饲料中不易获取的一些有利于提高家禽品质的风味成分，提高家禽产品的风味。因此，林地生态养禽具有较好的经济效益、社会效益和生态效益。

但是，林下养鸡不能简单地想象成传统的庭院养鸡方式。林下养鸡虽然有优越的环境优势，但也面临着容易感染多种寄生虫病和细菌性疾病的危险。尤其是养殖量达到一定规模时，林下养鸡的疾病控制、饲养管理中遇到的问题可能比舍饲更棘手，而且林下养鸡效益的关键要做好草的文章。因而，掌握专业性的林下养鸡技术是必要的，本节通过介绍林下养鸡的一些技术要点，旨在提高林下养鸡的专业化程度，提高林下养鸡的经济效益。

一、林下养鸡品种与场址选择

1. 林下养鸡品种

林下养鸡品种选择依据饲养目的（肉用、肉蛋兼用、蛋用）而定，由于放牧饲养环境较为粗放，应选择适应性强、抗病、耐粗饲、勤于觅食的鸡种进行放养。

2. 林下养鸡场址的选择

林下养鸡虽然不能大规模建场，但雏鸡饲养舍或简易休息棚必不可少（图2-2）。建议雏鸡饲养舍或简易棚搭建在林中离公路0.5 km以上地势高的地方，同时还要考虑水电的正常供应，以保证照明、保温、供水等的需要。

二、雏鸡的饲养技术

（一）雏鸡来源

应从有种鸡生产许可证的正规种鸡场或孵化场引雏，进雏时应仔细检查雏鸡质量，避免引进弱雏或残雏；肚小、松软，脐带吸收良好，活泼有神的雏鸡为健康鸡雏；如果大肚子，脐带出现豆样突出，或脐部发青，羽毛不全或粘一起、不活泼、打蔫则是弱雏，不能站立、眼睛不能张开或出现瞎眼、歪嘴、转勃等为残雏。

（二）育雏方式

育雏的好坏关系到养鸡的成败，所以育雏是养鸡中很关键的一步。育雏根据饲养条件分地面平养，双层网上饲养或立体育雏笼养。

由于育雏期雏鸡怕冷，需要保温，需要经常抓鸡进行免疫，而且生长慢，该阶段对后期肉质没有影响，建议有条件的养殖户选择立体育雏笼进行育雏，或网上育雏，无育雏条件或育雏技术不成熟的养殖户请有条件的养殖户代育，或购入育雏结束雏鸡，尽量进行地面平养育雏。

（三）雏鸡的饲养

1. 进雏准备

鸡舍所有设备冲洗干净，并将鸡舍空舍干燥两周后，将所有的用具放到鸡舍。地面平养铺上干净、干燥、无霉变垫料（测短成3～5cm的麦秸或玉米绒）7～10cm。如采用网上饲养，则搭好笼架，安装好隔网。先用广谱消毒药按说明书要求进行全面喷洒消毒，用氯制剂、百毒杀等消毒剂对饮水器进行浸泡1～3h消毒，然后用清水冲洗干净，准备接雏。

2. 接雏

接雏前2d开始给育雏舍加温，让育雏室温度在鸡雏到达时达到33～35P，然后将饮水器灌满水，水中可以加3%葡萄糖或水溶性电解质多维。雏鸡到来时，先教雏鸡喝水，2h后，开始喂料。

3. 温度控制

育雏室应在鸡背高度挂干湿球温度计来衡量鸡舍温度状况。第一周温度保持在33～36℃，以后每周下降2～3℃，21d以后温度控制在25℃左右。

温度最好视鸡群活动情况而定：

①如果雏鸡分散良好，运动自如，则说明温度正常；

②如雏鸡扎堆，说明温度过低，应提高温度；

③如雏鸡翅膀张开，张嘴喘气，说明温度过高；

④温度过高应通过开门通风或调控火势措施逐渐降低温度，降温时注意不要过快，日夜温差变化不要大于±2℃。

4. 通风

要注意经常通风换气，除去有害气体，促进鸡生长发育。

通风要循序渐进，窗户门在早晨、晚上凉时小敞，中午热时大敞；有风时小敞，无风时大敞。当进入鸡舍，感觉气味刺鼻时，必须敞开通风，同时注意保证室内温度。饲养前期以保温为主，兼顾通风；后期以通风为主，兼顾保温。炎热季节尽量多敞开窗户或撩起塑料布进行通风。

5. 湿度

育雏前期（2周龄前）要求适度70%以上，可以通过经常带鸡消毒或洒水提高湿度，3周龄后要求适度50%左右，注意保持鸡舍干燥；冬天，空气过度干燥时，可以通过喷雾消毒增加湿度。

6. 饲养密度

雏鸡饲养应分群，地面平养或网上饲养建议分成不同小群，鸡舍饲养密度1～3周龄时约为 40 M/m², 4～5 周龄 20 R/m², 饲养密度还要结合饮水、采食器具，应提供足够的饮水器、料桶或料槽，避免雏鸡采食、饮水出现过度拥挤现象。

三、肉鸡的放养技术

（一）围栏搭建

将准备放养鸡的林地按 5 亩左右用塑料网隔开成一栏一栏，每栏放养鸡数量 400～500 只。

（二）搭棚建舍

在每块林地的中间位置，利用杨树做支架或重新打树桩，用竹竿、木棍、油毡以及篷布、或塑料布搭成 35 m² 左右的简易鸡棚，四周敞开或留通风口。鸡舍中间用木棍搭成高于地面 30 cm 以上的栖架，每只鸡栖架 15 cm。

（三）放养时间和准备

放养时间根据室外气温和青草生长情况决定，一般夏季 25 日龄，春秋季 40 日龄，寒冬 50 日龄起开始放养。如果元旦进雏，由于外界气温较低，林下野草或人工种植牧草可能在 4 月初才长出，放养时间要根据天气温度和牧草的生长情况而定。放养前应做好放养准备，包括：①逐渐减少饲料的饲喂次数，并在料槽中添加一些青草，让雏鸡熟悉并建立对青草的消化；②逐渐将鸡舍全部门窗打开，让鸡舍气温与外界环境一致；③将公、母鸡分开，分别放在不同笼内饲养；④将体弱或发育慢的小鸡单独挑出。

（四）转群和放养

应选择天气暖和的晴天进行转群，转群一般晚上借助于月光或手电筒光线进行。将公、母鸡、体重小的雏鸡分开放入不同围栏中；转群后第 2 天，建议上午 9～10 点开始在舍外喂料进行放牧过渡，饲料依然饲喂草鸡 1 号料，5 d 后按 1 号料和 2 号料 7/3 开、5/5 开、3/7 开的方法混合逐渐更换成 2 号颗粒料。

转群后一定要注意鸡舍温度（一般应在 15℃ 以上）和天气的变化，当雏鸡挤压扎堆、尖声鸣叫、缩颈闭眼时，表明鸡舍温度过低，不宜放出。正常气温下春、冬季上午 10 时至下午 4 时放出，夏、秋季上午 7 时半至下午 5 时半放出，如遇刮风下雨则不宜放养。炎热季节可以敞开帘布，让其自由进出。

第七章 畜牧业信息化发展创新

第一节 畜牧业信息化概述

一、畜牧业信息化的内涵

（一）生产管理信息化

畜禽养殖是畜牧业生产的首个环节，除此之外畜禽产品加工、饲料兽药、畜牧机械设备以及草原牧草的种植等都是畜牧业的必需环节。因此，生产管理信息化涉及的范围十分广泛。养殖生产信息化的目标是收集养殖过程中产生的各种数据和信息，通过对这些信息的分析处理，发现动物个体的生理特点、生产性能、遗传特性、健康状况等，根据动物的不同特点制订提高性能、降低成本及减小风险的措施和方案。根据养殖中的几个关键环节，实现养殖生产过程信息化主要涉及育种、疾病诊疗、饲料配方及日常生产管理等方面。

1. 育种信息化

遗传改良中最主要的问题是畜禽个体的遗传性状、生产性能、生长情况等，对于遗传评定可将一些先进的计算方法整合到程序中，从而最大限度地运用遗传数据，降低产生的偏差，提高遗传评定的准确性；生产性能方面的指标十分繁杂，利用计算机可对这些数据进行有效的管理，此外一些图像资料（如动物个体的照片）可直接转化为数字化资料，通过对图像的分析评价出该个体的性能；提高动物育种能力的另一个主要方式就是充分利用其他单位的种质资源进行联合育种，但只有实现良种资源的数据共享才有可能解决这一问题，网络技术为数据的共享提供了可能。

2. 饲料配方信息化

不同的动物种类，不同的动物个体对营养的需求是不同的，而每种饲料又具有各自的成分比例，因此如何配制饲料一直是养殖企业最为关心的问题。由于饲料配方中需要考虑的因素十分多，手工的方式计算配方基本被淘汰，目前多数都采用饲料配方软件，利用饲料配方软件可使复杂的线形规划变成简单的实用计算技术。

3. 饲养管理信息化

在养殖管理过程中需要利用信息技术帮助管理者完成三方面的工作，其一，利用必要的设备采集、检测生产过程中产生的数据，例如个体编号、产奶量、DHI、饲喂量等；其二，要利用计算机软件对产生的数据进行管理，并进行必要的提示，防止工作遗漏和失误；其三，要利用计算机中整合的算法、模型对生产数据进行分析，为管理者直接提供有关生产效率方面的信息，并对未来的

生产情况进行预测以便于管理者制定相应的决策。饲养管理主要包括繁育管理、饲喂管理、疾病管理、生产资料管理、产品管理等方面。此外在硬件方面还包括自动体重记录系统、自动产奶量记录系统、自动产蛋记录系统、自动个体采食量记录系统等。

4. 疾病智能化辅助诊疗

疾病诊疗是养殖生产中的一个关键环节，疾病直接影响到养殖场的生存，因此十分有必要提高疾病诊疗的准确性与效果。目前利用专家系统技术研制的疾病诊疗智能系统在一定程度上可提高养殖场兽医的诊疗水平，已成为养殖信息化的重要组成部分。

（二）养殖经营管理信息化

无论养殖场、乳品企业、肉业、还是销售企业都涉及经营管理的问题，而且性质也是相同的，生产管理是从技术的角度提高生产效率，而经营管理是从管理的角度提高效益。经营管理的基本任务是如何合理地组织生产力，使供、产、销各个环节相互衔接，密切配合，人、财、物各种要素合理结合，充分利用，以尽量少的劳动消耗和物质消耗，生产出更多的产品。实现经营管理的信息化就需要打通各个环节，例如利用网络、调研等途径获得的供求信息才能进行经营预测和经营决策，并确定经营方针、经营目标和生产结构；对于企业而言，除了一些管理制度无法实现数字化管理之外，设备管理、物资管理、生产管理、技术管理、质量管理、销售管理、财务管理等都需要利用计算机进行，并利用管理软件的分析、预测等功能制定更客观的决策。

（三）畜牧业市场流通消费信息化

无论畜禽产品市场、畜种市场、还是饲料原料市场、兽药市场都始终处于周期性波动之中，而且振幅往往很大，养殖业经常出现宰杀母猪、烫死雏鸡、倒掉牛奶的现象，

出现这种现象的一个主要原因是信息缺乏，导致产品流通环节出现障碍。因此，要专门建立畜牧信息系统，利用系统及时将农畜产品的价格、销售、库存、运输、进出口等动态信息，通过网络对外发布，从而实现在全省，乃至全国地方政府、交易所、研究所、大企业、饲料厂之间的信息共享，并提供不同产品的预测预报服务，避免盲目生产出现的弊端，这样可在很大程度上避免供求失衡的问题。

（四）畜产品消费信息化

畜产品消费信息化主要是指质量安全可追溯系统的建设。畜牧业的最后一个环节就是消费，近年来我国频繁发生的畜禽产品质量问题对畜牧业影响十分巨大。为此我国于2006年开始实施畜产品安全追溯体系工程建设。畜产品安全追溯体系工程就是要建立行之有效的科学管理畜产品的生产、加工、流通过程体系，实现畜产品"从饲养地到餐桌"的全程质量控制。这已成为全球食品管理范畴的一个重要课题。畜产品安全追溯体系工程总体包括：畜禽标识申购与发放管理系统、动物生命周期各环节全程监管系统、畜禽产品质量安全追溯系统三部分。

畜产品安全追溯体系中的核心技术就是信息采集技术，如用于畜禽个体识别的RFID技术，通过无线射频信号自动识别目标对象并获取相关数据，可以工作在各种恶劣环境；可识别高速运动物体；可同时识别多个标签；利用RFID电子标签可存储动物个体在养殖、屠宰分割、销售过程中的数据。

利用质量安全可追溯系统消费者就可以查询到所购畜产品的全部历史数据。对于质量安全的监控，除了技术方面的问题外，更需要国家及政府出台相应的政策和法规进行强制执行，建立由农业部主管，经济、金融、食品卫生安全署、国家卫生安全委员会协同监管的机制。农业部内设的兽医局是全国畜产品质量追溯工作的主管行政机构，专门负责畜产品质量标准制定及相关法规制定，实施宏观监督管理。

（五）畜牧业宏观调控信息化

近年来，市场化运作方式促进了畜牧业的快速发展，我国已经初步建立了基于商品经济的畜牧业发展模式，在这种体制下，生产取决于市场的需要，资源得到更加有效的配置。但市场机制也存在着很大的不足之处，主要表现在盲目性、滞后性、自发性等方面，由于这些缺陷往往会引起经济波动甚至经济危机。再加上畜牧业受自然因素影响较大，畜产品产量年际间波动性较大等问题，畜牧业的发展存在很大的不稳定性。因此政府部门十分有必要从更高的层面、从全局的角度对畜牧业的发展进行宏观调控。除了产业结构方面的问题之外，由于畜牧业可能对环境的破坏作用，畜禽疾病可能对人类造成的危害作用等都需要从宏观的层面进行控制，防止畜牧业在经济上的被动发展、在环境上的破坏性发展以及不注重整体防疫的自由发展。

在技术的层面，政府对国家或区域内的畜牧业进行调控的前提是掌握畜牧业发展现状，了解饲料原料、种畜、畜产品等各个方面的供需，了解畜禽疫病流行情况，政府才能制定科学、客观的调控决策。而对全国畜牧业发展数据进行管理的最好方法就是利用现代信息技术。建立国家和区域层面的畜牧业发展规划信息系统，建立国家畜牧业发展基础数据库，通过采集、存储、分析养殖、流通、资源、环境、疾病等各方面的数据，掌握畜牧业发展的现状，预测各方面的变化趋势，从而制定客观、科学、及时的宏观调控决策。美国组建了全球农业信息服务器。连接的数据库有美国政府农牧业供求及价格信息、大量农业资源和各个大学信息、政府资源及国际贸易信息，拥有 600 个以上的农牧业生产者行业协会信息、1 万多个美国大型农牧场信息，还有全世界和各地区的天气信息，大量的数据可在各个主体之间共享。在国内，2008 年农业部开通全国畜牧业统计监测系统，重点对畜禽产品进行生产统计监测。在我国，现在有很多省份已经建立了畜牧业数据库，但还没有形成统一的畜牧业乃至农业计算机网络服务功能，其共享性较差，畜牧业信息化仍有大量的工作要做。

二、畜牧业信息化技术的应用

早期信息技术主要将目标规划、线性规划等数学优化模型应用于畜牧生产，继而开始计算机软件饲料配制的应用并成功将其商业化。随着科技革新并不断被应用于基层生产实践，畜牧业信息化的研究不断推进，目前已经逐步涉及畜禽养殖的各个环节。

1. 建立饲养档案，规范饲养过程

目前的规模化养殖一般采用"全进全出"制度，由于同一批次的动物大多在同一栋圈舍饲养，用料用药也基本一致，采用信息系统将用药情况用料情况检疫免疫等信息详尽记录，建立相关数据库，形成电子档案；记录与存储关于畜禽个体与群体的生产性能等方面的信息；通过分析计算，从而有针对性地制订并及时根据新信息调整生产计划。另外，还可细化到不同饲养员在不同圈舍的操作时间，使规范操作有据可依，创造出一个透明高效的管理平台；根据信息系统所储存的数据资源，分析畜禽对营养物质的需求饲料市场价格的变动、饲料的库存量等条件，根据饲料的规定用量范围等约束条件，利用计算机信息系统，给出建议的饲料饲养配备方案，并优选出最佳配方。在饲养管理环节，在畜禽生产的不同阶段和状态下，利用计算机控制的自动给料系统，调整饲料营养水平，还可根据个体差异调整饲喂量，减轻了繁重的人工劳作，提高了生产效率。

2. 评估生产效益，规范管理措施

运用计算机仿真功能，根据不同养殖场建立生产函数，以评估动物生产性能，如运用数学模型与仿真技术评估出对核心牛群各繁殖周期，采取不同管理策略能得到的净收益情况。又如运用确定性数学模型，模拟出羊不同生长阶段的遗传参数和管理制度，对产毛性能的影响情况。由于畜禽产品市场价格会随着需求与供应产生周期性波动，近几年多次出现买难卖难的现象，养殖户可根据畜牧信息数据系统分析饲料、活畜和畜产品的需求价格、销售库存、进出口、运输等动态信息，进行市场预测和生产决策，避免盲目性生产。

3. 防控动物疫病，提供辅助诊断

根据动物检疫、疫病监测等途径的监测信息，利用信息技术建立起动物疫情普查、疫病监测、疫情上报的早期预警系统。一旦发现疫情，立即寻找源头，迅速控制疫情扩散是动物疫病的防控关键，是动物疫病防控工作的有效措施之一。采用数据分析技术对相关疫情诱因参数进行分析、整合和判断，建立预测和诊断模型，并制订出早期报告。当发生疫情病情，立即对感染个体进行实时监控，并开展流行病学调查取样分析，根据信息系统分析潜在危害，及时防止病情扩散，发出预警信号，利用计算机信息系统及时向有关部门上报，另外实施具体应对准备和处置，预防疫情暴发。

4. 记录动物行为，提高畜禽福利

畜禽福利包括单位个体生活空间大小、需求饲喂水平、健康卫生等方面，可通过信息采集系统将健康状况、排泄物、求偶行为、体温调节水平等以数据列表的形式储存，根据不同的生理阶段这些因素的变化，划分成不同等级的指标，构建计算机模型，便能对畜禽整体福利状况进行客观评判。如可采用电子耳标，自动获取猪在不同畜舍小环境下的行为数据，来分析猪的行为与环境之间的关系，可以为调整饲养管理方案提供极强的参考价值。

5. 储备遗传资源，制订优育方案

现代遗传育种理念开始收集和储存数量庞大的畜禽遗传数据，利用信息技术，调查、评估、保存、管理畜禽遗传资源，通过先进统计学计算方法，寻找最优育种方案。畜牧业信息系统的建立，能广泛而全面收集储备品种资源，再结合市场需求信息，从更大的范围中寻找并培养出品质高、适应性强、符合人类需求的畜禽品种，甚至可以通过资源共享平台，进行品种的联合培育。

6. 储存生产信息，构建追溯体系

伴随人们对生活质量的高要求，食品安全被广泛关注。畜禽产品一旦发生安全危害，追溯其根源，及时将其危害控制在最小范围，成为畜牧业信息系统构建的主要任务之一。养殖管理过程主要分为：育种引种、饲养管理、疾病防控、销售管理等几部分；畜禽产品又涉及饲养管理、供应商管理、饲料管理、屠宰加工、管理产品库存及销售管理等多方面。将这些不同阶段的信息录入追溯管理系统，制订出切实可行的追溯方案，以确保能在不同环节进行排查，最终实现追溯的可能，实现畜禽食品安全有据可依。

第二节 畜牧业信息技术

信息管理系统在畜牧业中的应用非常广泛，目前主要应用在以下领域：一是畜牧业生产管理信息化，包括畜禽疫病防治、畜禽饲养管理等各个方面；二是畜牧业经营管理信息化，包括与畜牧业经营有关的经济形势、畜禽供求、国民收入、固定资产投资、物资购销和物价变动等；三是市场流通和畜产品消费信息化，指畜牧业生产资料供求信息、动物产品流通（需求量）及收益成本，畜禽产品消费等方面的信息化；四是畜牧业宏观调控信息化，要求政府部门要从更高的层面、从全局的角度对畜牧业的发展进行宏观调控。下面就通过具体了例子，说明信息管理系统在畜牧业中的广泛应用。

一、信息管理系统在生产管理中的应用

畜禽养殖是畜牧业生产的首个环节，除此之外畜禽产品加工、饲料兽药、畜牧机械设备以及牧草的种植等都是畜牧业的必需环节。因此，生产管理信息系统应用的范围十分广泛。养殖生产信息化的目标是收集养殖过程中产生的各种数据和信息，通过对这些信息的分析处理，发现动物个体的生理特点、生产性能、遗传特性、健康状况等，根据动物的不同特点制定提高性能、降低成本及减小风险的措施和方案。根据养殖中的几个关键环节，实现养殖生产过程信息化主要涉及育种、疾病诊疗、饲料配方及日常生产管理等方面。

近年来，我国在畜牧生产管理信息化方面的研究和应用也有较快的发展，目前在大、中型猪场、牛场和羊场等应用较为普遍，使用得较多的信息管理系统除了有国外的PIGWIN 和 PIGCHAMP 外，国内自己研制的有 GBS、PIGMAP、飞天工厂化养猪计算机管理系统、上海沙龙畜牧有限公司开发的 MTC 猪场管理系统，北京宝讯溯源科技有限公司开发的多个养殖信息管理系统等。

下面以上海沙龙畜牧有限公司（以下简称沙龙畜牧）开发的 MTC 猪场管理系统为例，对信息管理系统在生产管理中的应用做一个简单介绍。作为上海知名养殖企业，沙龙畜牧于 2014 年 4 月开始使用智慧农场 –MTC 猪场信息管理系统进行猪场信息化管理。该系统是由麦汇信息科技有限公司（以下简称 MTC）提供并实施。目前项目已正式验收并进入平稳使用。

MTC 猪场管理系统集云计算、大数据性、集成性、移动性等多项创新点于一身，可为养猪企业建立起无地域限制的养殖生产标准、计划管理、养殖过程管理、财务管理、成本核算、利润分析、供应链管理、业务流程体系及即时的数据统计分析平台，更快的部署时间、更低的培训成本、较少的软件投入、更容易适应用户现有的业务工作方式和业务流程，更容易实现投资回报,MTC 猪场管理系统应用将帮助养猪企业实现精益化管理，在当前的市场环境下保持行业竞争力。

借助 MTC 养猪管理系统灵活强大的管理功能，沙龙畜牧提高了业务人员的工作效率、加强了领导层管控和决策能力，从而实现了养猪场降低成本、增强盈利的能力。通过 MTC 猪场管理系统的应用，沙龙畜牧在信息化管理上得到以下提升：

第一，一体化管理平台：消除信息孤岛，打通从种猪引种 – 查情 – 配种 – 妊娠 – 分娩 – 保育 – 育肥 – 上市全过程，实现全业务周期的精细化管理。

第二，计划管理：根据猪存栏、生长阶段、猪场产能、市场行情等信息，实现引种、查情、配种、妊检、分娩、断奶、转保、育肥、上市、免疫保健、饲喂等业务计划自动

运算，完善生产过程的良性循环，达到满负荷均衡生产。

第三，生产绩效的管控与分析：对养殖和生产效率的 KPI 进行全方位、多角度的对比分析，为管理者提供决策依据。

第四，成本和利润分析：各个生产环节成本和利润的多维度构成分析及核算体系。

第五，饲料及药品管理：例如饲料及药品的基础信息管理、采购计划、库存管理、领用记录、耗用预测及统计等。

第六，标准化管理：执行公司统一生产标准体系文件，基于标准化的程序管理，实现规模养殖管理标准化，支撑企业未来业务规模的不断扩展和管理方式的变革。

第七，生产指标关键点的管控：例如，配种分娩率、断奶仔猪成活率、保育猪/育肥猪成活率、母猪淘汰率、商品猪正品率、料肉比、PSY 等。

第八，第三方系统接口：可接入第三方系统，自动读取农场环控系统及其他自动化生产设备的数据。

二、信息管理系统在经营管理中的应用

无论养殖场、乳品企业、肉业，还是销售企业都涉及经营管理的问题，而且性质也是相同的，生产管理是从技术的角度提高生产效率，而经营管理是从管理的角度提高效益。经营管理的基本任务是如何合理地组织生产力，使供、产、销各个环节相互衔接，密切配合，人、财、物各种要素合理结合，充分利用，以尽量少的劳动消耗和物质消耗，生产出更多的产品。实现经营管理的信息化就可以打通各个环节，利用网络、调研等途径获得的供求信息才能进行经营预测和经营决策，并确定经营方针、经营目标和生产结构。对于企业而言，除了一些管理制度无法实现数字化管理之外，设备管理、物资管理、生产管理、技术管理、质量管理、销售管理、财务管理等都需要利用计算机进行管理，并利用管理软件的分析、预测等功能制定更客观的决策。

国内如成都通威自动化设备有限公司推出的 ERP 管理软件"智能化猪场饲喂管理系统"，不仅自动记录每头猪的日常采食、防疫、发情、育苗、买卖等信息，还提供整个猪场的财务管理及"进、销、存"管理，使猪场的管理一步到位。义乌市金睿信息科技有限公司开发的饲料 ERP 系列、养殖 ERP 系列、屠宰 ERP 系列、食品 ERP 系列、追溯平台系列、财务 ERP 系列、营销连锁系列等一系列经营管理和生成管理的软件；作为国内首家致力于农牧企业 ERP 软件开发与实施的专业厂商，北京银合科技整合国内外现有专业软件之优势，在中国农业大学动物科技学院、国内多家行业领军农牧企业及专业软件开发人员的共同努力下开发出了适合于农牧企业的管理软件——银合 ERP 系列产品，解决了普通标准 ERP 产品无法很好应用于农牧行业的弊端，将信息化管理系统这一高效管理工具有效地应用于农牧业这一传统而又焕发着勃勃生机的巨大产业，解决了农牧企业规模不断扩大后管理效率低下、成本升高、食品安全没有保障、集团管控问题突显等规模化养殖企业目前亟待解决的问题。

以金睿信息科技有限公司饲料 ERP 系列为例：该套系统功能有：采购、销售、财务、

库存、生产（包括配方子系统）以及运输、行政、绩效等辅助功能，多用户、多终端，能够基于网络（包括局域网和Internet）运行。

1. 采购

从采购单据的开出，经过严格的审批和批准程序后进入物料采购（先货后款）或是到财务领取采购货款（先款后货）的环节，直至采购流程完成。库管对采购的物料进行验收后入库（分库房管理：不同的采购类型可选不同的库房），同时随时可以进行某一时间段的采购统计，并可随时打印采购单据和采购报表供总经理查阅。

2. 销售

开出销售单，同样经过相应审批程序后才可销售，对采购单批准执行后进入收款和出库环节，销售即告完成。销售的物品直接与业务员挂钩，可查阅业务员与业务的关系，同时可以统计某一个业务员的所有销售业绩等，另外强大的报表系统随时可以打印、查询和统计任意时间的报表。

3. 财务

财务模块目前包括最基本的收款和付款，付款方式有多种，如提前预付款、现金支付、上次余款处理等，同时最高权限的管理者还可以对某客户进行赊销等，基本涵盖了业务过程中多种付款和收款模式，同时仍然支持强大的报表统计。

4. 库存

严格的出入库审批流程让出入库变得更可靠和安全，为库房统计提供有力的保障，同时支持多个库房，可以任意分为如原料库、成品库、中转库等，同时可以对任意一个库房的出入记录和报表进行复杂的查询、统计和打印等。

5. 生产

生产管理是金睿饲料企业管理软件的特色之一，生产管理直接与其他模块进行挂钩，如与原料库（采购）进行挂钩：在生产中如某一种生产原料不够，系统会给出明确的提示等，与配方紧密结合，可以在生产模块进行配方计算，从而实现了进销存生产全面结合。

另外，如运输管理、客户管理、员工管理、车辆管理、绩效管理等更多模块，为上几个模块提供基本的支持。

三、信息管理系统在市场流通、畜禽产品消费中的应用

无论畜禽产品市场、畜种市场，还是饲料原料市场、兽药市场都始终处于周期性波动之中，而且振幅往往很大，养殖业经常出现宰杀母猪、烫死雏鸡、倒掉牛奶的现象，出现这种现象的一个主要原因是信息缺乏，导致产品流通环节出现障碍。因此要专门建立相应畜牧信息系统.利用系统可及时将农畜产品

的价格、销售、库存、运输、进出口等动态信息，通过网络对外发布。从而实现在全省、乃至全国地方政府、交易所、研究所、大企业、饲料厂之间的信息共享，并提供不同产

品的预测预报服务,避免盲目生产出现的弊端,这样可在很大程度上避免供求失衡的问题。

畜产品消费信息化主要是指质量安全可追溯系统的建设。畜牧业的最后一个环节就是消费,近年来我国频繁发生的畜禽产品质量问题对畜牧业影响十分巨大。为此我国于2006年开始实施畜产品安全追溯体系工程建设。畜产品安全追溯体系工程就是要建立行之有效的科学管理畜产品的生产、加工、流通过程体系,实现畜产品"从饲养地到餐桌"的全程质量控制。畜产品安全追溯体系工程总体包括:畜禽标识申购与发放管理系统、动物生命周期各环节全程监管系统、畜禽产品质量安全追溯系统三部分。畜产品安全追溯体系中的核心技术就是信息采集技术,如用于畜禽个体识别的RUD技术,通过无线射频信号自动识别目标对象并获取相关数据,可以工作在各种恶劣环境;可识别高速运动物体;可同时识别多个标签;利用RFID电子标签可存储动物个体在养殖、屠宰分割、销售过程中的数据。利用该系统消费者就可以查询到所购畜产品的全部历史数据。对于质量安全的监控,除了技术方面的问题外,更需要国家及政府出台相应的政策和法规进行强制执行,建立由农业部主管,经济、金融、食品卫生安全署、国家卫生安全委员会协同监管的机制。农业部内设的兽医局是全国畜产品质量追溯工作的主管行政机构,专门负责畜产品质量标准制定及相关法规制定,实施宏观监督管理。

四、信息管理系统在畜牧业宏观调控信息化中的应用

近年来,市场化运作方式促进了畜牧业的快速发展,我国已经初步建立了基于商品经济的畜牧业发展模式,在这种体制下,生产取决于市场的需要,资源得到更加有效的配置。但市场机制也存在着很大的不足之处,主要表现在盲目性、滞后性、自发性等方面,由于这些缺陷往往会引起经济波动甚至经济危机。再加上畜牧业受自然因素影响较大,畜产品产量年际间波动性较大等问题,畜牧业的发展存在很大的不稳定性。因此,政府部门十分有必要从更高的层面、从全局的角度对畜牧业的发展进行宏观调控。除了产业结构方面的问题之外,由于畜牧业对环境的破坏作用,畜禽疾病对人类造成的危害作用等都需要从宏观的层面进行控制,防止畜牧业在经济上的被动发展、在环境上的破坏性发展以及不注重整体防疫的自由发展。在技术的层面,政府对国家或区域内的畜牧业进行调控的前提是掌握畜牧业发展现状,了解饲料原料、种畜、畜产品等各个方面的供需,了解畜禽疫病流行情况,政府才能制定科学、客观的调控决策,而对全国畜牧业发展数据进行管理的最好方法就是现代信息技术。建立国家和区域层面的畜牧业发展规划信息系统,建立国家畜牧业发展基础数据库,通过采集、存储、分析养殖、流通、资源、环境、疾病等各方面的数据,掌握畜牧业发展的现状,预测各方面的变化趋势,从而制定客观、科学、及时的宏观调控决策。

第三节　智慧畜牧业发展创新

一、智慧畜牧业发展概述

（一）定义

智慧畜牧业是数字技术与智能畜牧业技术相结合的畜牧业生产管理技术系统。智慧畜牧业是以信息采集技术、计算机技术、网络通信技术、电子信息工程技术等一批信息高技术为支撑，实现畜牧业生产过程全面数字化，即：畜禽生产过程数据信息获取的实时性和标准化、数据传送网络化、数据处理模型化、精细饲养过程自动化、决策管理智能化，市场消费可追溯化。

智慧畜牧业是一项集地球科学、信息科学、计算机科学、空间对地观测、数字通讯、畜牧业资源、畜牧业管理、畜牧业保护和开发等众多学科理论、技术于一体的专业科学体系，是由理论、技术和工程构成的三位一体的庞大的系统工程。智慧畜牧业是以信息获取的自动化（Collection），信息传播的网络化（communication），信息分析处理的智能化（computation），实施过程的定量化控制（Control）为技术特征。

（二）物联网智慧畜牧业发展的重要性

智慧畜牧业能实施精确畜牧业，是解决我国畜牧业由传统畜牧业向现代畜牧业发展过程中所面临的确保农产品总量、整合农业信息资源、调整畜牧业产业结构、改善农产品品质和质量、资源严重不足且利用率低、环境污染等问题的有效方式，将在世纪之交成为我国畜牧业科技革命的重要内容。

（三）基于物联网的智慧畜牧业系统应用优势

物联网在智慧农牧业生产、运输及消费环节中的应用前景将十分广阔。畜牧业生产需要采集大量信息以达到畜禽生长的最佳条件，而由无线传感器网络组成的物联网系统则有助于实现畜牧业生产的标准化、数字化、网络化。将无限传感器网络布设于牧场、圈舍、食槽等目标区域，网络节点大量实时地收集温度、湿度、光照、气体浓度等物理量，精准地获取各种信息信息，这些信息在数据汇聚节点汇集，为精确调控提供了可靠依据。网络对汇集的数据进行分析，帮助生产者有针对地投放畜牧业生产资料，智慧的控制温度、光照、换气等动作，从而更好地实现牧场资源的合理高效利用和畜牧业的现代化精准管理，推进我国资源的高效管理和利用，使得畜牧业生产效能的提升。与此同时，智慧畜牧业技术与应用的发展，将为电信运营商、终端商等物联网服务企业提供新的、可供发掘的巨大潜在市场。

二、智慧畜牧业发展现状

（一）国际智慧畜牧业发展

从畜牧业生产要素角度来看，国际畜牧业发展方式可分为：一是美国和俄罗斯等人少地多的国家，大力发展以机械技术为依托的劳动力替代技术，走劳动力节约的发展道路；二是日本和荷兰等人多地少的国家，大力发展资源替代技术，利用信息、生物、化学技术弥补不足，走资源节约的道路；三是英国和德国等人地比例中等的国家，既用智能机械替代劳动力，也用信息、生物、化学技术弥补不足，走综合提高生产率和劳动生产率的道路。无论哪种发展形式，各国无一例外地把科技进步和创新作为提高畜牧业产业链竞争力水平的重要战略，采取一系列积极有效的政策措施积极推进。

研究和实践也表明，现代经济竞争已不是单个生产环节和单独产品的竞争，而更多地表现在整个产业链之间的竞争。中国畜牧业的发展应从产业链角度来提升竞争力，这就需要借助科技对畜牧业全产业链进行升级转型。2009年11月，温家宝总理提出，要着力突破传感网、物联网关键技术，及早部署后IP时代相关技术研发，使信息网络产业成为推动产业升级、迈向信息社会的"发动机"。这拉开了全面建设中国物联网的序幕，也为物联网在畜牧业领域的应用提供了契机和动力，现代智慧畜牧业可望迎来新的春天。

物联网（The Internet of Things）是通过各种信息传感设备，如传感器、RFID、全球定位系统、红外感应器、激光扫描器、气体感应器等各种装置与技术，实时采集任何需要监控、连接、互动的物体或过程，采集其声、光、热、电、力学、化学、生物、位置等各种需要的信息，与互联网结合形成的一个庞大网络。

物联网不是一项全新的技术，而是在计算机、通信技术、传感技术、网络技术以及信息处理技术发展到今天而产生的集成性创新技术。畜牧业物联网核心是通过物联网技术实现农产品生产、加工、流通和消费等信息的获取，通过智能畜牧业信息技术实现畜牧业生产的基本要素与畜禽管理、畜禽饲养、疫病预警及农民教育相结合，提升畜牧业生产、管理、交易、物流等环节智能化程度。

（二）我国智慧畜牧业发展现状

智慧畜牧业是我国畜牧业未来发展的基本方向。根据我国畜牧业发展的指导思想，确定智慧畜牧业的总体发展目标为：畜牧业的所有环节全面数字化

即畜禽生产、信息管理、质量追溯、预警预报等环节全面实现数字化，实现畜牧业生产管理由粗放向精准的转变，保持畜牧业的可持续发展。

我国智慧畜牧业发展的基础：①从家畜个体的编码与标识，生产过程的数据采集与传输，家畜个体的精细饲养控制，到畜产品全程质量安全溯源等环节，制定了相应的标准与规范，获得了相应的智能控制平台。②有些发达地区已实现草食家畜数字化育种、饲料营养、疾病防治、加工流通等环节的监控技术，逐渐形成支撑草食家畜产业化发展

的技术体系。③卫星遥感、地理信息技术在草地资源调查、牧区雪灾、火灾和草地资源动态监测中应用。④各地区畜牧兽医信息网络已具雏形，基本实现了办公网络化，启动了宏观预警和专家网上咨询，开展了网上信息服务。

但总体上来讲，我国智慧畜牧业的基础设施建设还处在初级阶段，智慧畜牧业关键技术还处在研究和实验阶段。

（三）智慧畜牧业发展的关键

开展智慧畜牧业研究的关键在于数据信息采集的电子化，数据处理的自动化，数据分析的快捷化，统计结果的准确化。尤其畜牧业生产过程控制系统中，应该实现各个环节准确、无误、快捷、高效的运行机制，是一个复杂的系统工程，必须联合攻关。其与自动化专业联合开发数据采集系统，与计算机专业联合开发软件，与网络工程专业联合开发传输系统，通过消除信息孤岛、创建大型网络平台，促进畜牧业数字化。

1. 突出农民增收是智慧畜牧业建设的主线

智慧畜牧业是专业化、规模化发展的畜牧业，有利于提高农民素质、转移农村各富余劳动力，是农民增收的重要产业，如果没有增收这一保障，该项事业不会持续。

2. 政府要在智慧畜牧业建设中发挥主导作用

党的十五届三中全会和九届人大三次会议均突出了畜牧业在今后农村经济发展中的作用和重要地位。各级政府应加大对畜牧业的支持力度，不仅出台加速畜牧业发展的政策，而且加大资金和技术的投入，为我国未来畜牧业的持续增长提供良好的发展环境。

三、智慧畜牧业的未来

（一）我国智慧畜牧业发展的规划

1. 建立数字化畜牧业服务体系

依托电信公用数据网络，建立畜牧业经济发展的综合网络信息资源平台，向社会和用户提供全面的畜牧业信息服务网络。具体包括：

（1）畜牧业信息数据库实现上至农业部，下至市县各级数据库的纵向、横向互联、互通、资源共享。

（2）畜牧业信息资源采集系统大力发展各级畜牧管理机构等信息终端，形成顺畅的各类信息采集渠道，形成统一规范的市场价格、科技、政策、生产、资源环境等信息采集系统。

（3）畜牧业信息资源加工、发布、管理系统应用现代化信息技术对畜牧信息资源进行深度开发利用，开展网络畜牧信息的自动采集专业搜索引擎，建立畜牧数字化信息采集、加工、处理和发布一体化实用系统及多媒体服务系统平台。

（4）畜牧业专家咨询决策系统利用畜牧兽医知识和数字模型，通过计算机分析或模拟人机对话，解决复杂的问题计算机系统。具体内容是建设畜牧业宏观预警、饲养管理、疫情防治和实用技术系统。

（5）多媒体畜牧业技术推广系统通过计算机网络的文本、图形、声音、动画和视频信息交织组合方式，把先进实用畜牧技术以简单、易懂、易学的方式表现出来，让农民容易接受。

（6）畜产品供求分析预测系统对主要产品供求、价格、进出口贸易实施监测与分析。

（7）畜产品、畜牧业生产投入品网上交易系统依托畜牧兽医在线信息资源平台建设畜牧产品、畜牧业投入品网上交易系统，实现产销直接见面，提高经济效益。

2. 建立智能化畜牧宏观管理体系

国家正在扩大畜牧信息管理及决策支持系统的应用，以实现电脑、电视、电话三网合一，具备八大功能，即在线办公、专家在线技术咨询、数据自动统计汇总、信息采集和发布、GIS畜牧信息动态显示、电话语音点播、电视节目点播和微机智能诊断，为养殖户提供零距离畜牧业信息服务，建设数字畜牧大平台。

构建精细养殖技术平台包括：个体信息管理系统，繁殖动态监测系统，饲养与饲料系统，疾病与防疫系统（数字化疾病诊断、畜牧业风险和公共安全预警预报系统），生产管理系统（畜禽生产过程数字化与可视化），质量安全追溯系统（空间定位、个体识别、食品检测监测）。

3. 树立长远智慧畜牧业发展观

畜牧业全面数字化的实现可能需要30~50年。发展智慧畜牧业是从经济发达地区开始，然后向经济落后地区渗透扩展，最后全面实现数字化。智慧畜牧业的实现是从精细养殖业和网络化信息管理开始，逐步向数字化生产、数字化管理等方向发展，最后实现畜牧业全环节数字化。

（二）智慧畜牧业的关键技术

展望未来，国家和政府已经明确提出了发展物联网"感知中国"的宏伟战略目标，这也为构建畜牧业物联网"感知畜牧业"指明了方向。物联网在畜牧业上的应用必将越来越广泛和重要，一批关键畜牧业信息感知技术和新兴产业培育问题也可望实现突破。未来智慧畜牧业领域的重点是朝着低成本、可靠性、节能型、智能化和环境友好型等五大方向发展，以期实现一下四个目标：

1. 畜产品养殖环节精细化

精细畜牧业是利用3S，即全球定位系统（GPS）、地理信息系统（GIS）、遥感（RS）的差异对畜禽精确到每一个体的一整套综合畜牧业管理技术，实现牧场、圈舍操作的自动指挥和控制。在检测阶段，通过采用高精度采食传感器，依据个体情况和上次进食情况利用大数据分析做到精准投食，不但能有效提高畜牧业饲养饲料使用率，缓解资源日趋紧张的矛盾，并且为畜禽提供了更好的生长环境，充分发挥现有节食设施的作用，优化调度，提高效益，使饲喂更加简约有效；在环境监测阶段，有线或无线网络可以将温室内温度、湿度、光照度等数据传递给数据处理系统，如果传感器上报的参数超标，系统将出现阈值（ThresholdValue）告警，并自动控制相关设备进行智能调节。

2，畜产品加工环节自动化

物联网技术将进一步渗透到畜产品的深加工技术与设备中，使畜产品的深加工设备朝着自动化和智能化方向发展。在品质分级阶段，计算机视觉和图像识别技术可用于畜产品的品质自动识别和分级方面，如种蛋、蛋表面裂纹检测。肉、奶等产品根据营养成分进行自动分级，从而实现畜产品加工过程的自动远程控制，实现降低成本、提高生产效率和产品品质的目标。

3. 畜产品流通环节信息化

在畜产品运输阶段，可对运输车辆进行位置信息查询和视频监控，及时了解车厢内外的情况和调整车厢内温、湿度。还可对车辆进行防盗处理，一旦发现车锁被撬或车辆出现异常，自动进行报警。在存储阶段，通过将冷库内温、湿度变化的感知与计算机或手机的连接进行实时观察，记录现场情况以保证冷库内的温、湿度平衡，为畜产品的安全运送和存储保驾护航。在畜产品销售阶段，农产品可以实现网络展示于交易，瞬间完成信息流、资金流和实物流的交易，农产品电子商务已不再仅仅是产品供求交易的操作平台，而是前延至产前订单，后续至流通配送等一体化的综合平台，即紧紧围绕产业链环节，在信息化管理的平台上实现信息共享、管理对接和功能配套。

4. 畜产品消费环节可溯化

由集成应用电子标签、条码、传感器网络、移动通信网络和计算机网络等构建畜产品和食品追溯系统，可实现畜产品质量跟踪、溯源和可视数字化管理，即对畜产品从牧场到餐桌、从生产到销售全过程实行智能监控，及农产品安全信息在不同供应链主体之间进行无缝衔接，大大提高了畜产品质量。消费者购物时，只需根据商家提供的EPC（产品电子代码）标签，就可以通过电脑、手机、电话及扫描查询机等各种终端设备快捷方便地查询到畜产品从原料供应、生产、加工、流通到消费整个过程的信息，从而做出适当的购买决策，满足了消费者的安全权、知情权、选择权和监督权。

（三）智慧畜牧业应用示例

1. 奶牛智能饲喂系统

系统奶牛的生理特征、生活习性、养殖情况制定一套一套智能化管理系统，除了可以根据奶牛的体重、奶牛阶段、胎次、怀孕情况、生理周期、产奶量、奶质、环境等因素自动计算饲喂量实现基本的精饲料自动饲喂功能外，还可以根据用户要求进行功能扩展，完成诸如奶牛体重自动测量、奶牛活动情况的及时跟踪、发情监测、牛淘汰以及与其他系统的连接等功能，并且整个系统实现智能化，使用方便，采用不同方案后可适合于不同规模的养殖场。

2. 猪智能饲喂系统

猪佩戴电子耳标，有耳标读取设备进行读取，来判断猪的身份，传输给计算机，同时有称重传感器传输给计算机该猪的体重,机器人检测记录该猪的基本信息,系统根据终端获取的数据(耳标号、体重)和计算机管理者设定的数据运算出该猪当天需要的进食量,然后把这个进食量分量分时间地传输给饲喂设备为该猪下料。同时系统获取猪群具有以下基本功能:①实现饲喂和数据统计运算的全自动功能。②耳标识别系统对进食的猪进行自动识别。③系统对每次进食猪耳标标号、进食时刻、进食用时、进食量,并根据体重及怀孕天数自动计算出当天的进食量。④自动测量猪的日体重,并计算出日增重。⑤系统对控制设备的运行状态,测定状况、猪异常情况进行全面的检测及系统报警。⑥系统实现时时数据备份功能,显示当前进食猪的状态。⑦自动分析猪的生长周期,饲料和产肉比,自动检测出栏时间、自动出栏。

3. 智慧养殖场环境监控

为实现生产资料生产环节智慧化,可利用智能传感器与区域内视频监控系统,对畜牧业生产环境信息的实时采集并远程实时报送。智能传感器采用不同的传感器节点构成无线网络,来测量区域内空气湿度、空气成分、温度、气压、光照度和 CO_2 浓度等物理量参数,同时将生物信息获取方法应用于无线传感器节点,通过各种仪器、仪表实时显示或作为自动控制的参变量参与到自动控制中,当环境超标时,数据可通过 GPRS 无线通信方式进行传输,一方面主机进行数据存储、分析并实施监管,另一方面系统报警,向管理人员发送报警信息。视频监控文件通过摄像机全部存储在视频服务器中,可在微机终端进行查看,管理人员可通过手机、平板电脑视频来了解现场动态情况,能及时分析畜禽的活动情况、进食情况、人工和机器的相互配合,为畜牧业生产和温室精准调控提供科学依据,优化畜禽生长环境,提高产量和品质,还可以提高水资源、投入品的利用率和产出率,从而实现生产资料生产的智能化、科学化及集约化。

4. 智慧渔业养殖控制系统

智慧水产养殖控制系统可以用于实时快速监测水产养殖过程中的水质情况,以及渔场周边环境,根据各种实时参数及时对养殖环境进行调节,为养殖对象生长提供最优的成长条件。通过远程控制终端,可以实现对渔场周围灯光、环境控制,同时,可以关联到远程视频,随时随地的掌握鱼塘周围的所有信息,红外电子栅栏能实时发送报警信息,联动监控视频设施进行抓拍,并保存图像以便后期查看,保证养殖的安全;系统可根据设定值实现定时定量的投撒鱼食,结合智能监控系统和远程控制,可自动或手动调整,使养殖更轻松便捷;通过智慧环境监测,监测池塘的水质(如:含氧量、pH、温度等)当环境超标时,主机会自动发送报警信息,及时对环境检测值进行分析,做出相应的调整,例如增加含氧量等,避免紧急情况发生。本系统具有可靠性、适用性、扩展性、开放性、数字化、智能化、人性化等优点。

5. 智慧畜牧业控制系统

智慧化养殖系统采用无线技术 ZigBee 自动组网技术,系统架构和兼容传统产品设计思路,提供一套智慧、节能、安全、即装即用、无须施工的自动化无人养殖方案。

智能畜牧业控制系统的主要特点为:①可自动采集,处理温度、湿度、风速、空气

（如:CO_2、甲醛、温湿度、PM2.5等）、光照等环境参数,监测空气中的当环境超标时,自动发送报警信息,及时分析数据,并联动改善畜牧业的厂区的环境。②具有智慧喂食、智慧灯光、智慧灌溉、智慧监控、智慧环境监测、智慧安防、智慧报警、智慧通风、智能消毒等多种模式,用户可根据需要灵活选择应用,可实现中控室控制,手机、平板电脑遥控多种方式控制。③系统可以对现场的温、湿度限值进行设置和修改,系统可通过控制器或后台监控系统完成联动功能。④实现实时监测通过手机或平板电脑就能远程查看情况,还能对监控区域畜牧的安全做保障,同时系统能完美的结合后台数据分析对分析结果进行处理。

6. 智慧中控网关

智慧主机系列是基于 ZigBee 协议的通信设备,提供标准以太网接口,可以将 ZigBee 无线网络随时联通互联网。通过智慧主机的连接,可以方便用户

使用手机等各种移动智慧终端,轻松控制任何基于 ZigBee 协议的产品,实现无线数据高速、安全、可靠传输。根据不同需求,该系列提供不同型号控制主机,供用户自由选择,全方位满足用户所需。

功能特色:①内置 ZigBee 控制模块、电信 3G、4G 上网模块、wifi 上网模块。②兼容各种互联网协议。③局域网访问功能,无须加入互联网,即可控制基于 ZigBee 协议的产品。④支持设备运行状态指示。⑤无线通信稳定可靠。⑥USB 接口供电功能。

四、未来智慧畜牧业术和产品的研究方向与发展趋势

我国智慧畜牧业的建设暂时还处于探索和未成型的阶段。第一,急需建立共享标准、共享原则和政策、数据标准。第二,由于信息数据来源复杂,大数据概念的引入,如何更好地应用这些数据,是一个有待解决的难题。第三,在推进智慧畜牧业建设集约化、专业化、智能化的过程中,传递消息的准确性和网络支持,畜牧业信息网络和接收终端（多网合一传输技术、农用掌上电脑 HPC/PDA、机顶盒、多媒体接收终端 MRT）的研发和应用,也是未来畜牧业发展过程中的重要研究方向。第四,智慧畜牧业建设将是复杂的、知识高度密集的、大规模综合集成的系统工程,融合了计算机、网络、数据库、人工智能等最新技术,这同时也是社会发展需要必须完善的难题。第五,专家系统、决策支持系统及开发工具的开发和应用,可以使智慧畜牧业基础设施的运转、畜牧业技术的操作、畜牧业经营管理运行,通过网络信息的传输全面实现自动化调节和控制。

除此之外,以 3S 技术（RS、GPS、G1S）为代表的精准畜牧业产品开发,虚拟畜牧业技术研究与应用,节能技术研究应用,精准畜牧（动物生长模型、养殖模型、饲喂模型等）,食品安全技术（空间定位、个体识别、食品检测、监测、追溯等）,流通与商务技术（现代物流、电子商务、电子支付、电子认证、市场预测决策等）等方向的研究,都将大大减少智慧畜牧业发展过程中的盲目性,为国家创造巨大的生态效益、社会效益和经济效益,对促进畜牧业产业的持续、健康和跨越式发展产生深远的影响。

第八章 畜牧业专家系统及其应用

畜牧业专家系统作为畜牧业信息化中的一个重要部分,为各个独立、分散的畜牧业技术提供了先进而统一的集成平台,它能将各种畜牧业相关技术有效地结合起来,从而协调处理好畜牧产业"高产、优质、高效、生态、安全"之间的关系,能够最大限度地利用资源,保护生态环境,实现可持续发展,实现畜牧业生产管理的智能化和科学化。

第一节 畜牧业专家系统概述

一、畜牧业专家系统概念

1. 专家系统的概念

专家系统(ES)是人工智能学科的一个分支,又被称为基于知识的系统。专家系统本质上是一个智能化的计算机程序,它的智能化主要表现为其能够在特定的领域内模仿人类专家思维来求解复杂问题。1994年图灵奖获得者,被称为专家系统之父的斯坦福大学 Edward Feigenbaum 教授,对专家系统的进行了以下几个定义:①它是一个具有智能特点的计算机程序。②它具有相关特定领域内大量的专家知识。③它使用人工智能技术模拟人类专家求解问题的思维过程进行推理,解决相关领域内的困难问题,并且达到领域专家水平。

把以上几点概括起来,专家系统是指在特定的领域内,利用某一专家或专家群体提供的大量知识、经验及方法进行推理和判断,模拟人类专家做决定的思维过程,来解决那些需要人类专家决定的复杂问题,提出专家水平的解决方法或决策方案的计算机程序系统。专家系统源自于人类专家又高于人类专家,是人类专家经验、技能、知识的集成和综合。

2. 畜牧业专家系统的概念

畜牧业专家系统(Animal Husbandry Expert System)是一个具有大量畜牧业专家知识与经验的计算机程序系统,是专家系统在畜牧业领域中的具体应用,也是农业专家系统的组成部分之一。它采用人工智能技术,依据一个或多个畜牧业专家提供的畜牧业知识、经验进行推理和判断,模拟人类畜牧业专家就某一复杂问题进行判断与决策,包括解释、预测、诊断、设计、规划、监视、控制等。

畜牧业专家系统在一方面可以作为畜牧业信息化知识的载体,向用户传播各类实用的知识和高新技术成果,另一方面可以实现计算机智能化,将多种的畜牧业专家的技术集成、综合,模拟人类专家的推理决策过程,形象直观的向畜牧行业用户群提供相关问题的详细解答与决策方案,使专家系统在畜牧业生产中达到类似畜牧专家的作用。

3. 畜牧业专家系统的发展

畜牧业专家系统是专家知识和畜牧业信息技术相结合的产物,随着信息技术的发展,按照系统演变过程,畜牧业专家系统发展分为单一化畜牧业专家系统阶段、集成化畜牧业专家系统阶段、网络化专家系统阶段和智能化畜牧业专家系统阶段4个阶段。

(1)单一化畜牧业专家系统阶段20世纪70-80年代是畜牧业专家系统的起始阶段,该阶段的专家系统主要集中于畜牧业数据处理和数据库的开发,专家系统体系结构缺乏完整性,系统灵活性与透明性发面有缺陷,只能够实现生产管理、疾病诊断、病害预测等功能,且多数专家系统未能推广开来。如20世纪70年代末,Tuffrerg等设计了鱼病咨询管理决策专家系统,美国TexasA.M开发的DHLBS(奶牛营养诊断系统,)都属于单功能专家系统。

(2)集成化畜牧业专家系统阶段到了20世纪80年代末期至90年代中期后,包括中国在内的各个国家的专家系统都已经从逐一解决单项问题,向解决多领域、综合问题方向发展。在这个阶段,专家系统已具有了完整的体系结构,具有了较好的移植性,知识获取、逻辑推理以及人机交互界面的软件开发都有了改进,特别是知识表示与推理方法的启发性、通用性方面有所增强,专家系统能够结合多个专业领域,解决畜牧业生产管理、辅助决策、环境控制等综合领域的复杂问题。例如,蛋鸡场决策专家系统(Schmisseur,1989)一方面进行鸡群管理、记录鸡群各种生产数据,同时在管理中查找降低利润原因,计算济损失,给出决策方案与建议。还有用于猪场母猪繁殖管理的专家系统(Pomaretal等,1994),以及奶牛繁殖及诊断系统(美国Margland大学,1988)。

(3)网络化专家系统阶段20世纪90年代后期到21世纪初这一阶段,互联网的大规模普及,面向对象的程序设计有了进一步的发展,网络开始与专家系统的研究进行结合进而出现了网络化的专家系统。如用于集约化猪场管理的决策支持系统（CRIRO，1997），用于猪场健康管理的专家系统（Entin-getal.，2000），用于控制药物和杀虫剂残留和环境污染的决策支持系统（FARAD，1998），以及用于母牛更新的决策支持系统（AREC，1999）等都是这个阶段专家系统的代表。

（4）智能化畜牧业专家系统阶段 21世纪以来，畜牧业信息化技术进入了一个新的发展时期，随着数据库技术、计算机技术的完善、网络技术的普及、人工智能技术、"3S"技术的高速发展，畜牧专家系统的发展进入了智能化畜牧业专家系统的阶段。一方面，智能化专家系统将各种智能技术集中应用于专家系统，数据处理方法得到提高，从而提升了专家系统决策结果的实用性、精确度以及智能化，其中智能化技术主要集中在人工神经网络、"3S"技术、"智能计算"、"模糊决策"、"知识推理"等方面。

二、畜牧业专家系统结构与功能

专家系统的结构是指专家系统各组成部分的构造方法和组织形式。系统结构选择决定了专家系统的适用性和是否有效，而系统的应用环境和所解决问题的特征又决定了专家系统的结构。

1. 畜牧业专家系统的简化结构

畜牧业专家系统的简化结构由两部分组成：知识库（knowledge base）和推理机（reasoning machine）。

知识库系统的主要工作是搜集、储存人类专家的知识，将其模块化以便于计算机进行推理、解决问题。知识库与传统意义上的数据库不同，体现在信息的组织、输入、执行等步骤与方法上，知识库所包含的"知识"可以直接用于问题的决策与解答，而传统数据库的"数据"并没有经过处理，必须经过计算机的搜索、计算处理、解释等过程才能被使用。知识库中的知识组成为分为两部分：一是知识本身，即对物质及概念作实体的分析，并确认彼此之间的关系；二是人类专家总结出来的经验、启发与判断。

推理机是基于知识的推理在计算机中的实现，主要包括推理级和控制级两个方面。人类专家之所以能够精确、高效地求解复杂的问题，除了拥有丰富的专门知识外，更重要的是他们能够合理推理，有效运用知识。专家系统的推理机的主要作用就是利用已知的事实，依据一定的推理规则，选择和运用知识，推断出结论。

2. 畜牧业专家系统的基本结构

不同的专家系统功能与结构都相同，但一般都由知识库、数据库、推理机、知识获取机构、解释机构、人机交互接口和其他有关部分组成。

（1）知识库 知识库是专家系统中的核心部门，也是专家系统结构的一个重要特征。知识库是用于存储领域专家知识的部分，包括事实、可行性操作与规则等，在系统中是独立存在的。用户可以通过修改、完善知识库来提高专家系统的性能。此外，知识表示策略解决知识的存在形式问题，对于不同的知识表示需有相应的推理机制。知识获取与知识表示、知识运用是建造一个专家系统的三个关键技术。

（2）数据库数据库是存放专家系统有关数据的储存器，相当于问题求解过程状态的集合，其中包括用户输入数据、初始数据、运行信息、推理过程中的数据及最终结果等，往往是作为暂时的存储区。数据库中的各种事实、命题、关系组成的状态，既是推理机选用知识的依据，也是解释机制获得推理路径的来源。

（3）推理机推理机是整个专家系统的控制部门，是推理求解问题的机构。它控制专家系统的方式称为推理机制或推理，可以反映推理机构的运作机制和实现方式。它模拟专家思维过程，控制并执行对问题的解答。推理机的性能与构造一般与知识的表示方式和组织方式有关，但与知识的内容无关。可以认为，推理机就相当于人类专家的思维模式，知识库需要通过推理机来实现其价值的。

（4）知识获取机构知识获取的基本任务是为专家系统获取知识，建立起健全、完善、有效的知识库，通过知识获取机构，专家系统可以扩充和修改知识库中的内容，也可以实现自动学习功能。目前知识主要来自于领域专家的实际知识、经验、模型及研究成果，主要采用人工方式，也有用半自动、自动方式获取这些知识的。知识获取机构既是专家系统性能是否卓越的关键，也是设计中的一个难题。

（5）解释机构又称为解释器。专用于向用户解释系统解决问题环节的选择，包括解释理论的正确性及系统作此推理的依据。简单来说，就是回答"为什么"、"怎样得出"之类的发问。系统通常通过跟踪动态库中保存的推理路径，把他翻译成用户能够接受的自然语言。其功能反映了专家系统的透明度和交互性。

（6）人机交互接口又叫用户界面，即使用者与专家系统进行交流的操作界面，领域专家以及知识工程师通过它输入知识、更新完善知识库；一般用户通过它输入欲求解的问题、已知事实数据信息以及向系统提出询问等命令；系统通过它输出运行结果、回答用户咨询问题或向用户索取进一步的事实。人机交互的信息多种多样，包含文字、声音、图像、图形、动画、音像等。因此，用户界面的方便操作，画面的图文并茂、形象生动是专家系统性能好坏的重要标志之一。

推理机、人机接口、解释机构、数据库等部分组合成为一个结构框架，就像人的身体，被称之为"外壳"（Shell）。这种外壳只要配上包含有特定领域某方面知识的知识库，就可组成一个可以运行的专家系统。从专家系统的结构角度来说，专家系统就是知识工程师通过知识获取手段，将领域专家解决特定问题的知识采用统一或自动生成某种特定表示形式，存放在知识库中，然后用户使用人机交互接口输入信息、数据和命令，并借助于数据库等，运用推理机构控制知识库和整个系统工作，得到问题的求解结果。

3. 畜牧业专家系统的功能

畜牧业专家系统具备以下几个功能：①具有知识库，存储解决畜牧业生产、管理问题所需的专家知识。②不仅存储具体解决畜牧业生产所需解决问题的由用户提供的原始数据，而且保存在问题解决过程中每个环节涉及的信息，并提供给用户或者开发者。③具有推理机制，能够运用存储知识，根据当前已知数据信息，按照设定的推理策略解决问题，并能起到控制和协调整个系统的作用。④具有解释功能，能够对推理过程、求解结论或系统自身行为做出必要的解释，如求解的步骤、处理策略，选择处理方法的理论、系统求解某种问题的能力、系统如何组织和管理其自身知识等。这样既便于用户的理解和接受，也便于系统的维护。⑤提供知识获取，机器学习以及知识库的修改、扩充和完善等维护手段，只有这样才能有效地提高系统的问题求解能力及准确性。⑥具有面向用户接口，使用方便，能够接受和分析使用者提出的要求和请求，交互性强。

另外，需要指出的是，畜牧业专家系统的两个最基本功能是，储存知识和运用知识进行指定问题求解。

三、畜牧业专家系统的类型

1. 按功能和结构特征划分

畜牧专家系统按其功能和结构的主要特征，可分为：

（1）预测型专家系统 根据处理问题过去和现在的情况推测未来可能结果的专家系统。在动物及疾病管理中，对病害和虫害的预测关系到畜牧业的健康发展。要对疫情或病虫害做出正确的预测，依赖于专家经验的积累以及历史资料的数据统计，具有下列两个特点：①系统处理的数据随时间变化，可能造成结果不准确和不完全。②系统需要有适应时间变化的动态模型，能够从动态不完全和不准确的信息中得出预测结果。包括病虫害发生预测、禽类传染病控制、畜产品产量估计等。

如 Mcicroy.S.G. 等设计的用于预测片吸虫病流行情况的专家系统；在非洲猪瘟暴发，EipMAN-SF 系统帮助决策人员时采取及时、准确、有效措施，同时可以用于紧急情况的预测（Stark，K.D.C.，1998）；Bogomolova M.C.D. 等将 SIMSID 用于研究新城疫免疫状态和流行病学之间的关系；在澳大利亚，专家系统可以控制传染病如布氏杆菌病、肺结核、口蹄疫和新城疫等（N Nurm 等，1993）。

（2）诊断型专家系统 根据用户输入系统的信息与事实，推断某个对象机能失常的原因，进行解答问题，诊断，并找出处理问题的方法，这类专家系统主要用于疾病的诊断和管理问题的诊断，它是当今畜牧业专家系统中数量最多的一种。对动物疾病和管理问题的正确诊断，需要有相当水平的兽医和管理者。这恰恰是基层畜牧业工作者希望得到的服务，具有下列特点：①能够判断出求解问题或客观事实的特征以及他们之间的联系。②能够区分一种事实情况下及其隐藏的另一种信息。③能够向用户要求提供进一步数据，从用户提供的多种不确定的信息中，筛选信息，整合并尽可能提供正确的诊断。

如 LYNX 系统主要用于诊断野生哺乳动物、鸟类和爬行类动物的疾病（Bennett.P.M. 等，1995）；何叶龙开发了肉羊疾病诊断专家系统，可对 100 多种疾病进行诊断并给出治疗方案，同时具有知识库维护功能（何叶龙，2002）。

（3）规划型专家系统 根据用户给定目标拟订未来计划的系统，能提供达到给定目标的步骤顺序，具有以下特点：①系统规划的目标不确定，可能是动态也可能是静态，因而需要对未来动作做出预测。②所处理的问题可能很复杂，这就要求系统能抓住重点，处理好子目标间的关系和不确定的数据信息,并通过实验性动作做出可行规划。包括畜牧业产业结构规划、区域性畜牧业发展规划以及畜牧营养方案规划等。

(4)监视型专家系统它主要运用传感器监测传输的数据,对系统、对象或过程的行为进行不断观察,联合计算机,利用专家处理问题的经验,依据状态条件的变化自动调整或控制某些参数或装置,并发出警报,目标明确,知识获取量小。监视型专家系统有以下特点:①系统随时间变化不间断地进行观察。②系统反应速度迅速,能够迅速做出调整或行动。③系统做出的动作有准确性。④系统具有动态性,能够随时间和条件的变化处理输入信息。

例如规模化蛋鸡场现代化生产管理系统能够对鸡场温度、湿度、照明等环境进行监控(胡肄农,2002);D.Filmer等实用FLOCKMAN系统来进行鸡舍的科学管理,使用传感器与计算进行自动化控制。

(5)管理型专家系统管理专家系统的收集养殖过程中产生的各种数据和信息,通过对这些信息的分析处理,发现动物个体的生理特点、生产性能、遗传特性、健康状况等,根据动物的不同特点制定提高性能、降低成本及减小风险的措施和方案。

管理专家系统涉及的范围十分广泛。如对畜牧业生产管理、育种资源管理等。荷兰大力推广的Velos智能化母猪管理系统,已得到广泛应用,能够进行自动报警,自动管理等;美国的M.B.Timmons等研制了家禽管理专家系统,在不同饲料、燃料、电价、鸡肉价格的情况下,计算鸡舍所需温度,获得最大经济效益;使用得较多的管理信息系统除了有国外的PIGWIN和PIGCHAMP外,国内自己研制的有GPS、PIGMAP、金牧牧场管理软件、飞天工厂化养猪计算机管理系统等。

(6)控制型专家系统主要是完成实时控制任务,能自适应地管理一个受控对象或客体的全面行为,使之满足预期要求。控制性专家系统的特点:能够解释当前情况,预测未来可能发生的情况,诊断可能发生的问题及原因,修正计划并控制计划的执行。如自动控制温室系统等。G.A.Burnett等报道了ACNV系统,用于蛋鸡场自动控制通风。

(7)咨询型专家系统又称为决策支持系统,能给各种决策人员或部门提供数据(或信息)、方法和方案选优等不同层次的决策支持和咨询服务。它以大量的领域专家知识和经验为基础,通过对现有数据的分析,发现对象运行过程中的异常反应,帮助管理者针对这些问题的解决采取有效的措施。在动物健康及疾病管理中任何需要做出决定的方面,决策专家系统都有其用武之地。咨询专家系统是对用户有关领域的问题提供咨询服务。它包括智能决策支持系统、咨询系统等。如E.Schmisseur等设计的DXMAS用于奶牛场管理中的决策问题和咨询专家系统;集约化猪场管理的决策支持系统、用于控制药物和杀虫剂残留和环境污染的决策支持系统、用于母牛更新的决策支持系统等。

(8)教学型专家系统

面向广大农民用户,根据用户的特点、弱点和基础知识,以最适当的教案和教学方法对学生进行教学和辅导,不但能对畜牧业知识进行传授,而且能对学生提问,指出学生回答中的错误,并进行解释,分析错误的原因,以及指导纠正错误等。此外,它还能根据学生们回答的水平来评分。教学专家系统的特点：同时具有诊断和调试功能，人机接口良好。

（9）专家系统开发工具

这是一种辅助专家系统开发的软件工具，主要用来帮助研究人员建立知识库和进行结构设计。如 SELECTxCALEXsLEVELS.VP-Expert 以及国家农业信息化工程技术研究中心研发的"农业专家系统"，如熊范纶等研制的雄风专家系统开发工具、蒋文科等研制的通用农业专家系统生成工具 AEST 等。

上述几种类型并非完全独立，不同类型之间往往相互关联，形成多种结构并存的专家系统。

2. 按照系统运行环境来划分

（1）单机版专家系统初期的专家系统都是单机版类型的计算机软件，独立运行于 PC 机上，系统程序采用事件驱动编程方法，数据库内包含文件系统和关系数据库系统，可以存储和检索历史数据。其执行过程将不断地对事件做评价和响应，并具有多种图形接口来输出事件结果。

（2）网络版专家系统网络版专家系统依赖于网络，主要是依赖于农业专家系统开发平台，根据用户要求提供快速定制，并通过远程控制器更新、维护。网络化构件化农业专家系统开发平台 PAID 是我国较早的网络化农业专家系统开发平台，由北京农业信息技术研究中心研发。它采用模块化设计，利用"客户层/服务层/数据层"三层绍构模型，遵循 COM/DCOM 技术规范，以后台数据库管理为核心，在 Web 服务器挂接服务构件，通过前台浏览器管理和运行，平台具有网络化、构件化、智能化、层次化、可视化等特点。通过该平台开发的农业专家系统，可以直接在 Intemet/Intranet 网络环境下运行，支持分布式计算、协同作业和远程多用户、多目标任务的并行处理。例如养鸽专家系统（PCES，2007）采用 PAID 5.0 平台，进行养鸽专家系统知识库的构建，开发出各养殖管理功能模块，建立了综合性的养鸽专家系统，有效地解决了养鸽技术人员短缺的问题，有利于养殖技术的普及和推广应用。

（3）嵌入式版专家系统个人数字助理（PDA）、掌上电脑（HPC）、智能手机等设备日渐普及，基于嵌入式设备的软件开发平台也逐渐开放，嵌入式专家系统具有开发周期短、投入低、携带方便、操作简单等特点成为新一代专家系统推广的热点。嵌入式版畜牧业专家系统结构包括知识工程师模块、数据库间串行转换模块和专家系统应用模块。一般先在 PC 机上完成原始数据输入，再利用同步转换程序实现 PC 机与嵌入式设备之间的数据库系统同步转换，用户采用求解式或者提问式方法进行专家决策咨询。

例如，"农务通"是北京农业信息技术研究中心研发的基于 WindowsCE 的嵌入式版农业专家系统，面向领域专家和农户，领域工程师与专家可以方便地输入各种农业知识规则，而用户也能通过专家系统推理决策；河南牧业经济学院自动化控制系研发的基于微信平台的"养猪信息服务专家系统"，可以向广大用户提供"市场预测"、"市场走势"、"养猪行业头条"、"饲料配方"、"饲料价格"、"疾病防治"、"养殖设备"、"猪场管理"、"生猪价格"以及"种猪场查询"等功能,实现了移动终端与畜牧业的良好对接。

（4）多媒体版专家系统针对畜牧业领域生产管理中科技人员和农民的实际需求,多媒体版专家系统通过简捷、直观的多媒体知识表达方法,集合专家文本知识、音频、视频等资料和信息,将多媒体知识和简单推理机程序结合,构成简单和实用的多媒体专家系统,从而实现了畜牧业管理的可视化智能决策。多媒体版专家系统一般采用硬件配置较低的单机运行环境,安装方便,支持丰富的多媒体知识对象,以多种媒体和用户交互,采用提问式专家推理,操作简便明晰。

如TiUey.L（1990）等制作的光盘中,含有1 000多种狗和猫的疾病信息,包括疾病症状、诊断、处理和药物治疗等信息以及图片。此外,该系统具有记事板的功能,用户可以添加新信息,系统也可为顾客提供疾病诊断到治疗所有过程的打印单；Jheodoro.poulos,G（1997）等建立了多媒体支持的专家系统EP-AION,它主要通过虫卵和幼虫的特征进行寄生虫的鉴定。

3. 按照知识表示划分

如按照知识表示技术分类,专家系统可分为基于逻辑的专家系统、基于规则的专家系统、基于语义的专家系统、基于框架的专家系统等。按照推理机制策略分类,专家系统可分为正向推理专家系统、反向推理专家系统、元控制专家系统等。

第二节 畜牧业专家系统相关技术

畜牧业专家系统设计与开发的关键在于建立高性能的计算机程序,其实质就是如何有效地将畜牧业领域的问题与求解有关知识,融合到程序设计中,使计算机程序能够模拟畜牧业专家进行推理、学习和解释、解答问题,涉及的相关技术主要包括知识表示、推理策略、知识获取等。

一、知识的表示技术

畜牧业生产、科研中的专家知识范围广泛,知识类型复杂,既有定性的,又有定量的,既有确定的、结构化的易于表示的知识,又有非不确定的、非结构化的不易表示的模糊知识。因此,在构建畜牧业专家系统的过程中,选择正确的知识表示方法至关重要。

（一）知识定义

专家系统作为一种基于知识的系统,只有对知识的内涵有一个统一的理解,才能对专家系统的进一步研究奠定基础。知识是人们在改造世界的长期生活、实践、科学研究及实验中积累起来的对客观世界的认识与经验的总和,具有规律性,它是人类进行一切智能活动的基础。由于"知识"本身表示的复杂性以及人们对知识理解的多样性，目前，对于知识的定义有不同的描述，通俗定义可表示为：知识是一个或多个信息的关联。例如，"猪体温40℃以上以及食欲减退，并且咳嗽打喷嚏"，"猪可能感冒了"是一些孤立的信息或事实，专把这两个信息用"如果—则"这种因果关系联系起来就形成了一条知识；猪体温40℃以上以及食欲减退，并且咳嗽打喷嚏，则猪可能感冒了"。

专家系统的知识可分为三个层次，即数据级、知识库级和控制级。数据级知识是指解答问题过程中所有信息数据的集合，包括用户输入数据，初始数据以及问题求解过程中所产生的中间结论、最终结论等。例如，诊断家畜病情时，家畜表现症状、化验结果以及推测病因、治疗方案等；知识库级知识是指相关领域专家的知识的集合，例如动物常识、畜牧业专家诊治经验等。这一类知识是构成专家系统的基础，一个系统性能的高低取决于这种知识的质量和数量；控制级知识是关于如何运用前两种知识的知识，一般用于控制系统的运行过程及推理的，其性能的优劣直接关系到系统的"智能"程度。

（二）知识表示技术

知识是专家系统的核心，知识表示是知识工程中最基本问题之一，也是专家系统研究的热门课题。知识表示技术将专家领域知识或源知识转换成为知识库知识，使其能够表达、操作与运用。具体来说，专家系统要利用知识，让计算机来进行理解和推理，就必须将人类知识的自然语言形式化，转变成为计算机接受的形式，也就是用什么样的方法将求解问题所需的知识存储在计算机中，并且设计出灵活运用这些知识的方法即推理过程，使知识的表示与其对应的推理过程相整合。

知识表示就是知识的符号化和形式化的过程。将人的知识转换为知识库能够表达和操作运用的知识表示技术是专家系统的核心技术。常见的知识表示技术有：

（1）产生式规则法 产生式规则法将特定领域的知识按照因果关系整理成规则，存放在知识库中，然后通过推理去寻求答案。

（2）框架型表示法 框架型表示技术是针对有些知识具有描述性而没有因果关系而提出来的，其基本思想是：将一个实物、一个事件或一个概念用一个框架的格式来表示，每个框架有一个框架名，有一组描述这个实物、事件或概念的各方面内容的"槽"，每个槽有若干"侧面"组成。疾病的症状向量组作为槽，槽值就是该疾病的所有症状，该疾病节点的子框架能表示为槽，对于症状匹配可以用不同侧面来表达。

（3）语义网络法 语义主要是用网络图解的形式来组织知识，它能够同时表达事实性知识、结构、属性及其事实之间的因果关系。其网络由节点和具有语义的弧线组成，节点用来表示物体、概念和事件等，弧线表示它们之间的关系。语义网络表示方法自然直观，易于理解，也符合人在处理这类问题的思维习惯。但其局限性体现在知识表示的非严格性和复杂性，不便于知识系统管理维护和有效推理。

（4）"规则架+规则体"规则组法 规则组法应用于表达诊断、分类或者包含大量运算性知识的领域。规则架是参加系统推理的骨架，是一个多前提多结论且结论之间也可存在因果关系的规则形式，只反映结论与前提之间因素的逻辑确定关系。规则体反映因素之间求解或定值方法的具体知识，包含运算公式和一组规则。一个规则组，由规则架和规则体组成，是求解一个子问题的所有知识的集合，具有独立性和封闭性。这种知识表示形式层次清晰、表达力强、知识库大为压缩、不同规则组可采用不同的推理机制。

（5）综合知识体法综合知识法针对通常使用建议性、描述性的知识领域，且多与逻辑性、过程性和运算性知识交织在一起运用的领域，例如畜禽养殖等。它由描述框架、"规则架+规则体"规则组和黑板结构三部分组成，统一调度，有机配合，不同的知识在不同部分加以处理。一个知识体是一个独立的基本知识单元，它本身具有相当强的功能，将逻辑型、过程型、运算型、描述型知识以及声音、图像、图形集成于一体，表示方法层次清楚，符合人的思维方式，简明易懂，便于用户学习，便于增加其他知识表示形式。

（6）面向对象表示法面向对象知识表示法也是一种结构化知识表示方法。人们可以把问题分解为一些对象（Object）以及对象之间的组合和联系。对象是由一组数据和与该组数据相关的操作构成的实体。一个对象具有的知识组成了该对象的静态属性，一个对象所具有的知识处理方法和各种操作描述了该对象的智能行为。面向对象以信息隐蔽和抽象数据类型概念为基础，通过演绎和归纳，实现"对象+属性+方法"封装，把一切局部与对象的信息及操作都局限在对象之内，除了对象间的消息传递和子类继承关系连接外，从外界无从得知，体现了对象的封装性，使程序设计具有良好的模块性，适合用于大型知识系统的开发，是基于知识的人工智能软件开发的主要方法之一。

（7）加权模糊逻辑产生式规则法在畜牧业领域，知识类型包括文本、多媒体和数学模型知识，具有较强的不确定性和模糊性，需要将经验性决策和定量决策相结合。赵春江（2009）提出了一种模糊产生式规则的扩充模型，采用"产生式规则+模型+多媒体"知识表示形式，通过加权模糊逻辑表示前提条件的相对重要性以实现知识模糊匹配，从而允许使用某条产生式规则：

（8）逻辑表示法逻辑表示法利用知识的逻辑关系和逻辑谓词实现知识表示，它使用人工智能语言，如 LISP、Prdog、Smalltalk、C 等，能够实现知识处理、推理、规划、决策等具有智能特点的各种复杂问题。例如 Prolog 语言是一种陈述性语言，基本语句仅有三种，即事实、规则和目标，且都用谓词表示。一旦提交必要的事实和规则后，通过内部演绎推理机制自动求解程序给定的目标，不需要在程序中列出具体求解步骤，因而程序逻辑性强，文法简洁，清楚易懂。这种方法通常较为麻烦，效率较低。

二、推理策略

推理是指按照一定的规则或思维方法从已有的事实推出结论的过程。如何在问题求解过程中，合理选择和有效运用知识，完成问题求解，是决定专家系统性能的一个重要标准。常用的推理策略有以下几种。

(一)逆向推理

逆向推理采用"假设－验证"的策略，即先假定某一个目标是正确的，然后去验证满足这个结论的规则集中各个规则，它们的各个条件项是否为真。这些条件项中，如果某一条件是另外一规则集的结论，则检查此规则集的各个规则，查找相应条件，如此向前递归查找。如果某一条件是推理图中的叶节点，则需向用户提问或从数据库提取已有信息。如果用户或数据库无此信息，即一个及以上条件不为真，则该规则推理终止，验证该规则集中的另一规则。若目标推理路径成功，即推定该目标为真，如果此目标经推理达不到真值，即说明此假设失败，选取下一目标进行"假设－验证"，直至选择到某一目标为真为止。如果所有目标验证后无一目标为真，则此次推理没有结果，或称为无解。许多规则型专家系统采用逆向推理。它的主要优点就是不必使用与目标无关的知识，缺点是选择目标具有盲目性，效率降低。

(二)正向推理

与反向推理相反，正向推理是以用户提供的已知事实或数据为驱动。从推理网络的叶节点开始，即询问因素，自下向上进行推导。推理进行时，逐一将用户提供的信息与各规则的条件进行匹配，直至某条路径到达某个目标节点，求得当前问题的解答。正向推理的主要缺点是推理的目的性不强，在推理中可能做了很多与求解无关的操作。

(三)混合推理

这种推理结合了正向推理与反向推理，吸取这两种推理各自的优点。在反向推理中，由于目标的选择是按照一定顺序进行验证，从而浪费很多时间。针对这种问题，我们可以采取三种形式：第一可以先通过正向推理用某些已知数据或事实的驱动去选择合适的目标，然后再逆向推理，证实结论或增加可信度。第二，先假设一个目标使用逆向推理，再使用正向推理获得更多的结论。这样既减少了反向推理选择目标的盲目性，又克服了单纯应用正向推理漫无目标的盲目性。例如，在诊断专家系统中，可以先使用逆向推理，证实家畜的病情，随后使用逆向推理中获得的信息进行正向推理，从而得出家畜还可能患的病。第三，两种推理同时进行，在推理过程中"碰头"，当根据事实的正向推理，与假设结论的逆向推理在某一环节相遇时，就同时确定了事实与结论。

上述三种推理机制基本上是针对规则型知识，产生式规则的推理是一条条规则的传递，依靠条件与结论逻辑上的匹配来实现。框架型表示技术的推理与之相似，是一个个框架之间传递，依靠有关槽的侧面进行判断转向另一框架来实现。

(四)不确定推理

在专家系统的实际应用中，许多事实、概念并非绝对肯定能够精确描述，大量未解决的重要问题往往需要运用专家的经验，而经验性知识一般都带有某种程度的不确定性。例如，描述受害程度的轻重，疾病传染的可能性大小等。不确定性推理就是从不确定性的初始数据信息出发，运用不确定性的知识，最终推出最合理结论的思维过程。

（五）演绎推理、归纳推理、默认推理

演绎推理，就是从一般性的前提出发，通过推导即"演绎"，得出具体陈述或个别结论的过程，即根据公理系统把一个问题中包含在已知事实中的事实作为结论推导出来。归纳推理是从大量的事实中归纳出一般性结论的推理过程，是从个别到一般的推理过程；默认推理也叫作缺省推理，指在知识不完全的情况下假设某些条件成立进行推理。

（六）单调推理、非单调推理

单调推理指在推理过程中，随着过程的推进与新知的加入，推出的结论是呈单调趋势，并且越来越接近目标，不会由于新知识的加入推翻之前的推理。非单调推理，正好相反，在推理过程进行中，不仅不能证实结论，反而推翻了之前的假设。默认推理一种非单调推理。

除此之外，推理方法还有启发性推理与非启发性推理，基于知识的推理与直觉推理等。

三、知识的获取技术

在解决了知识表示的基础上，如何获得专家头脑中的领域知识和人类长期积累的书本知识是建立专家系统的一个最基本的、也是最重要的过程。所谓知识获取是指，在专家系统知识库建造中，领域专家或知识工程师与领域专家共同整理总结的领域知识、经验、模型及研究成果，按所建专家系统规定的知识表示形式，经识别、理解、筛选、归纳等步骤，整理成为一个个知识单元，并转化成知识库的过程。

在建造专家系统的整个过程中，知识表示是解决知识的存在形式问题，知识运用是解决知识的有效运行问题，而知识获取技术主要负责解决整合有用的知识。这些知识的来源可以是专家、技术人员，也可以是书本、资料、试验数据与研究事例等。既要能对人类专家的专业领域知识做有效收集整理，又能筛选归纳，保留正确部分以减少多余或错误部分。因此知识获取具有三个功能：对知识的有效收集，对知识的简化精练，对知识的有效学习。

知识获取的基本任务是为专家系统获取知识，建立起健全、完善、有效的知识库，以满足求解领域问题的需要。知识获取过程通常包含如下四个步骤：

（一）知识抽取

知识抽取是指把蕴含于领域专家、书本、相关论文及系统的运行实践等知识源中的知识经识别、理解、筛选、归纳等抽取出来，以便用于建立知识库。为了确保所获得的知识真实有效，需要进行多次反复的交流，通过筛选整理得出适用于建立知识库的知识，并从系统的运行实践中学习、总结出新的知识。

（二）知识转换

知识转换是指把知识由原始表示形式变成计算机能够识别与应用的形式。人类专家或科技文献中的知识通常是用文本、语言、图形、表格等形式表示的，而知识库中的知

识是由符号等计算机可以识别的形式表示的，因此需要进行知识表示形式的转换。知识的转换可以分为两步：第一步把从专家及文献资料那里抽取的知识转换为某种知识表示模式，如产生式规则、框架等；第二步把该模式表示的知识转换为系统可直接利用的内部形式。第一步工作通常由知识工程师完成，第二步工作一般通过输入及编译实现。

（三）知识输入

知识输入是指用适当形式表示的知识经编译存入知识库的过程，这一过程可利用编辑软件或者专门的知识编辑器完成。

（四）知识检测

在知识抽取、转换、输入等过程中的失误都会造成知识的错误，并直接影响到专家系统的性能。因此，必须对知识进行检测，以便尽早发现并纠正可能出现的错误。

知识获取技术与领域专家、专家系统建造者以及专家系统自身密切相关，但是往往领域专家一般都不熟悉知识处理，而专家系统设计及建造者却不掌握专家知识，因此，知识获取是专家系统建造中的一个难题。虽然知识通过计算机自动获取的研究已经开展，但离知识的完全自动获取还相距甚远。现在知识获取通常是由知识工程师与专家系统中的知识获取模块共同完成的。知识工程师负责从领域专家那里抽取知识，并用适当的模式把知识表示出来，而专家系统中的知识获取模块负责把知识转换为计算机可存储的内部形式，然后把它们存入知识库。在存储的过程中，要对知识进行一致性、完整性的检测。在专家系统建成后，仍然需要对知识进行修改和完善。所以，获取知识贯穿于专家系统的设计和维护的全过程。

四、畜牧业专家系统开发

人类专家之所以能成为某一领域中的专家，关键在于他掌握关于该领域的大量的专门知识。计算机要想和专家一样处理问题，它首先必须先获得那些知识，然后再有效地组织和存储起来以便利用。A.Barr&E.A.Feignbaum 曾精辟地指出："专家系统的性能水平主要是它所拥有知识数量和质量的函数"。专家系统拥有的知识越多，质量越高，它的解决问题的性能就越强。所以，专家系统实际上是通过在系统中存储大量与应用领域有关的专门知识来取得高水平的问题而求解的。

典型的专家系统主要由知识获取工具、知识库、数据库、推理机、解释机、人机交互接口几个部分组成，其中知识库和推理机是专家系统的核心部分，知识库是实现专家系统智能推理的基础，推理机是专家系统的智能中心。一个畜牧业专家系统由与该畜牧业科研或生产领域有关的事实、经验和规则组成的知识库，与该畜牧业科研或生产领域相关的科研数据、统计数据组成的数据库，由解决生产问题的模型组成的模型库，在问题求解中利用的推理机（或控制结构）等几部分组成。

1. 建立专家系统的步骤

专家系统不同于传统的编程设计，它是需要对其中储存的知识进行逻辑处理，需要使用知识库、推理机和数据库来实现。因此，畜牧业专家系统的开发一般是由畜牧行业专家和知识工程师相互配合，共同完成的。专家提供他解决实际领域中问题的基本知识和经验，工程师则按专家系统中知识的要求对上述知识进行整理，形成专家系统中的知识库，再利用开发专家系统的知识工程语言编制推理机，以及人机交互界面等有关模块，形成专家系统，具体开发过程如图6-6所示。

就一个具体的专家系统而言，建立专家系统有其自己特有的设计步骤，一般可分为下面几个阶段。

（1）认识与概念化阶段对待求的问题分析、研究和概括，确定解决这些问题的方法和途径，包含以下几个方面：问题的分析和概括，系统求解范围的确定，推理方式和知识表示的确定。

（2）实现阶段专家系统由知识库、推理机、综合数据库、解释接口和知识获取五部分组成。专家系统实现阶段就是构造以上内容组成的专家系统外壳。专家系统外壳有两种实现方法：①利用专家系统工具，可以很容易建立专家系统。②用人工智能语言建立专家系统外壳。

（3）获取知识、构造外部的知识库知识获取是指知识工程师从知识源泉提取（总结、归纳）知识的过程。知识源泉一般包括人类专家、书本、数据库。所获取的知识经过进一步的形式化和条理化，通过编辑器输入计算机，就可以构成外部形式知识库。

（4）高度和检验阶段这一阶段包括以下内容：知识库的完善和扩展，专家系统外壳的完善。

2. 专家系统开发工具

建造专家系统是一个既花费时间（如获取知识）又花费精力（指的是编写推理程序等）的过程。在20世纪70～80年代，人们常采用LISP，PROLOG等语言编程来建造专家系统，而现在提倡采用现成的专家系统开发工具加以开发。

专家系统开发工具就是一种具有通用性的专家系统"外壳"，包含了知识库调试、语法检查和一致性检验等所需的管理机构，用于简化构造专家系统工作的程序系统。它既可以避免在编程上花费过多精力，又能使效率提高几倍乃至几十倍。专家系统工具能帮助研究人员获取知识、表示知识、运用知识，帮助系统设计人员进行专家系统结构设计，还能提供一个内部软件环境，提高系统内部的通信能力，加快专家系统开发效率。知识库相当于专家系统的"大脑"，它需要与推理机构、人机交互接口等"外壳"组成专家系统，这些"外壳"对同类型专家系统来说具有通用性。专家系统开发工具就是这样一种具有通用性的"外壳"，它还包含了知识库调试进行语法检查和一致性检验等所需的管理机构，是用来简化构造专家系统工作的程序系统。下面列出几种常见的专家系统开发工具。

（1）语言型开发工具语言型开发工具可分为两类，具体如下：一类由语言本身提供一个推理机去执行该语言编写的程序，称为专家系统语言，如Prolog.LISP等。LISP和PROLOG语言本身具有回溯递归功能，能简化程序的逻辑结构，程序运行过程中可以自动实现知识的搜索、匹配和回溯，但 LISP 和 PROLOG 语言的数值计算功能比其他高级语言差，而且知识和语言的关系比较密切，不熟悉此语言的领域工程师很难对知识实现修改和扩充。另一类是普通的编程语言，自身不提供推理机，如 LISP 和 C 语言。这是最早期专家系统的开发环境，数值计算功能较强，程序设计比较灵活，但是开发工作量较大，大量的程序语言是控制显示语句，程序编制高度相对困难，这也是由当时单任务、单线程的计算机操作系统所决定的。

（2）编辑型开发工具 这类工具供专家系统建造者将领域专家的知识按规定的知识库描述语言格式编辑成知识库，并将获取的知识进行检验，生成所需的专家系统。该类工具由专家系统外壳和知识库生成与管理子系统两部分组成。专家系统外壳包括推理机构、人机交互接口、解释模块、综合数据库等，它们具有通用性，当联入特定的知识库，即构成所需建造的专家系统。

（3）智能型开发工具 虽然编辑型开发工具使用方便，领域技术人员经过短期培训就可学会使用，但仍需熟悉如何将知识经验按照知识描述语言规定的格式进行编辑。为了让用户不必了解人工智能、专家系统的术语和原理，完全按照该领域的思维方式与术语去引导领域专家和技术人员整理知识经验，这称之为智能引导型专家系统开发工具。这种工具比编辑型工具功能强大，但实现的难度也大。

（4）骨架型开发工具 借用已有专家系统，将描述领域知识的规则从原系统中"挖掉"，只保留其独立于问题领域知识的推理机部分，这样形成的工具称为骨架型工具。

（5）构造辅助工具 构造辅助工具是由一些程序模块组成，知识获取辅助工具能帮助获得和表达领域专家的知识，设计辅助工具能帮助设计正在构造的专家系统的结构。国内外已研制出了多种专家系统开发工具，可作为专家系统开发平台，如国外著名的专家系统开发工具有 CALLEX、SELECT、PALMS、MICCS、INSIGHT2+、LEVEL5、VP-Expert、AQ15、AE15 等，但均未能得到广泛运用，而基于 Windows 平台和网络环境运行开发平台 EXSYS，是运用最广泛的专家系统开发工具，售价达 7 000 美元。中科院合肥智能所开发研制的"雄风 XF"系列农业专家开发平台有 10 多个，形成了农作物栽培管理、畜禽饲养管理和水产养殖等近 100 种专家系统，并广泛应用于智能化农业信息应用示范工程"安徽示范区"项目，且在全国多个省市得到推广应用。北京农业信息技术研究中心研发的可定制、可组装的构件化通用农业专家系统开发平台 PAID，包括单机版、网络版、英文版、多媒体版、跨平台版和嵌入式版 6 种版本，有效地支持了 100 多种应用框架和 300 多个专家系统开发，在全国 28 个省（自治区、直辖市）和东南亚部分国家得到了广泛的推广应用。

第三节 畜牧业专家系统的应用

一、Mafic禽病诊断专家系统

本节以农业部饲料工业中心信息部开发的"Mafic禽病诊断专家系统（以下简称Mafic系统）"为例介绍专家系统在畜牧业的主要应用。

Mafic禽病诊断专家系统主要诊断原理是以收集的大量资料依据，找出症状与疾病之间的统计规律，确定出经验公式，经验公式的确立主要采用现代统计理论中的判别分析法和数量化理论原理，将52种禽病按症状分为52个病组。所谓病组就是将具有相同或相似症状的疾病归在一起将其主要症状归列为组，用户在诊断时只要根据患畜的主要症状进入相应病组，选取系统提出的一系列症状"有"或"无"，然后按"诊断"按钮，系统就会按照对所诊断结果的肯定程度做出确诊（确实或正确诊断）、初诊（初步诊断）、疑诊（怀疑诊断）和待诊（待除外诊断）四种诊断结论。对怀疑并发的病症也做了详细说明，并详细说明诊断的依据和原因，如果是由于症状信息不足没有确诊，系统除详细诊断原因外还说明了为达到确诊应该注意观察的症状。用户如果是位有经验的兽医可以起直接按所怀疑的病名进入相应病组，点取相应症状同样可以得出诊断结果。

1.Mafic禽病诊断专家系统安装与启动

用户购买的Mafic禽病诊断专家系统软件包包括：系统光盘片一张、软件加密狗一个、软件使用手册一本、软件登记用户服务卡一张。

Mafic禽病诊断专家系统的安装步骤如下：

第一，首先关闭您的计算机。

第二，用螺丝刀将打印机与计算机连接的通信线接头螺丝松开，取下接头；将"加密狗"与此计算机通信端口连接，并用螺丝刀将"加密狗"与计算机连接的螺丝拧紧，注意：必须插牢后再拧紧螺丝。

第三，将打印机接计算机的接口与"加密狗"的接口连接，插牢后，用螺丝刀将打印机接头上的螺丝与"软件狗"连接，并拧紧。

第四，检查无误后启动计算机，启动Windows操作系统。

第五，将Mafic禽病诊断专家光盘放入光盘驱动器中，双击安装光盘驱动中的SETUP.EXE执行文件图标后开始安装。

第六，用户按安装程序提示不断单击"下一步"按钮，执行安装过程。安装好系统后，请选"开始"使计算机重新启动，即完成了"禽病诊断专家系统"的安装。

Mafic禽病诊断专家系统的启动与其他Windows系统下的软件一样，在Windows系统下单击"开始"按钮，选取"程序"选项组中的"禽病诊断专家系统"程序项，或在相应目录下双击 YBZD 图标，系统就启动了。

2. 疾病诊断

用户进入 Mafic 系统后，在主菜单上选择"疾病诊断"菜单项进入疾病诊断功能项。此功能项是本系统的核心部分，系统提供两类疾病诊断方法：根据症状推断疾病和根据怀疑病名诊断。

（1）根据症状诊断疾病禽病诊断专家系统主要诊断原理是以难以收集的大量资料依据，统计出症状与禽病之间的规律，确定出经验公式。经验公式有确立主要采用现代统计理论中的判别分析法和数量化理论原理，将为 52 种禽病按症状分为 52 个病组，所谓病组就是将具有相同或相似症状的疾病归在一起将其主要症状归列为组，用户在诊断时只要根据患畜的主要症状进入相应病组，选取系统提出的一系列症状"有"或"无"，按后按"诊断"按钮，系统就会按照对所诊断结果的肯定程度做出确诊（确实或正确诊断）、初诊（初步诊断）、疑诊（怀疑诊断）和待诊（待除外诊断）四种诊断结论。

例如：某鸡场有几只鸡两天来只喝水不吃食，不愿动，有点跛。诊断记录：体温 43℃，精神不振，羽毛粗乱，肛门被稀粪脏污，腹部和大腿内侧水肿，有破溃、结痂，局部有脱毛。

诊断如上病例时可从"疾病诊断"菜单中选择"根据症状诊断疾病"的方法（也可点取相应图标）；

这时单击"下一步"按钮进入"选择病组"画面；

此时可按主要症状选取体温升高病组（或进入羽毛粗乱病组，口渴喜饮病组，肛门周围羽毛脏污病组，跛行病组，皮肤有破溃或结痂病组，诊断结果一样），点取症状分组的树形控件，充分展开后主病组前由"□"显示为"日"，然后，点取相应病组名称，（注意：一定要点取病组前图标为"會"的病组才有效，而病组前图标为或"圖"时，说明下面还有分病组，这时一定要点取使其充分展开）。

然后单击"下一步"按钮进入"选择症状"画面，如图 6-10 所示，然后根据症状分别点取"不食，跛行，一般稀粪，喜饮，皮肤破溃有结痂，胸腹和大腿内侧水肿，脱毛，肛门周围羽毛被粪脏污"几个症状，将"有无"栏内变为"V"；这时右边的症状描述栏内将会出现一系列症状信息，移动鼠标在相应症状信息上单击鼠标左键，就会在相应症状左右边出现"V"的标记，如果不小心错点，再点取一下"V"的标记就会消失。

选取完症状信息后，单击"下一步"按钮，系统就会出现诊断结果报告。这时单击"防治措施"按钮，将出现"防治措施"表单，这时单击各单选取钮，可分别看到有关该疾病的描述、流行病学、临床症状、病理变化、诊断临别、防治措施等信息。在防治措施表单上单击"打印"按钮，可显示出该疾病的"打印预览"画面，这时点击"打印预览"工具栏上的"鲁"图标即可打印出有关该病的全部信息。

在"诊断结果"表单上单击"储存报告"按钮，出现选择文件名的提示，这时您可选取相应目录和文件名，或输入新的文件名，单击"确定"按钮即可储存此诊断结果，注意系统储存的文件格式全部为纯文本,用户可在其他文字处理软件中编辑,排版和打印。

在"诊断结果"表单上单击"完成"按钮,将退出诊断表单。

(2)根据怀疑病名诊断疾病

在上例中采用的是"根据症状推断疾病"的诊断方法,如果您是一位有经验的兽医,可以采用"根据怀疑病名诊断"的诊断方法,例如在上例中可以根据症状怀疑病鸡所得病为葡萄球菌病,可直接按病名进入"葡萄球菌病"病组,点取相应症状,可以得出相同的诊断报告。具体操作步骤和"根据症状推断疾病"的诊断方法是类似的,这里就不再赘述了。

注意:点取病名分组的树形控件,充分展开(等主病组前由"田"显示为"日")后,点取相应病组名称(注意:一定要点取病组前图标为"四"的病组才有效,而病组前图标为"圉"时,说明下面还有分病名,这时一定要点取使其充分展开)。这时在"症状选择"页面中的症状描述栏内将会出现一系列症状信息,移动鼠标在相应症状信息上单击鼠标左键,就会在相应症状右边出现"V"的标记,如果您不小心错点,再点取一下,"V"的标记就会消失。

3. Mafic系统辅助工具

(1)防治措施在辅助工具菜单上点取"防治措施",出现防治措施表单,这时在疾病名称表格栏内选取疾病名称,然后点取各单选按钮,可分别看到有关该疾病的概述、流行病学、临床症状、病理变化、诊断鉴别、防治措施等信息,单击"打印"按钮可预览或打印有关该病的相关信息,单击"退出"返回系统主菜单。

(2)症状图谱在"辅助工具"菜单上点取"症状图谱",出现症状图谱表单,这时在左侧表格栏内选取相应症状,即可看到有关该症状的图像。

4. 使用Mafic系统进行禽病诊断的注意事项

禽病诊断专家系统能够快速准确地诊断出常见和少见的52种禽病,适用于各类人士应用。操作快捷简便,结果准确可靠。给用户提供了灵活多变的诊断方法,使用户可以准确地对病禽做出诊断结果。但如何更好地应用这套软件系统,最大地发挥出它的优势呢?下面就将讨论这个问题。

使用本系统诊断禽病,可以概括为:以五条原则选病组;进入相应病组后认真选取症状有无;选取症状后单击"诊断"按钮找出诊断结果;依诊断结果单击"防治措施"按钮寻求防治措施。

(1)病组的选择鸡发病时,必然表现出一些症状。将具有同一种症状的疾病归结在一起,称为病组。症状是多种多样的,不能有一种症状就列出一个病组,因为那样会加大诊断的难度。本系统划分病组遵循5条原则,这5条原则也是选病组的依据。①主要症状与次要症状,以主要症状选病组。②多数鸡的症状与少数鸡的症状,以多数鸡的症状选病组。③发病中期症状与早晚期症状,以中期症状选病组。④固有症状与偶然症状,以固有症状选病组。⑤特殊症状与一般症状,以特殊症状选病组。

另外,有些病组下又分为若干支组,如"羽毛粗乱病组"下又分为病毒性疾病、细菌性疾病、寄生虫病和其他疾病四个支组。如果您有经验，大致就可判断出病鸡所得疾病属于哪种类型，如果判断不准，建议您每个支组均试一遍，对比诊断结果，以防万一漏诊。

另外，对于一种疾病，可能有好几种症状，你可分别按不同症状信息进入病组，认真选取症状，对照不同的诊断结果，您会得到更准确可靠的诊断结果。一般来讲，只要您选取症状合理，选取不同病组后最后得到的诊断结果是一致的。

（2）症状的选择 初学者使用本系统软件有一个障碍，就是认不准症状。为消除这一障碍，请您认真学习后面的"症状判定标准"。对症状，认得准，诊断动物疾病的准确率不会低于95%。

您也可以选取所进入病组的全部症状或大部分症状，这时诊断出的结果就会对照提示相似症状的数个疾病，这时您可依其提示对照病鸡的症状反复对照提示症状有无，从而准确判断出诊断结果。

（3）减少误诊的方法 减少误诊有多进病组减少误诊和常进病组减少误诊两种方法：①多进病组减少误诊：病鸡一般会表现出几种症状，为了减少误诊，可再选2或4个主要症状进病组，进行如上的诊断。这如同乒乓球赛的"三局两胜"或"五局三胜"制。②常进病组减少误诊：鸡一发病就可以进病组诊断，第二天或隔1天，再进病组进行诊断，因为病初症状很可能不典型。

（4）减关于确诊、初诊、疑诊和待诊 由于疾病的症状有消长、盛衰，机体的个体有差异，患畜症状不会全部同时出现，从而给诊断带来困难。医学和兽医学均把诊断的准确程度分为四级：确诊（确实或正确诊断），初诊（初步诊断）、疑诊（怀疑诊断）和待诊（待除外诊断），从而表明对诊断结果的肯定程度。

本系统在确诊和初诊后除说明诊断的原因外，还说明怀疑并发的病症，并说明了确诊所需进一步观察的症状。而对于疑诊和待诊，系统说明了诊断的和确诊所需进一步观察的症状。

（5）鸡病症状判定标准 为了能更好地利用Mafic系统，熟悉鸡病症状判定标准对鸡病的准确诊治是非常关键的，下面给出鸡病症状判定标准的9大方面，便于养殖户能准确描述鸡病的具体症状。

1）一般检查

☆营养状况

营养状况是根据肌肉的丰满程度而判定，可分为营养良好、营养不良，营养中等和恶病质。

营养良好表现为肌肉丰满，特别是胸、腿部肌肉轮廓丰圆，骨不显露，被毛光滑。

营养不良表现为骨骼显露，特别是胸骨轮廓突出呈刀状，被毛粗糙无光。

营养中等介于上述两者之间。

恶病质体重严重损耗，呈皮包骨头状。

☆发育情况

正常（或良好）：身高体重符合品种标准要求，全身各部结构匀称，肌肉结实，表现健康活泼。

生长缓慢（或不良）：体格发育不良身体矮小，体高体重均低于品种标准，表现虚弱无力，精神差。

消瘦：由营养不良或发病引起。可分为急剧消瘦（多见于高热性传染病和剧烈腹泻等）和缓慢消瘦（多见于长期饲料不足、营养不足和慢性消耗性疾病）。

☆精神状况

正常：健康活泼，食欲旺盛，具有活力。

沉郁：呆立不动，反应迟钝，无食欲或拒食。

不振（或萎靡）：介于正常和沉郁之间。

昏迷：呈沉睡状态，强刺激才可能有感觉，反应极为迟钝，甚至无意识反应。

兴奋不安：活动性增强，容易惊恐发出尖叫声，乱飞乱跳。

☆体温情况

测体温方法：由助手或自己把鸡抱住，事先把温度计的水银柱甩到35T以下，小心地把温度计插入鸡泄殖腔内，固定温度计3～5min后即可。鸡正常体温为40.5～42℃。

☆热型

按体温曲线分型。可分为稽留热、间歇热、弛张热、不定型热。

稽留热：高热持续3d以上或更长，每天的温差在1℃以内。

间歇热：以短的发热期与无热期交替出现为其特点。

弛张热：体温在一昼夜内变动1～2℃，或2℃以上，而又不下降到正常体温为其特点。

不定型热：热曲线的波形没有上述三种那样规则，发热的持续时间不定，变动也无规律，而且体温的日差有时极其有限，有时则出现大的波动。

☆呼吸情况

检查呼吸数须在安静或适当休息后进行，观察胸腹部起伏运动。胸腹壁的一起一伏，即为一次呼吸。鸡正常呼吸次数为每分钟22-25次。

☆脉搏次数

检查脉搏次数须在安静状态下进行，借助听诊器听诊心脏的方法来代替。

先计算30s的心跳次数，然后乘2，即为1min的脉搏数。

2）消化系统检查

☆采食

采食困难：吃食时由口流出，吞咽时摇头、伸颈，表现出吃不进。

食欲减少（不振）：吃食量明显减少。

食欲废绝：食欲完全丧失，拒绝采食。

异嗜：采食平常不吃的物体，如煤渣、垫草等。

饮欲减少或拒饮：饮水量少或拒绝饮水。

口渴：饮欲旺盛，饮水量多。

剧渴：饮水不止，见水即饮。

流涎：从口角流出黏性或白色泡沫样液体。

☆粪便情况

减少：指排粪次数少，粪量也少，粪上常覆多量黏液。

停止：不见排粪。

增加：排粪次数增多，不断排出粥样液状或水样稀便。

带色稀便：粪呈粥状，有的呈白色，有的呈黄绿色等。

水样稀粪：粪稀如水。

粪中带血：粪呈褐色或暗红色或有鲜红色血。

粪带黏液：粪表面被覆有黏液。

粪带气泡：粪稀薄并含有气泡。

粪便气味：恶臭腥臭，有令人非常不愉快的气味。次于恶臭为稍臭。

☆口腔变化情况

口腔有伪膜：指口腔黏膜上有干酪样物质。

口腔溃疡：口腔黏膜有损伤并有炎性变化。

舌苔：舌面上有苔样物质。

3）呼吸系统检查

☆呼吸节律

浅表：呼吸浅而快。

促迫：呼吸加快，并出现呼吸困难。

加深：呼吸深而长，并出现呼气延长或吸气延长或断续性呼吸。呼气延长即呼气时间长，吸气延长即吸气的时间长。

断续性呼吸：即在呼气和吸气过程中，出现多次短的间断。

呼吸困难：张口进行呼吸，呼吸动作加强，次数改变，有时呼吸节律与呼吸方式也发生变化。

吸气性呼吸困难：呼吸时，吸气用力，时间延长，常听到类似口哨声的狭窄音。

呼气性呼吸困难：呼吸时，呼气用力，时间延长。

混合性呼吸困难：在呼气和吸气时几乎表现出同等程度的困难，常伴有呼吸次数增加。

咳嗽：这是一种保护性反射动作，咳嗽能将积聚在呼吸道内的炎性产物和异物（痰、尘埃、细菌、分泌物等）排出体外。

干咳：咳嗽的声音干而短，是呼吸道内无渗出液或有少量黏稠渗出液时所发生的咳嗽。

湿嗽：咳嗽的声音湿而长，是呼吸道内有大量的稀薄渗出液时所发生的咳嗽。

单咳：单声咳嗽。

连咳（频咳）：连续性的咳嗽。

痛咳：咳嗽的声音短而弱，咳嗽时伸颈摇头，表现有疼痛。

痰咳：咳嗽时咳出黏液。

☆肺部听诊

干啰音：类似笛声或哨声或鼾声，呼气与吸气时都能听到。

湿啰音（水泡音）：类似含漱、沸腾或水泡破裂的声音。

☆口鼻分泌物

浆液性物：无色透明水样。

黏性物：为灰白色半透明的黏液。

脓性物：为灰白色或黄白色不透明的脓性黏液。

泡沫物：口鼻分泌物中含有泡沫。

带血物：口鼻分泌物呈红色或含血。

4）冠、髯、眼的检查

☆冠、髯

注意观察鸡冠髯的颜色，并进行检查。

正常：指大小正常呈粉红色。

苍白：指颜色变淡，呈灰白色、黄白色，有时表现为瓷白色。

潮红：指颜色加深呈深红或暗红色。

发绀：指颜色呈蓝紫色。

肿胀：冠的全部或部分，髯的单侧或两侧潮红充盈，体积增大并有一定硬度，用手摸感到发热。

萎缩：与肿胀相反，冠髯色淡，松软，体积缩小，边缘常有坏死。

☆眼的变化

结膜出血点：结膜上有小点状出血。

结膜出血斑：结膜上有块状出血。

眼睑肿胀：单侧或双侧眼睑充盈变厚、突出，上下眼睑闭合不易张开，结膜潮红，可能有分泌物。

眼分泌物：可分为浆性、黏性和脓性。浆性即无色透明水样；黏性即呈灰白色半透明黏液；脓性即呈灰白色或黄白色不透明的脓黏物。

瞳孔：由助手用手指将上下眼睑打开，用于电筒照射瞳孔，观察其大小、颜色、边缘整齐度。

眼盲：单侧或两侧视力极弱或完全失明，对眼前刺激无反应。眼盲往往伴有某些病变。

头肿：头的局部或全部体积增大，知觉减退，有的触之有热痛，有的冷而坚实，有的有波动感。

5）运动系统检查

跛行：患肢提举困难或落地负重时出现异常或机能障碍。

步态不稳：指站立或行走期间姿势不稳。

步态蹒跚：运步不稳，摇晃不定，方向不准。

运动失调：站立时头部摇晃，体躯偏斜，容易跌倒。运步时，步样不稳，肢高抬，着地用力，如涉水状动作。

翅、腿麻痹：翅、腿部肌肉和肌腱的运动机能减退或丧失。翅表现弛缓无力，丧失保持自动收缩和伸展的能力。运步时患腿出现关节过度伸展、屈曲或偏斜等异常表现，局部或全部腿知觉迟钝或丧失，针刺痛觉减弱或消失，腱反射减退等，并出现肌肉萎缩现象。

不愿站：能站而不站，强行驱赶时能短时间站立。

不能站：想站而站不起来，强行驱赶时也站不起来。

关节肿：关节局部增大，有的触之有热痛，强迫运动时有疼痛反应，站立时关节屈曲，运动时出现跛行。

6）皮毛系统检查

☆被毛情况

正常羽毛：平滑、干净有光泽，生长牢固。

粗糙无光：羽毛粗乱、蓬松、逆立，带有污物，缺乏光泽。

易脱：非换羽期大片或成块脱毛。

☆皮肤状况

水泡：多在无毛部皮肤长出内含透明液体的小泡，因内容物性质不同，可呈淡黄色、淡红色或褐色。

出血斑（点）：是弥散性皮肤充血和出血的结果，表现在皮肤上有大小不等形状不整的红色、暗红色、紫色斑（点），指压退色者为充血，不退色为出血。

痂皮：皮肤变厚变硬，触之坚实，局部知觉迟钝。

发痒：表现患部脱毛、皮厚、啄咬或摩擦患部，有时引起出血。

7）肌肉和神经系统检查

☆肌肉反应

痉挛（抽搐）：肌肉不随意的急剧收缩。强直性痉挛即指持续痉挛。

震颤：肌肉连续性且是小的阵挛性地迅速收缩。

麻痹：骨骼肌的随意运动障碍，即发生麻痹。表现知觉迟钝或丧失，如针刺感觉消失，出现肌肉萎缩。

角弓反张：由于肌肉痉挛性收缩，致使动物头向后仰，四肢伸直。

☆神经反应

正常：动作敏锐，反应灵活。

迟钝：低头，眼半闭，不注意周围事物。

敏感：对轻微的刺激即表现出强烈的反应。

癫痫：脑病症状之一。突然发作的大脑功能紊乱，表现意识丧失和抽动。

意识障碍：指视力减退、流涎、对外界刺激无反应等精神异常。

圆圈运动：按一定方向做圆圈运动，圆圈的直径不变或逐渐缩小。

叫声：嘶哑，尖叫是指发出不正常的声音，如刺耳的沙哑声，响亮而高的尖叫声。

应激：受不利因素刺激引起的应答性反应。

8）流行病学调查

发病时间：指从鸡发病到就诊这段时间。

病程：指鸡从发病至痊愈或死亡的这段时间。

发病率：疫情调查时疫病在鸡群中散播程度的一种统计方法，用百分率表

发病率 =（发病鸡数/同群总鸡数）× 100%。

死亡率 =（死亡鸡数/同群总鸡数）× 100%

☆直接死亡原因（方式）

衰竭而死：是指心肺功能不全致心、肺衰弱而引起的死亡。

抽搐而死：是指大脑皮质受刺激而过度兴奋引起死亡，表现肌肉不随意的急剧收缩。

窒息而死：是指呼吸中枢衰竭，致使呼吸停止而引起的死亡。

昏迷而死：病鸡倒地，昏迷不醒，意识完全丧失，反射消失，心肺机能失常，而导致死亡。

败血而死：是由病毒细菌感染，造成机体严重全身中毒，而引起的死亡。

突然而死：死前未见任何症状，突然死去。

☆流行方式

个别发生：在鸡群中长时间内仅有个别发病。

散发发病：数量不多，在较长时间内，只有零星地散在发生。

暴发：是指在某一地区，或某一单位，或某一大鸡群，在较短时间内突然发生很多病例。

地方性流行：发病数量较多，传播范围局限于一定区域内。

大流行（广泛流行）：发病数量很大，传播范围很广，可传播一国或数国甚至全球。

9）其他检查

虚脱：由于血管张力（原发性的）突然降低或心脏机能的急剧减弱，引起机体一切机能迅速降低。

坏死：机体内局部细胞、组织死亡。

坏疽：坏死加腐败。

溃疡：坏死组织与健康组织分离后，局部留下一较大而深的创面。

糜烂坏死：组织脱落后，在局部留下较小而浅的创面。

卡他性炎症：以黏膜渗出和黏膜上皮细胞变性为主的炎症。

纤维素性炎症：以纤维蛋白渗出为主的炎症。

炎症：红肿热痛，机能障碍。

二、猪病诊断专家系统

本节以河南牧业经济学院开发的系列软件系统中的"猪病诊断专家系统"为例，介绍一下专家系统在猪病诊断中的作用。

该猪病诊断专家系统采用现代计量医学的研究成果，应用概率统计的方法，如最大似然法、逐步判别法和聚类分析法等，通过对猪病临床诊断的大量样本、专家经验和书本知识对疾病信息和症状信息进行分值计量定义，找出症状与疾病之间的统计规律，确定出经验公式，然后根据对这些症状信息的统计处理而得出诊断结果。它的主要特点：①是简单易学，便于使用，非专业人员无须专门培训，只要移动电脑鼠标即可为猪进行疾病诊断和治疗，并且诊断准确率高达 95% 以上。而专业人员利用该软件能大幅度提高诊断准确率。②是诊断准确率高，速度快，具有很强的实用性、科学性、先进性和实用性。系统不仅适用于各类养猪场和兽医诊疗部门进行临床诊断，更适用于各饲料厂、兽药厂、饲料兽药经销商进行售后服务使用。因此，猪病诊断专家系统的推广必将大大提高基层兽医的临床诊断水平，产生很大的社会效益和经济效益，为畜牧业生产提供强有力的保障。

（一）"真好用"猪病诊断专家系统的安装与启动

用户购买的猪病诊断专家系统软件包包括：系统光盘一张，软件加密狗一个，软件使用手册一本。

该系统的安装步骤如下：

第一，该专家系统的安装非常简单方便，您只要打开电脑，将专家系统软件光盘放入光驱中，就自动启动了安装程序；用户按照安装程序提示依次单击"下一步"按钮，执行安装过程，直到安装"完成"；如果您的电脑光驱没有自动启动安装程序，请双击"我的电脑"图标，再双击光盘驱动器图标，当显示出 SETUP.EXE 执行文件图标后，双击此图标；也可在 Windows 系统下点"开始"，点"运行"，运行光盘上的 SETUP.EXE 文件，执行安装过程同上，直到全部安装完毕。

第二，用取出专家系统软件包装中的"软件加密狗"，专家系统有两种软件加密狗：一种是插在打印机端口上的"并口加密狗"，一种是插在 USB 端口上的"USB 加密狗"，根据自己收到的加密狗，连接在计算机的相应接口上，注意要拧紧或插牢。

第三，专家系统的启动方法与其他 Windows 系统下的软件一样，双击桌面上的"猪病诊断专家系统"图标，系统就启动了；或在 Windows 系统下单击"开始"按钮，选取"程序"选项组中的"猪病诊断专家系统"程序项，系统会同样启动。

该专家系统的主界面非常友好，就像我们常见的 Office 办公软件一样，上面有一排主菜单栏包括：文件、病历管理、疾病诊断、辅助工具、系统管理、视图、窗口和帮助，紧接着是一排常用工具栏包括：病历管理、多症状法、主要症状、怀疑病名、疾病详情、症状图谱、猪病视频、帮助和退出。

(二) 猪病诊断实例

下面介绍使用该专家系统进行猪病诊断的实例操作介绍。

1. 根据多症状组合诊断法诊断猪病实例操作

实例：假设有一窝仔猪，2周龄，刚开始观察到的病症是：吃奶减少或不吃，消瘦，怕冷、聚压一起，排白色糊状稀粪、有腥臭味。其患病比例大于10%，死亡率小于5%，体温变化不明显，刚开始也没有做病理解剖观察。现在我们就利用该专家系统的多症状组合诊断法进行诊断。操作步骤如下：

步骤一：进入专家系统后，点击"疾病诊断"菜单，然后点击"多症状组合诊断法"或直接在常用工具栏内点击"多症状法"，都可进入多症状组合诊断法窗口。

步骤二：在多症状组合诊断法窗口中，首先选择相应的发病日龄、患病比例、死亡率和体温变化。然后点击左下面的常见易发症状按钮，在中间待选症状中找到"采食减少或不食"双击或先单击选中，然后点击"选取"按钮，都能完成选取操作。消瘦；怕冷、聚压一起；排白色糊状稀粪、有腥臭味症状用同样的选取方法，大部分症状专家系统还配有图谱，通过右上方小窗口显示出来。选出的症状会显示在"已选症状"窗口中。

步骤三：在多症状组合诊断法窗口中，点击诊断按钮，专家系统就会给出诊断结果。从诊断结果我们可以看出猪患仔猪白痢的发病概率为62%，患猪球虫病的发病概率为34%，患猪皮炎的发病概率为32%，患猪食管口线虫病的发病概率为30%，患猪胃线虫病的发病概率为29%。

步骤四：专家系统会在猪可能所患疾病的后面提示"为达到确诊，请您再注意观察有无以下症状"。假设我们发现病猪还有精神沉郁、嗜睡和寒战症状，我们在下面选中，选中时前面会有对号，字体颜色也会变浅，执行"再次诊断"按钮，专家系统就会做出再次诊断并给出诊断结果。从诊断结果我们可以看出猪患仔猪白痢的发病概率为74%，患猪球虫病的发病概率为34%，患猪皮炎的发病概率为32%，患猪食管口线虫病的发病概率为30%，患猪胃线虫病的发病概率为29%。

步骤五：执行再次诊断后，从诊断结果我们可以看出猪患仔猪白痢的发病概率已为74%，我们可以初步断定猪患了仔猪白痢。如果您对病理解剖也熟悉的话，可以解剖几只刚死亡或病情严重的猪来观察一下它们的典型病理变化。假如经过解剖几只病猪发现它们的胃内有奶和凝乳块、肠内充盈气体，我们选中该症状，同样执行再次诊断，专家系统就会第三次做出诊断并给出诊断结果。从诊断结果我们可以看出猪患仔猪白痢的发病概率为95%，这时我们基本上可以断定猪群患了仔猪白痢。

步骤六：在诊断结果窗口中点击"防治措施"按钮，专家系统就会弹出仔猪白痢的防治措施。在该窗口中还可以查看"疾病描述"和"症状图谱"切换窗，还可以通过左下方"保存到病历库"、"页面设置"、"打印预览"和"关闭"按钮执行相应操作。

2. 根据主要症状诊断法诊断猪病实例操作

实例：假设有一群青年母猪，观察到主要症状是耳部、体表皮肤呈蓝紫色，此外还有不吃食，腹泻，呼吸困难，眼睑水肿，打喷嚏等。下面根据主要症状诊断法来诊断该猪病。

步骤一：进入专家系统后，点击"疾病诊断"菜单，然后点击"根据主要症状诊断法"或直接在常用工具栏内点击"主要症状"，都可进入根据主要症状诊断法窗口。

步骤二：在根据主要症状诊断法窗口中，我们首先点击左边症状分组中"皮肤身体症状"按钮，在中间"请选择主要症状"列表中找到耳部、体表皮肤呈蓝紫色并单击，则在右边"请选择相关症状"窗口中会显示与主要症状相关的症状列表，我们选中"母猪、青年母猪、公猪"，"吃食减少或不食"，"眼睑水肿"，"呼吸困难"，"喷嚏"，"一般腹泻"症状，选中时前面复选框中会出现"√"。

步骤三：在根据主要症状诊断法窗口中，点击诊断按钮，专家系统就会给出诊断结果。从诊断结果我们可以看出猪患繁殖和呼吸障碍综合征的发病概率为36%，患猪产褥热的发病概率为27%，患猪结肠小袋虫病的发病概率为17%，患猪鼻炎的发病概率为17%，患猪感冒的发病概率为16%。

步骤四：同多症状组合诊断法一样，专家系统会在猪可能所患疾病的后面提示"为达到确诊，请您再注意观察有无以下症状"，您可以根据自己实际情况进行操作，在此不再重复。

步骤五：在诊断结果窗口中点击"防治措施"按钮，专家系统就会弹出猪繁殖和呼吸障碍综合征等的防治措施。在该窗口中还可以查看"疾病描述"和"症状图谱"，还可以通过左下方"保存到病历库"、"页面设置"、"打印预览"和"关闭"按钮执行相应操作。

3. 根据怀疑病名诊断法诊断猪病实例操作

实例：假设有一育肥猪群，只有个别几只出现咳嗽、打喷嚏、流鼻液症状，触诊猪体耳尖、蹄部等身体末梢发凉，猪没有死亡。我们依据经验判断猪可能是患了感冒，那么我们就可以根据怀疑病名诊断法验证和重新诊断猪所患疾病。

步骤一：进入专家系统后，点击"疾病诊断"菜单，然后点击"根据怀疑病名诊断法"或直接在常用工具栏内点击"怀疑病名"，都可进入根据怀疑病名诊断法窗口。

步骤二：在根据怀疑病名诊断法窗口中，我们首先点击左边疾病分组中"猪的内科病"按钮，在中间"请选择怀疑病名"列表中找到猪感冒并单击，则在右边"请选择相关症状"窗口中会显示与该病相关的症状列表，我们选中"生长、育肥猪发病"，"患病比例小于10%"，"死亡率上升小于5%"，"耳尖、蹄部等身体末梢发凉"，"咳嗽"，"喷嚏"，"流鼻液"症状，选中时前面复选框中会出现"√"。

步骤三：在根据怀疑病名诊断法窗口中，点击诊断按钮，专家系统就会给出诊断结果。从诊断结果我们可以看出猪患感冒的发病概率为56%。因此我们可以初步断定猪患了感冒。

步骤四：在诊断结果窗口中点击"防治措施"按钮，专家系统就会弹出猪感冒的防治措施。在该窗口中还可以查看"疾病描述"和"症状图谱"切换窗，还可以通过左下方"保存到病历库"、"页面设置"、"打印预览"和"关闭"按钮执行相应操作。同多症状组合诊断法一样，专家系统会在猪可能所患疾病的后面提示"为达到确诊，请您再注意观察有无以下症状"，您可以根据自己实际情况进行操作，在此不再重复。

第九章 畜牧业智能精细化养殖技术

长久以来,我国养殖业都属于传统的粗放型养殖。在传统的养殖业中,使用了很多种不同的动物识别方式。常见的方式有打烙印、打耳槽、颜色标记、纹身、耳标等。打烙印是使用热的烙铁等工具在动物身上做标记,打耳槽是在动物的耳朵上打上特定形状的缺口,文身是使用在动物身上标上用于标识的数字等符号。以上传统动物标记识别方式在动物数量较少的时候能够满足需要,但随着养殖规模不断扩大,传统的养殖方式明显不能满足养殖场管理的需要。

智能精细畜牧业是指运用现代信息技术进行精准化的动物养殖,即利用电子识别方式,同时结合动物的饲养生长周期,对每个动物进行精准化喂养等的养殖活动,以满足现代社会对于农产品高品质的要求。

第一节 精细化养殖概述

我国粮食总产量的1/4~1/3用于饲料,而当前粮食安全是世界范围内普遍关注的问题。由于饲料消耗占养殖业总成本70%,因此,如何避免或减少家畜饲喂过程中饲料浪费对与缓解人畜争粮的问题显得尤为重要。同时,随着我国人口老龄化不断加剧,劳动力成本不断提高,大大压缩了养殖业的利润空间。因此,采用信息技术,进行家畜精细化养殖,不但能够解放劳动力,而且可以有效减少饲料浪费。

从我国家畜种类结构来看,猪的饲养量占家畜总饲养量的3/4,在单胃动物养殖中占主导地位。而奶牛是反刍动物饲养现代化程度最高的家畜。但是,我国大多数奶牛场仍然采用传统的人工饲喂、人工管理，无法做到依据每头奶牛的具体情况进行单独的精量饲喂。所以在精细化养殖中，这两种动物具有代表性，对于它们的精量饲喂研究也最多。

目前，国外已有多家公司开发了自动化的养猪系统，并已成功应用于很多繁殖养猪场甚至商品猪场，取得了十分可观的经济效益和社会效益。中国也有多家先进的养猪企业引进了国外的自动化养猪系统。例如，荷兰 Nedap 公司的 Velos 系统打破了定位栏养猪模式，缔造了全新高效的智能化福利养猪模式，大群母猪在一个圈里饲养，可以做到单体母猪的精确饲喂，24h 自动检测母猪是否发情，自动分离发情母猪。

法国的 ACEMOMF24 母猪多功能自动饲喂系统，1 台电脑可以控制 1～24 栏，每栏能够饲养 50～60 头母猪，其主要功能有：①供应饲料，单独定量供应 1～2 种饲料。②饮水，供料时，还可供水同步。③供应激素，便于控制同步发情。④发情识别，自动记录母猪访问公猪的次数、日期及访问的时间，处理这些数据可用来鉴定母猪发情。⑤母猪自动筛选与分隔。⑥喷色分类，根据不同类型气压喷色（3 种颜色）。

美国奥斯本工业公司生产的全自动母猪饲喂站（TEAM）包括妊娠站和发情探测站。TEAM 系统利用电子控制的饲喂站管理群体饲养母猪中的个体采食。饲喂站通过每头母猪佩戴的电子耳牌识别母猪，并根据其胎次、膘情体况和妊娠日龄等相关信息投放相应数量和种类的饲料。电子发情探测站用于检测母猪群体中处于发情状态的母猪，其检测的准确率比人工检测提高 7%。自动分离站（分栏门）用于将需要处理的母猪自动分离到隔离栏。TEAM 系统的软件用于收集、传送与母猪相关的数据并据此控制饲喂站、发情探测站及自动分离站的工作，同时根据操作人员的需要形成各种各样的数据报告和图表，帮助管理者提高对母猪的管理水平，进而有效地提高各猪场的经济效益。

国内的研究则起步较晚，但发展比较迅速。我国科研人员也采用先进信息控制技术，开发了基于 PROFIBUS 总线的全自动饲喂系统，以及农业科学院北京畜牧兽医研究所开发的种猪精细饲养综合技术平台等。

奶牛信息化自动饲喂系统的研发历史不长，西欧各国在 1983 年普遍使用由自动识别器、产奶量记录器、定量配料器和微处理机组成的自动饲料配给系统。荷兰研制了基于动物个体编号自动识别的计算机饲养管理系统。该系统具有生长过程中模拟预测，个体奶量计量，定量配料，自动饲喂，体重、健康、生理指标监测，效益评估和生长速率调节等功能。通过采集奶牛的体重、产奶数量与质量，根据奶牛预制的泌乳曲线、干物质采食量曲线和体重变化曲线等，通过云计算技术，得到每头奶牛需要的各种养分及对应 TMR 的数量，实现精准的饲料供给。

中国目前仅有少数奶牛场使用奶牛精饲料自动饲喂系统，且多为进口产品。经诸多学者的不断努力，国产的同类产品有 9WAFM-11 型奶牛自动精准饲喂系统、草食动物饲养饲喂系统关键技术装备，但这些设备应用面窄，还需大力推广。

第二节 精细化养殖关键技术

目前我国采用的精细养殖模式一般是通过准确采集畜禽个体、小群体及养殖环境等信息,利用计算机与构建的畜禽各种数据模型分析相结合的方法,得出最优养殖和决策方案,然后将计算机的预设控制模式与饲养设备结合起来,从而达到畜禽精细养殖的目的。与传统的养殖管理模式相比,精细化养殖的生产效率和技术含量显著提高。

一、精细饲喂技术

根据饲养畜类的目的不同以及它们的饲养周期不同,它们对营养的需求也不同。以养猪为例,猪分为商品猪、种猪、仔猪,种猪又分为种公猪和种母猪,种母猪又分为妊娠母猪、分娩及哺乳母猪、空怀母猪等,不同的猪的种类在不同的时期对饲料有不同的需求。表5-2是后备公、母猪料的主要营养需求。与商品生长育肥猪同期饲料相比,应含有适量的有机锌、有机硒(酵母硒)、有机铁和有机<(200mg/kg),以提高后备种猪的繁殖性能和改善肢蹄结

二、精细管理技术

(一)合理分群
按养殖的品种、体重大小、体质强弱等相近的原则组群。组群后要保持稳定,减少互相干扰、争斗。

(二)准确记录档案
对每一头养殖的对象建立详细的档案。

(三)喂料前检查
检查备料情况,检查设备运行是否正常,对于设备运行异常通知技术人员处理。

(四)喂料后检查
检查喂料对象的吃料情况、精神面貌是否正常,对不吃料和少吃料的情况要做记录,通知技术人员处理。

(五)防疫注射
根据本场的免疫程序和季节性流行疾病进行规范的防疫注射。

三、智能精细化养殖的关键技术

智能精细化养殖采用信息技术，进行家畜自动化饲喂，不但能够解放劳动力，而且可以有效减少饲料浪费，是现代农业发展的必然趋势。在智能精细化养殖过程中，需要关注三个方面的问题：一是相关数据采集，包括对动物个体信息识别、体重、营养需求量、进食时刻、进食用时、进食量等指标的动态监测。二是数据的处理及决策，这部分对采集的数据进行分析，并结合动物养殖过程中的生长周期做出决策。三是按照决策执行相关活动，实现饲喂和数据统计运算的全自动功能。

在数据收集方面主要和数据处理及决策方面的技术涉及物联网技术（第二章），数据库技术（第三章）和信息管理系统（第四章）。在按照决策执行相关活动方面可以纳入自动化领域，涉及自动化控制技术。自动化控制技术在智能精细化养殖中主要通过自动化设备实现上料、下料、养殖对象的分离等功能。

（一）自动化控制技术

20世纪40年代末，美国数学家维纳与墨西哥生物学家罗森布卢特合作，提出了自动化的理论基础著作——控制论，标志着自动化技术的正式诞生。自动化是指机器或装置在无人干预的情况下按预定的程序或指令自动进行操作或控制的过程，按照人的要求，经过自动检测、信息处理、分析判断、操纵控制，实现预期的目标的过程。

自动控制是相对人工控制概念而言的，是指在没有人的直接干预下，利用物理装置对生产设备和工艺过程进行合理的控制，使被控制的物理量保持恒定，或者按照一定的规律变化。自动控制是基于反馈的技术。反馈理论的要素包括3个部分：测量、比较和执行。测量关心的变量，与期望值相比较，用两者之间的偏差来纠正调节系统的响应。因此，自动化技术的核心思想是反馈，通过反馈建立起输入（原因）和输出（结果）之间的联系。使控制器可以根据输入与输出的实际情况来决定控制策略，以便达到预定的系统功能。自动控制技术的研究有利于将人类从复杂、危险、烦琐的劳动环境中解放出来并大大提高控制效率。

自动控制系统是在无人直接参与下可使生产过程或其他过程按期望规律或预定程序进行的控制系统。自动控制系统是为实现某一控制目标所需要的所有物理部件的有机组合体。任何一个自动控制系统都是由被控对象和控制器有机构成的。自动控制系统根据被控对象和具体用途不同，可以有各种不同的结构形式。一个自动化系统无论结构多么复杂都有检测器、控制器、执行器和对象几个主要组成部分组成。

自动化系统各部分的功能如下：

（1）控制器相当于大脑在分析决策上的作用，适时地决定系统应该实施怎样的调节控制；自动控制系统中控制器在整个系统中起着重要的作用，扮演着系统管理和组织核心的角色。系统性能的优劣很大程度上取决于控制器的好坏。

（2）执行器执行器在自动控制系统中的作用就是相当于人的四肢，它接受控制器的控制信号，改变操纵变量，使生产过程按预定要求正常运行。在生产现场，执行器直接控制工艺介质，若选型或使用不当，往往会给生产过程的自动控制带来困难。因此执行器的选择、使用和安装调试是个重要的环节。

（3）检测器主要是获得反馈信息，计算目标值与实际值之间的差值；常用的是传感器。传感器被用来测量各种物理量，种类有温度传感器、流量传感器、压力传感器，等等。传感器要满足可靠性的要求，从传感器的输出信号中得到被测量的原始信息，如果传感器不稳定，那么对同样的输入信号，其输出信号就不一样，则传感器会给出错误的输出信号，也就失去了传感器应有的作用。

（二）自动化控制技术在精细化养殖中的应用

以猪养殖为例，自动控制技术除用于饲喂系统外，主要还用于猪场自动化上料系统、养猪环境自动控制系统、供水系统和自动清粪系统等。

（1）猪场自动化上料系统猪饲料所需的种类一般有：玉米、大麦、小麦、高粱、糠麸、饼粕类、青绿饲料、块根饲料等，这些都可以作为猪可口的饲料。自动上料系统可以自动将料罐中饲料输送到猪采食料槽中，输料是按照时间控制，每天可以设置多个时间段供料，到设定开启时间三相交流电动机接通电源，带动刮板链条，开始输料。料线最后一个下料口后端设有料位传感器，在饲料上满所有下料口下端料槽或到设定关闭时间，系统自动切断三相交流电源，停止输料。控制箱采用成熟的微电脑时控开关，每天最多可以设置8个时间段。每次输料时间根据猪场料线的长度、猪数量、猪采食量而定；为避免因末端料位传感器被粉尘遮盖造成传感器失灵或其他原因的失效，造成管道中的饲料给每个食槽输满后，不能及时停止输料，饲料回到动力控制箱，长期堆积饲料进而堵死动力箱，最终造成电机长期超负荷运作而造成电机损坏的情况，每个猪场都要根据猪场的情况设置输料时间段。

猪场自动化供料系统是由传感器自动检测料槽中的料位，当料槽缺料时，在微处理器控制下，启动输料电机，料槽开始下料，当料槽中料满，传感器检测到料满状态，输料电机停止输料。料仓可以装4 000kg饲料，由上料电机给料仓加料，当料仓缺料时，控制箱发出声光报警，提示工人上料，当料仓上满后，控制箱有发光二极管（LED）指示，停止上料。自动上料系统可以实现全自动操作，降低工人的劳动强度，提高猪场的生产效率。

（2）养猪环境自动控制系统根据研究，在大型猪场对猪生长发育影响最大的是温度、湿度和有害气体。温度是影响猪健康和生产力的主要因素，环境温度影响生长猪的能量消耗和采食量，进而对生产性能产生直接影响。动物的体温在适当的环境温度范围内，其代谢强度和产热量可保持在生理的最低水平而体温仍能维持恒定，这种环境温度成为动物的等热范围。等热范围的上下限温度分别称为最高和最低临界温度。从猪的生产上来看，在等热范围内饲养猪最为适宜，经济上也最为有利。在最高和最低临界温度之上或之下，对猪而言都是一种应激，饲料效率下降，影响猪的生产性能。湿度是用来表示空气中水汽含量多少的物理量，常用相对湿度来表示。舍内空气的相对湿度对猪的影响与环境温度有密切关系。无论是幼猪还是成年猪，当其所处的环境温度是在较佳范围之内时，舍内空气的相对湿度对猪的生产性能基本无影响。试验表明，若温度适宜，相对湿度从45%变到95%，猪的增重无异常。这时，常出于其他的考虑，来限制相对湿度。圈舍中常见的有害气体主要有氨气、硫化氢、一氧化碳、二氧化碳等。氨气会刺激畜禽，导致打喷嚏，流涎，丧失食欲，易发呼吸道疾病；硫化氢、一氧化碳、二氧化碳的浓度过高，常常会导致食欲减退，抵抗力下降，严重时还会因中毒而死亡。在这些有害气体中，氨气的含量最高。

为了对温度、湿度和有害气体进行控制，养猪场的环境自动控制系统由检测子系统（温度、湿度、垫料温度、氨气浓度传感器）、可编程逻辑控制器（以下简称PLC）系统（含输入输出、文本显示、通信接口等）、执行子系统（风机、湿帘、喷淋装置等）以及上位机监控子系统等部分组成。

养猪环境自动控制系统把传感器采集的环境参数（温度、湿度、氨气浓度等）测量值，通过模拟量输入模块转换为数字信号，存储在PLC数据缓冲区。按照一定的算法，得到温度、湿度、氨气浓度、垫料温度等的实际值。结合相应的给定值，依据控制方案，得到输出控制策略，输出控制信号，驱动接触器/中间继电器，从而控制执行机构（风机、湿帘、喷淋装置等）动作。此外，系统能够实现远程监控。上位机组态软件设计的监控界面可实时显示各环境参数实际值，并可以对数据进行存储，生成数据历史曲线。上位机子系统可完成数据管理存储、控制过程状态监控，为养殖工作者智能决策提供依据。系统提供就地/远程两种控制模式。就地模式下，可在控制现场实施控制策略，现场的文本显示器可实时显示各环境参数实际值。远程模式下，可实现手/自动模式的切换，远程控制执行机构动作。参数限值（给定值）能够在上位机监控界面和现场文本显示器上进行设定修改。

养猪环境控制系统中的硬件系统主要包括湿帘-风机系统和喷淋系统。

1）湿帘-风机系统湿帘-风机降温系统由湿帘、风机、水循环系统及相关控制装置组成。它是利用水蒸发降温的原理实现降温的。通常采取的做法是将湿帘与风机分别安装在密闭舍墙体的两侧，系统运行时，风机抽风，造成室内外空气压力差，这时室内空气压力小于室外空气压力，形成负压，迫使室外未饱和的空气流经多孔湿润的湿帘表面，引起水分的蒸发，蒸发吸热，使得室内的空气温度降低。风机由百叶窗、电机和皮带等组件构成，控制系统采'隼I虹用三相交流接触器控制风机电机的启停。当水流经湿帘时，会在湿帘表面形成水膜，通过的空气和水膜进行热交换，这样水分被蒸发到空气中，蒸发吸热，起到降低舍内温度的效果，同时也增加了空气的湿度。可以根据湿帘的高度、宽度、厚度、波高和波纹夹角进行选型，当然也可以根据客户要求定做。

2）喷淋系统喷淋系统主要由电磁阀、输水管道、增压泵、喷头和电气驱动接口电路等组成。喷淋系统除了起到降温增湿，还起到降氨浓度作用。雾化微喷头可起到降温、加湿效果，广泛应用于用家禽饲养场的温度控制。

（3）其他自动控制系统除了以上的自动化控制系统外，还有自动饮水系统和自动清粪等系统。

第三节　畜牧业智能结细化养殖系统

一、猪的精细化养殖系统构成

一般猪的精细化养殖系统主要由 4 个子系统组成。其中，基于 RFID 和电子秤的养殖信息采集子系统，基于可编程控制技术的猪舍养殖小环境实时监控子系统，基于猪场养殖需要的信息管理子系统和基于体重秤的自动报警子系统在进行猪精确身份识别的情况下，保证了不同身份猪的采食情况和体重信息的采集和存储，同时还满足了现代化养殖企业常用的企业管理需要。

（一）养殖信息采集子系统

主要实现对猪身份号、采食行为和体重信息的自动化采集。养殖信息采集子系统主要通过 RFID 技术猪身份识别模块，采用一畜一标的方法，实现对进入采食区域的个体猪进行准确快速识别，并对佩戴电子耳标的所有猪分别建立一个电子档案，通过耳标号建立起系统管理平台与猪个体之间的桥梁，实现对猪个体的自动监控和精准养殖；通过电子秤自动称重模块完成猪采食量及体重的自动称量。在每次采食过程中，信息采集子系统利用电子秤和物联网技术自动采集采食量、体重值，并上传至 PC 机，为查询和统计诸如采食次数、采食量、采食时间与分布等采食行为和后期生长模型等建立数据基础。

（二）猪舍小环境实时监控子系统

主要完成对猪舍养殖环境的实时监测和控制，确保实现猪舍能够提供最佳的猪生长的环境。系统通过 PLC 控制采集猪舍内环境参数（如温度、湿度、光照、CO_2 等），实现对猪舍环境的实时数字化显示、自动监控和记录。环境监测数据通过传感器获取并在控制端显示并自动保存到精细养殖的数据库中，达到实时监测的目的。当环境参数需要调节时，PLC 按照上位机程序驱动加热设备、照明设备和通风设备等执行机构实现智能调控，为猪的生长提供一个适宜环境，从而提高生猪的生长福利。

（三）信息管理子系统

主要实现 RFID 身份识别号、称重数据和环境参数的实时显示功能；实现对生猪的基本资料（如耳标号、出生日期、品种、体重、猪舍等）、饲料、疾病等的日常记录和管理功能；实现对体重增长、采食次数和累计采食量的查询和统计；同时增加使用权限管理功能，实现对系统的安全保护功能。

（四）自动报警子系统

主要防止因 RFID 系统、体重秤和智能门等硬件出现故障，造成养殖信息采集子系统运行异常，使得包括采食时间、身份号、采食前后体重和饲料重在内的养殖数据缺失或者不准，从而造成整个系统平台失效。

在大圈饲养猪的过程中，将猪的活动范围划分为运动区、休息区、采食区和分离区等。养殖信息采集子系统主要安装在采食区，通过自动饲喂系统的使用，实现了在大群饲养条件下的个体精确控制。群体内的母猪可以自由分群，随意组合，并且自由选择采食时间。同时，智能化分离系统可根据识别的体温指标、日采食量以及发情鉴定系统的检测结果等，通过自动喷色记忆将病猪、发情母猪、妊娠母猪、临产母猪、到了免疫接种时间的母猪、没有带耳标的母猪等分离出来，以便人工及时采取相应处理措施。

二、奶牛精细化养殖系统构成

奶牛精细化养殖技术是将现代信息技术与养牛业有效结合，基于无线射频技术（RFID）、计算机和网络技术开发的数字化养殖技术，可以动态识别、记录牛的体重、采食量、运动量等数据，通过其他传感器传输记录牛体况、牛场环境温度湿度，在计算机终端对牛状况进行动态监控，利用专家知识系统，判断牛的生理状态，调整饲料结构和共计数量。

奶牛精细化养殖技术系统由信息采集系统、信息处理系统、自动补料系统组成。

（一）信息采集系统

信息采集的信息包括奶牛状态信息：牛号、体重、体况、基础日粮采食量、运动量。生产性能信息：产奶量、乳成分等。繁育信息：妊娠期、年龄、胎次等。环境信息：气温、湿度、氨浓度等。管理信息：牛场人、财、物流。

（二）信息处理系统

包括系统控制软件，采食量、体况等，还可以集成其他信息采集系统及软件。

牛场中，将牛主要的活动路径范围分为3个区：饲养区、运动区、挤奶区，在3个区定点设置读写器并赋予识别号。

（1）饲养区安装体重信息采集系统在牛日常出入的通道上，如挤奶厅和自动补料站入口处，设置一个称重段：选择测量范围在2t左右的动态电子秤，在电子秤附近安装牛识别系统；将牛的通过信息和牛体重信息传输至中心数据库。

（2）牛活动区安装运动量信息采集系统选用电子计步器，采用射频或红外等无线传输方式；信息传输给固定安装的信息接收器后，再由接收器传输给中心数据库。

（3）挤奶区安装乳汁电导率信息采集系统奶杯与挤奶器之间的管道安装电导电极和温度传感器；乳汁连续通过传感器时，实时检测乳汁电导率；结合牛自动识别系统，将采集到的乳汁电导率和温度参数与牛信息和挤奶时间一起传输到中心数据库。

此外，还安装有体况信息采集系统、基础日粮采食量测定系统、环境信息采集系统、产奶量信息采集、自动补料机。

(三) 自动补料系统

奶牛养殖技术有传统的精、粗饲料分食饲喂、全日粮混合饲喂（TMR）技术。传统饲养技术主要应用于小型的养牛场，TMR技术主要应用于中大型养牛场。在奶牛饲喂领域，精细化奶牛饲喂系统由奶牛饲喂设备和上位计算机云平台构成。目前TMR机，精饲料自动补饲装置和饲喂机器人这三种自动化控制程度较高的饲喂设备，被应用于数字化奶牛精细饲养中。其中精饲料自动补饲装置与饲喂机器人的工作原理基本相同，不同之处就是饲喂机器人比精饲料自动补饲装置多了行走机构，能够自动去寻找要补食的牛。

（1）TMR饲喂设备 TMR机主要有固定式、牵引式和自走式三类，又有立式和卧式之分。TMR机设备跟随TMR技术一起兴起于西方20世纪60年代，最早的设备是固定式小型饲料搅拌车；到20世纪末21世纪初期，TMR机开始向大立方、全自动、自走式方向发展；目前，为了节省能源、减少环境污染，TMR机设备在现有模式基础上，开始向低油耗节能以及TMR机器人方向发展。TMR饲喂系统是建立在奶牛分群基础上的，如果奶牛数量不足时，很难把状态类似的奶牛组群；当奶牛数量足够但由于奶牛个体差异太大而组群较多时，会造成日粮种类太多而加大了操控难度和烦琐度；还存在着同一牛群中由于奶牛饲喂的饲料完全相同，无法从个体角度满足奶牛的营养需求，这样会造成高产奶牛的营养不足、低产奶牛的营养过剩等现象。

（2）精饲料自动补饲设备 精饲料自动补饲设备主要由奶牛自动识别系统、信息处理系统、自动控制系统和供料机构等四大部分组成。奶牛自动识别系统能够识别不同的奶牛个体，信息处理系统对识别系统提供的身份信息进行查询、分析对比，并根据奶牛的产奶量、体况、基础日粮的采食量等数据判定奶牛个体是否需要补饲，并提出补饲配方。自动控制系统和供料机构将按照信息处理系统的指令对需要补饲的奶牛进行补料。根据供料机构中饲料计量方式的不同，精饲料自动补饲设备分为重量计量式和容积计量式两种。

重量计量式精饲料自动补饲设备的工作原理是在排料部件将饲料排出的同时，利用质量传感器称量排出饲料的质量，当饲料达到需求值时，自动控制系统就会中断供料。这种设备计量精度较高，但结构复杂、成本高、易受环境因素如振动、撞击等影响。

容积计量式精饲料自动补饲设备的工作原理是利用排料部件的容积和饲料的容重来计量物料。通过控制排料部件的转数或转动时间，就能获得比较准确的计量值。容积计量式计量装置具有结构简单、造价低、工作可靠等优点，能被大多数奶农接受。目前在国内外大多数容积计量式精饲料自动补饲设备都是应用螺旋机构进行计量，但是螺旋计量装置易造成颗粒饲料的破碎，从而改变饲料的容重，影响计量精度。因此，应找出不易破坏颗粒饲料的容积式计量机构来代替螺旋计量机构是今后容积计量式精饲料自动补饲设备发展的方向。

TMR饲喂监控系统能够实时跟踪全混合日粮饲喂车的重量信息、饲料种类信息、不同圈舍奶牛的饲喂信息，具有配方管理、配料管理、配比分析、牛只营养分析、牛群信息管理、饲料仓库信息管理和饲喂过程监管等功能，用于指导和监管奶牛饲喂过程，从而实现奶牛的精准化饲养。图5-13是TMR饲喂监控系统。本系统采用物联网技术，使用感知技术监测和多线程数据接收、处理技术，利用数据库系统存储监测数据，通过无线射频识别技术，识别饲料品种和牛舍位置等，将奶牛实际采食量信息实时传输到服务器，从而监督整个TMR过程与下达技术指标的一致性，确保整个饲喂过程的可控性和准确性。

TMR饲喂监管软件可以查询到指定圈舍的饲喂情况：饲喂日期、饲喂时间、饲料成分、各种饲料成分的标准装载重量及实际装载重量、牛群食用饲料的标准卸载总重及实际卸载总重、装载量及投放量的误差分析。通过对以上信息的查询核定，可以及时掌握TMR饲喂过程情况，加强饲喂监管，及时做出调整，保证不同种群的奶牛食用到科学配方的日粮。

第四节　精细化养殖中的饲喂系统

一、母猪精确饲喂系统

母猪的生产繁殖是从配种、妊娠－分娩、哺乳－断奶－空怀－发情、配种－妊娠，这样一个不间断的连续循环进行的繁殖周期。为便于饲养策略的建立，一个繁殖周期通常分为妊娠期、哺乳期、空怀期（断奶再配种间隔），每个阶段都具有明确的任务和不同的特点。因此，其饲养管理和饲喂策略应具有很强的针对性。

为了应对母猪不同时期对食物的不同需求，开发了母猪精确饲喂系统。母猪精确饲喂系统是由电脑软件系统作为控制中心，有一台或者多台饲喂器作为控制终端，有众多的读取感应传感器为电脑提供数据，同时根据母猪饲喂的科学运算公式，由电脑软件系统对数据进行运算处理，处理后指令饲喂器的机电部分来进行工作，来达到对母猪的数据管理及精确饲喂管理，这套系统又称为母猪智能化饲喂系统，主要包括：母猪自动化饲喂系统、母猪智能化分离系统，母猪智能化发情鉴定系统。

（一）母猪精确饲喂系统的基本功能

首先，实现饲喂和数据统计运算的全自动功能。①自动供料整个系统采用储料塔＋自动下料＋自动识别的自动饲喂装置，实现了完全的自动供料。

②自动管理通过中心控制计算机系统的设定，实现了发情鉴定、舍内温度、湿度、通风、采光、卷帘等的全自动管理。③数据自动传输所有生产数据都可以实时传输显示在农场主的个人手机上。④自动报警场内配备由电脑控制的自动报警系统，出现任何问

题电脑都会自动报警。

其次，耳标识别系统对进食的猪进行自动识别。系统对每次进食猪耳标标号、进食时刻、进食用时、进食量，并根据体重及怀孕天数自动计算出当天的进食量。

另外，自动测量猪的日体重，并计算出日增重。系统对控制设备的运行状态，测定状况、猪异常情况进行全面的检测及系统报警。系统实现时时数据备份功能，显示当前进食猪的状态。

（二）母猪精确饲喂系统技术原理

智能化精确饲喂系统为每头母猪提供了一个无线射频耳标，通过系统的传感器对无线射频耳标的识别，来判断猪的身份，传输给计算机，同时有称重传感器传输给计算机该猪的体重，管理者设定该猪的怀孕日期及其他的基本信息，系统根据终端获取的数据（耳标号、体重）和计算机管理者设定的数据（怀孕日期）运算出该猪当天需要的进食量，然后把这个进食量分量分时间的传输给饲喂设备为该猪下料。从而正确决定一天投料量，同时给予适当的饮水，保证母猪的理想体型。同时系统获取猪群的其他信息来进行统计计算，为猪场管理者提供精确的数据进行公司运营分析。

（三）母猪精确饲喂系统硬件构成

母猪饲喂系统以硬件为基础，以软件为支撑实现饲料的适量精确投放。在上位计算机系统中根据猪个体输入一个经验料量值，传输给可编程控制器，可编程控制器接收到信号后控制步进电机驱动卸料器投放准确的饲料量。并且将下料数值保存在数据库中，方便饲喂人员日后以图形的形式直观地看到饲喂数据。

下位给料系统主要完成在接收到PC机发出的给料信号后，自动地按给定的料量值自动下料，供猪采食。饲喂系统由上位PC机、PLC控制器、步进电机、联轴器、步进电机驱动器、槽轮式旋转落料器、储料槽、饲喂槽等硬件组成。其中最关键部分就是槽轮式落料器的设计了，因为它必须和PLC程序对应才能实现准确下料。槽轮式落料器主要由槽轮、壳体、轴、料斗（储料槽）等零件组成。落料器在自动补饲装置中，既起计量的作用，又起旋转落料的作用。当饲料从加料斗加入，在槽轮齿的旋转带动下，从出料口落出。这正是容积式计量方式的一种实际应用。

在母猪饲养过程中，饲喂系统只是自动饲喂站的一部分。自动饲喂站基于自动控制、计算机网络、无线通信、机械传动于一体，将多种设备有机整合，既要考虑实用性，又要考虑经济性。自动饲喂站具备长时间不间断工作的能力，具备在猪舍环境下抗灰尘、抗锈蚀、抗撞击的能力和在较长时间内精确计量、准确称量、精准控制的能力。

自动饲喂站工作过程如下：

母猪需要在猪耳处安装RF1D电子耳标。耳标内存有号码，此号码与母猪一对应，这样，可通过识别耳标来达到区分不同母猪的目的。

在饲喂开始时，开启入口门。母猪进入饲喂站后，安装在走道侧壁上的光电传感器感应到母猪后，关闭入口门。

在食槽处感应到母猪的电子耳标，获取母猪的饲喂信息和处理信息后，开始投料（50～100g/次），间断性地分多次投完一天的料。

母猪进食后，通过双重退出门，这时饲喂过程就结束了。

如果饲喂站配备了分离门，母猪经过退出门后，可经过分离门回到栏内或者被分离出来。

母猪的处理：针对出现异常的母猪，例如临产、发情、生病、需要注射疫苗的母猪，可进行相应的处理（喷墨或者分离）。

（四）使用饲喂站的好处

达到每头母猪的定量饲喂全自动控制，通过猪耳朵上的 RFID 卡实现和电脑连接，达到控制膘情的目的，整个猪群健康、精神状态好、皮毛顺滑、体型匀称。

节约饲料，实现湿料喂养每头猪实现定量设置，猪个性食用量得到保障，同时若其不愿吃或出现因病不吃等问题能够及时发现。

减少猪用料应激母猪单独在基站内自由采食，解决了原猪霸独占料槽干扰其他母猪采食（因饲喂基站是每头猪设定的时间和设定的量，即使其在基站内不走，也可通过电脑及时发现）。

能够做到对每头猪的管理，发现猪不吃料或少吃料，及时观察母猪情况，做到及时预防和控制母猪健康问题（如病情等）。

更健康的母猪群体，活动量增大，母猪难产率减少、出生仔猪均匀、仔猪成活率提高等；可延长母猪使用年限达 1 年（这一年给猪场带来的效益是巨大的，如猪舍面积、后备母猪的耗料、产仔数的稳定等）。

做到每头母猪的数据分析，为养殖场负责人和决策层提供数据依据。每头猪的饲喂量和使用饲料的品牌、母猪的品种在训练期间能够对比，并在后期将母猪产仔数量录入电脑程序，形成系统的分析。故可为饲料的选择、母猪品种的优化提供参考。

发现母猪异常可通过喷墨装置进行单独区分，挑选观察。

可根据猪场需求添加母猪发情提示系统、称重系统、温湿度系统等。

实现可视标准代替经验值、代替烦琐的文字标准。

通过电脑控料饲喂，饲养员劳动强度减少，可实时监控猪群的情况，及时对进食异常的母猪进行预警，实现 24h 精细化管理。

（五）系统管理软件

系统管理软件面向操作人员提供良好的人机界面，为科学管理者提供可靠的依据，对提高生产效率，降低生产成本提供了有力保障。在本系统当中，系统管理软件包括应用程序及数据库，应用程序实现人机对话、控制给定、数据存储、数据处理、显示猪异常报警、记录报表等功能。数据库用来存储数据，方便管理者查询及备份数据。

软件的总体设计管理软件主要包括：员工登录窗口，系统设置模块，个体信息处理模块、自动化喂料模块，发情鉴定模块、串口设置模块，销售管理模块。

二、奶牛精细饲喂系统

奶牛精细饲养，就是利用现代化信息技术、数字电子技术以及先进的机械设备，根据奶牛个体条件的差异，有针对性地制订饲养与管理方案，对奶牛个体分别进行饲养，从而提高产奶量。奶牛精细饲养技术系统主要包括信息采集系统、信息处理系统和自动饲喂系统。

信息采集和处理系统由 RFID、PC 机组成。RFID 为无线射频识别系统，是一种非接触式的自动识别技术。它是由阅读器和电子标签组成，把电子标签附在被识别物体的表面或内部，当被识别物体进入阅读器的识别范围时，阅读器自动以无接触的方式读取电子标签中的物体的识别数据，从而实现自动识别物体或自动收集物体信息数据的功能。在此系统中，RFID 的作用是识别出牛的牛号，将牛号传送到计算机里。其中，RFID 阅读器装在饲料小车上，标签挂在牛的颈部，在喂料时，牛头在牛颈夹固定范围里活动，便于读出牛号。

系统中计算机为普通 PC 机，配置具有较高的运行速度和较快的数据处理能力，以便进行及时的数据运算和通信；具有较大的硬盘存储空间，用于存储所需的数据库，以便进行以后的数据更改、查询；具有较高的安全性，确保系统的正常运行。PC 机在此控制系统中的作用是接收 RFID 传送的信息，并进行相应的后台数据处理，得出牛所需要的精饲料量，再将饲料量传送给控制系数的单片机。

奶牛自动饲喂系统用计算机控制，根据奶牛的产奶量、奶牛的品质、体重、生理周期、环境因素等相关参数，结合奶牛饲养过程所需要的营养，准确地完成饲料投喂工作，实现奶牛的自动化精细喂养，从而充分发挥每头奶牛的产奶潜能，提高产奶量，同时减少饲料浪费，降低生产成本。奶牛精细饲喂系统工作过程如下：首先对计量装置进行精料投放校准标定，得出步进电动机每转一步计量槽轮排出的饲料量。当奶牛靠近补饲系统的饲喂区后，RFID 系统的读卡器读取奶牛佩戴的射频识别卡信息，系统软件解码识别卡信息，实现牛识别，并从精饲料补饲数据库中检索牛的补料量、补料次数和补料时间等信息。当奶牛满足补料条件时，饲喂控制中心向门禁电动机发布指令，打开门禁栏杆，让奶牛进入围栏。同时饲喂控制中心将根据奶牛的补料量自动计算步进电动机的转动步数，然后向自动配料系统发送信号控制步进电动机转动，实现精饲料的投放。饲料在下落的过程中相互冲击，自动混合。待补饲结束，奶牛从围栏侧门走出后，门禁栏杆关闭，开始下一头奶牛的补料过程。

参考文献

[1] 张荣敏.新时代农业农村工作改革与农林水利畜牧业发展创新[M].北京：光明日报出版社，2020.

[2] 张成虎.现代草畜实用新技术[M].北京：中国农业科学技术出版社，2020.

[3] 于国刚，张广智，王娟.畜牧业养殖实用技术与应用[M].咸阳：西北农林科学技术大学出版社，2021.

[4] 王晓平，李晓燕，胡影.现代畜牧业生态化循环发展研究[M].咸阳：西北农林科学技术大学出版社，2021.

[5] 郝益东，贾幼陵.游牧变迁与草原畜牧业现代化[M].北京：中国农业出版社，2021.

[6] 郎侠，王彩莲.甘肃省现代草食畜牧业的理论和实践[M].北京：中国农业科学技术出版社，2021.

[7] 孟祥海.中国畜牧业环境污染防治问题研究[M].北京：中国社会科学出版社，2021.

[8] 刘春艳.供需匹配视角下内蒙古牧区畜牧业保险研究[M].北京：中国商务出版社，2021.

[9] 王世雄，廖冰.现代畜牧兽医科技发展与应用研究[M].长春：吉林科学技术出版社，2018.

[10] 孙明梅.畜牧兽医法规[M].武汉：华中科技大学出版社，2018.

[11] 马腾飞，夏继锋，李小虎.畜牧兽医诊断与治疗[M].延吉：延边大学出版社，2018.

[12] 陶顺启.现代畜牧兽医技术与实践[M].昆明：云南科技出版社，2018.

[13] 刘玉林，张洪文，曲平安.畜牧兽医行政执法实务[M].北京：中国农业科学技术出版社，2018.

[14] 赵翠燕.畜牧兽医实用技术选编[M].天津：天津科学技术出版社，2018.

[15] 袁文焕，郭春艳，范庆红.畜牧兽医标准化原理与应用[M].哈尔滨：东北林业大学出版社，2018.

[16] 王海霞，孙燕君，尹会方.畜牧兽医专业综合能力实训[M].哈尔滨：东北林业大学出版社，2018.

[17] 李庆东，邢保平，曾萍.兽医临床诊疗与畜牧养殖技术[M].昆明：云南科技出版社，2018.

[18] 张秀美.兽医科学用药手册[M].济南：山东科学技术出版社，2018.

[19] 何光武，张新跃.四川省草业技术研究推广中心.南方现代草地畜牧业高效配套技

术[M].成都：四川大学出版社，2019.

[20] 徐立波，程灵豪，方卉.现代畜牧业信息化建设[M].哈尔滨：东北林业大学出版社，2019.

[21] 杨宾宾，谢凯，草都.畜牧业的日常管理与疾病防控[M].海口：南方出版社，2019.

[22] 李金祥.中国畜牧业发展与科技创新[M].北京：中国农业科学技术出版社，2019.

[23] 赖媛媛.互联网时代下畜牧业物流体系构建[M].北京：中国农业出版社，2019.

[24] 丁琳琳.中国畜牧业政策有效性分析与优化调整[M].北京：中国农业出版社，2019.

[25] 徐海军.生态畜牧业[M].北京：中国建材工业出版社，2020.

[26] 吴建平.草地畜牧业生产体系导论[M].北京：科学出版社，2020.

[27] 崔茂盛，段建兵，王立东.畜牧业养殖实用技术研究[M].北京：中国农业科学技术出版社，2020.

[28] 魏彦强，王世金.青藏高原气候变化与畜牧业可持续发展[M].北京：中国社会科学出版社，2020.